SOCIÉTÉ

DES

ANCIENS TEXTES FRANÇAIS

———

LE

SAINT VOYAGE DE JHERUSALEM

Le Puy, imprimerie de Marchessou fils, boulevard Saint-Laurent, 23.

LE
SAINT VOYAGE
DE
JHERUSALEM
DU SEIGNEUR D'ANGLURE

PUBLIÉ PAR

François BONNARDOT & Auguste LONGNON

PARIS
LIBRAIRIE DE FIRMIN DIDOT ET Cie
56, RUE JACOB, 56

M DCCC LXXVIII

Publication proposée à la Société le 23 décembre 1875.

Approuvée par le Conseil le 11 mai 1876 sur le rapport d'une commission composée de MM. de Montaiglon, Meyer et Picot.

Commissaire responsable
É. Picot.

PRÉFACE

PRÉFACE

La relation du voyage en Terre-Sainte que nous publions d'après le manuscrit de la Bibliothèque nationale, coté FR. 15217 (anc. *Suppl. fr.* 521 [2]), n'en est pas à sa première édition. Deux fois déjà elle a été imprimée, en 1621 et en 1858. La découverte d'une autre copie du même pèlerinage, notablement différente de l'unique translation connue jusqu'ici, nous a déterminé à donner cette nouvelle édition. Avant d'en tracer les caractères particuliers, il convient de dire quelques mots de celles qui l'ont précédée, et du manuscrit qui en a fourni le texte.

Le ms. FR. 15217 a été très-soigneusement décrit par notre regretté confrère, Léopold Pannier. Nous renvoyons le lecteur à cette notice (*Vie de Saint Alexis* I, 332-6), en nous bornant ici à donner le titre des morceaux dont se compose ce manuscrit :

I. (f° 2, le premier feuillet manquant) [*Dialogue entre l'esprit de Guy de Turno et le prieur de....*];

II. (f°s 14 r°-25 v°) *Vie de Saint Alexis,* en vers,

dont les variantes utiles sont reproduites au pied du texte publié, *loc. cit.,* pages 346-388;

III. (f°s 25 v°-27) Sous le simple titre de *Exemple* [du secret de la Confession], une petite et intéressante pièce, en prose, transcrite en entier p. 333-334;

IV. (f°s 27 r°-67 r°) *Cy apprès s'ensuit le contenu du saint Voyage de Jherusalem....;*

V. (f°s 67 v°-72 v°) *Cy s'ensuit la Prinse de Constantinople....,* publiée à la suite de la première édition imprimée du *Voyage;*

VI. (f° 73 r°) [*Les Vigiles des morts en vers français*]. — (f° 96 v°) « Cy fine l'exposition des vigilles des mors en françois. »

L'un des possesseurs du manuscrit au xvie siècle s'est fait connaître par la notule suivante, inscrite en tête du deuxième feuillet :

« Ex libris Nic. Gouviot, Doct. Sorb. »

Le manuscrit compte 96 feuillets à longues lignes, d'une écriture cursive, sans autre ornementation que de rares lettrines. In-4° papier, relié en peau de vélin sur le dos de laquelle on lit ces mots : *20 sous,* « qu'on prend d'abord pour le titre, et qui montrent « le peu de cas qu'on fit aux siècles passés de ce ma- « nuscrit relativement précieux. »

Toutes les pièces de ce manuscrit ont été publiées en entier. Les *Vigiles des Morts* ont eu plusieurs éditions aux xve et xvie siècles, voy. le *Manuel* de Brunet, t. V. Le *Saint Alexis* a été utilisé pour variantes comme il vient d'être dit. Quant au morceau du début, il aurait été imprimé dès le xvie siècle, ainsi que le constate expressément cette mention (f° 2) :

« Guy de Turnoi, i. p. 5.
En l'imprimé p. 5, les paroles un peu changées. »

Mais nous n'avons pas été plus heureux que notre feu confrère dans nos recherches sur la publication à laquelle le docteur en Sorbonne, Nicolas Gouviot, a fait allusion.

De la première édition du *Voyage* on ne connaît que deux exemplaires dans les dépôts publics : l'un à la bibliothèque de l'Arsenal, sous la cote « H 618, » et l'autre à la Bibliothèque nationale, sous la cote O $\frac{2}{F}$ Réserve 74. » Titre :

Journal contenant le voyage faict en Hierusalem et autres lieux de dévotion, tant en la terre Saincte qu'en Ægypte.

Par tres-illustre Seigneur messire Simon de Sarebruche, chevalier, Baron d'Anglure, au diocèse de Troyes, en l'année 1395.

Mis en lumiere pour la premiere fois sur le manuscript trouvé en une Bibliothèque.

A Troyes

Par Noel Moreau, dict le Coq, demeurant en la rüe Nostre Dame, à l'enseigne du Coq. 1621.

Petit in-12 allongé. Non paginé; 86 feuillets numérotés (dans l'exemplaire de la Bibl. Nat.) par une main moderne. Le *Voyage* remplit les 76 premiers feuillets, avec le titre courant : *le Voyage de Hierusalem;* les dix derniers contiennent le *Discours sur la Prise de Constantinople*, précédé de ces quelques lignes en manière d'Avertissement au Lecteur :

Le Discours suivant s'est trouvé à la fin de celuy du sainct voyage, et pource a l'Imprimeur jugé estre a propos de l'adjouster pour grossir le livret.

Cette relation est adressée au cardinal d'Avignon [1] par deux négociants de Florence, témoins du siége et de la prise de Constantinople. C'est un témoignage authentique, d'une valeur historique assurée, et dont la réimpression ferait, pour ainsi dire, une actualité.

L'éditeur de Troyes a fait précéder le texte du *Voyage* d'une petite dissertation généalogique sur le baron d'Anglure, « auteur et promoteur de ce voyage ». Nous reproduisons ce morceau à la suite de notre préface.

La seconde édition du *Voyage* forme le premier volume de la *Bibliothèque catholique de voyages et de romans,* éditée par l'abbé Domenech. En voici le titre :

Le saint voyage de Jérusalem, par le baron d'Anglure. 1395. Accompagné d'éclaircissements sur l'état présent des lieux saints. Paris, Pouget-Coulon,

---

[1]. Alain de Coëtivy, né le 8 novembre 1407, évêque de Dol, puis de Cornouailles, et archevêque d'Avignon; créé cardinal par Nicolas V en 1448 ; envoyé en France avec le titre de légat en 1456 ; mort à Rome le 22 juillet 1474.

1858.— In-18, 222 pages. — Dans la notice bibliographique, mise en tête du texte, l'éditeur, qu'on nous assure être M. l'abbé Michon, le graphologue bien connu, déclare que ces éclaircissements ont été re- « cueillis récemment dans la Terre Sainte sur les « lieux mêmes » (p. 18). Bien qu'il annonce (p. 13) avoir reproduit, pour plus d'exactitude, le manuscrit « original » de préférence à l'édition de Troyes, son texte est loin d'être suffisamment correct. Toutefois, nous n'eussions pas songé à le publier de nouveau, sans la découverte d'une copie variante du même pèlerinage dont l'ordonnance est de nature à modifier l'opinion reçue jusqu'ici sur la valeur du manuscrit de la Bibliothèque nationale.

Cette variante se trouve, avec un grand nombre d'autres pièces de divers genres (environ 230 en l'état actuel du recueil), dans le ms. n° 189 de la Bibliothèque d'Epinal. Exécuté à Metz au xve siècle par un membre de la famille Desch, il fut l'un des volumes que dom Calmet transporta à son prieuré de Senones, d'où il est venu à Epinal. Le manuscrit est de format in-4°, papier. Il compte 162 feuillets, dont quelques-uns ont été rognés par le ciseau du relieur. L'écriture en est généralement négligée, et l'orthographe, capricieusement individuelle, offre un spécimen curieux et authentique de l'idiome populaire messin au xve siècle. Le lecteur en rencontrera quelques cas dans les variantes placées au pied du texte ainsi que dans le glossaire. Pour une étude plus complète de ce système phonétique, et d'une façon générale, pour la description étendue de cet intéressant recueil, nous le renverrons, afin d'éviter double emploi, à la Notice publiée dans le *Bulletin de la Société* (1876, pp. 64-134), nous bornant à indiquer ici que le *Voyage* remplit les feuillets 104-148 du volume, et que nous lui avons assigné le n° 89 dans notre Notice (p. 125).

L'intérêt particulier de cette relation réside dans l'artifice de sa composition. En même temps qu'une version dialectale, c'est aussi une adaptation faite au point de vue local et spécial de Metz; il y a changement non-seulement de la forme, mais encore du fond. L'ordre topographique y est parfois modifié; la description des lieux de dévotion n'est pas toujours identique dans l'une et l'autre version; les dates mêmes ne concordent pas toujours pour le quantième. De la vérification facile, quant à ce dernier point, il est résulté que la version messine l'emporte généralement en exactitude sur le ms. français, qui, dès lors, ne peut être tenu pour une reproduction fidèle de l'original [1].

Laissant de côté tous les passages où les deux mss. sont d'accord, et ceux où, M manquant, P a été trouvé exact en soi, la comparaison montre que les dates fournies par M sont exactes contre celles données par P aux §§ 34, 113, 137, 175, 254, 271, 272, 273, 317, 330 (voy. la note 1 de la p. 108), tandis que P

---

[1]. Dans la suite nous désignons ce ms. par *P(aris)*; les variantes et phrases insérées dans le texte d'après la version dialectale sont indiquées par le sigle *M(etz)*.

n'est bon contre *M* qu'aux seuls §§ 308 et 311. Les deux mss. font erreur, soit isolément (§ 52), soit de concert (§ 224) ; dans ce cas nous avons restitué la date précise, ainsi qu'aux §§ 41 et 50 où la mauvaise leçon de *P* n'a pu être rectifiée par celle de *M*, qui fait défaut à ces endroits. — En résumé, *M* est supérieur à *P* pour l'exactitude chronologique.

Il en est de même pour l'ordre topographique, et, par déduction légitime, pour l'ordonnance du récit.

On conçoit que nous ne pouvons donner ici les raisons particulières de cette préférence que nous accordons à la translation messine : en effet, elles se déduisent du contexte même, d'après l'ordre naturel des faits et l'enchaînement logique du discours, s'appuyant tantôt sur des données topographiques plus exactes, tantôt sur des considérations purement littéraires (composition plus simple, ordonnance plus sobre, répétitions et doubles emplois évités, lacunes comblées, détails plus précis et plus clairs). Chacun de ces motifs est donné en son lieu, parmi les notes au texte de *P;* nous signalerons entre autres les §§ 74, 123-133 (sur lesquels voy. la note de la p. 30), 196-8, 287.

Dans cet ordre de faits, il est un point de repère précieux pour assurer la valeur respective de nos deux versions dans les cas divergents, et les départager au besoin. C'est la relation d'un voyage accompli dix ans auparavant, en 1384 et 1385, par plusieurs marchands florentins qui ont parcouru le même trajet que nos pèlerins, mais en sens inverse, débarquant en Égypte et rentrant à Venise par la

Syrie. Ce récit présente un caractère particulier qui ne se retrouve pas dans le nôtre : aux indications plus ou moins historiques, aux pieuses réflexions inspirées par la vue des Lieux-Saints, se mêlent des détails plus « réalistes », tels que relevés de dépenses, aperçus sur le prix des denrées, les frais de logement et de nourriture : détails et préoccupations que le seigneur d'Anglure a négligé de consigner sur ses tablettes, mais qui ne pouvaient être omis par les voyageurs florentins, pèlerins sans doute, mais avant tout négociants par état. Ces indications, parsemées dans le récit, lui donnent d'ailleurs une saveur personnelle, qui explique et justifie la double édition dont il a été l'objet, dans ces dernières années. La première a été donnée à Parme, en 1865, sans nom d'auteur et sans notes ni éclaircissements d'aucune sorte, faut-il croire, puisque le second éditeur, travaillant sur cette édition princeps, annonce qu'il a muni son texte *di alcune note di lingua, di critica et di storia ;* de plus, il a divisé le récit original en autant de chapitres avec bref sommaire que la matière lui a paru en demander. Le tout, ainsi éclairci, a paru sous le titre de *Viaggio in Terra Santa di Simone Sigoli.* Torino, 1873, in-12 [1].

---

[1]. Ce volume est le cinquante-huitième d'une collection dite *Bibliotheca della Gioventù Italiana.* Il contient deux ouvrages distincts, écrits l'un et l'autre dans la langue du xive siècle. Voici le titre complet du volume : *Viaggio in Terra Santa di Simone Sigoli, ed il Fiore di Virtù, commentati ad uso de' Giovani studiosi dal sac. prof. Michele Rua. Torino, tipografia e libreria dell' oratorio di S. Francesco di Sales. 1873.* Il compte 256 pages dont le *Viaggio* occupe les 105 premières ; le *Fiore di Virtù* va

Il va de soi que la concordance entre deux relations de pèlerinage ne peut être cherchée que dans les parties du récit qui constituent le fond du pèlerinage lui-même, à savoir la description des Saints-Lieux, topographique ou architecturale, et l'énumération des monuments et des reliques offertes à la vénération des pèlerins ; pour tout le reste, les détails sont nécessairement différents, puisqu'ils reflètent le caractère individuel du voyageur et les incidents particuliers de son excursion. Nous ne nous sommes

de la page 107 à la page 252. Explicit : *Finito e compiuto è il libro detto Fiore di Virtù e di Vizii. Deo gratias.* Suit l'index des auteurs cités, et les tables des deux ouvrages contenus au volume. — Ce serait une étude intéressante que de rapprocher il *Fiore di Virtù e di Vizii* de l'une des nombreuses *sommes des Vices et des Vertus*, que nous a léguées le Moyen Age ; mais ce n'est pas ici le lieu. — Nous terminerons cette description bibliographique en donnant l'avant-propos mis par l'auteur du *Viaggio* en tête de sa relation, où il énumère les motifs et les résultats de son pèlerinage, l'ordre du voyage, les noms et qualités de ses compagnons.

AL NOME DI DIO AMEN.

Qui apresso faremo menzione della nobiltà delle terre d'oltremare, quaudo si va al santo Sepolcro di Cristo, e de' loro costum e modi ; e, appresso, quante giornate si fa da una terra a un' altra, e quello che si trova in quel mezzo ; e tutte le dette cose e condizioni e modi personalmente le vidi io Simone Sigoli negli anni Domini 1384, quando andai a santa Caterina al monte Sinai e al santo Sepolcro e negli altri santi luoghi con questa compagnia. Cioè : Lionardo di Niccolò Frescobaldi, e Andrea di M. Francesco Rinuccini, e Giorgio di Guccio di Dino Gucci, Bartolemeo di Castel Focognano, e Antonio di Paolo Mei lanaiuolo, e Santi del Ricco vinattiere, con sei nostri famigli. (Pages 9 et 10.) — L'éditeur ajoute en note que le premier et le troisième compagnon de Sigoli ont aussi écrit chacun la relation de leur pèlerinage.

donc attaché, pour relever cette concordance, qu'aux passages strictement concluants pour notre thèse et, pour ainsi dire, officiels. C'est ainsi que la leçon de *M* est assurée contre celle de *P,* par son concert avec les données du *Viaggio* aux §§ 81, 114-5, 123-33, 174 *bis*, 250. D'autre part, ce même ms. *M* est isolé, avec une leçon qui lui appartient en propre, aux §§ 92 et 94. On verra plus bas d'autres cas de son individualité, s'inspirant d'un ordre d'idées tout différent de celui qui nous occupe ici. — Il reste acquis que, là où le contrôle est possible et efficace, la version messine l'emporte sur la copie proprement française par la précision des détails, par l'ordre du récit, par la logique dans les lieux et les choses.

Il y aurait bien d'autres points à signaler, parmi ceux qui nous semblent confirmer la supériorité de l'un de nos deux mss. sur l'autre ; mais ici un contrôle réel fait défaut, l'induction et l'ordre logique sont nos seuls guides. Mentionnons seulement comme offrant des détails plus explicites ou comblant des lacunes évidentes de *P,* les leçons et variantes de *M* aux §§ 104, 156, 196, 243, 261-2, 267, 277, 281, 289, 292, 312, 319, et surtout 174 *bis*, 193, 232, 235 *bis*, 300, 322 *bis*. Enfin, en d'autres endroits et notamment au § 289, les deux versions se complètent l'une par l'autre.

Ici s'élève une objection considérable. Si par ce qui précède nous avons réussi à montrer que la version messine reproduit plus fidèlement le ms. original, qu'elle mérite la préférence sur la copie française, non-seulement par sa composition intérieure et par la précision des détails topographiques, mais encore par sa concordance de fait avec la relation italienne, antérieure et indépendante, on se demandera pourquoi nous n'avons pas pris ce même ms. *M* pour base de notre édition critique.

Cette objection peut sembler d'autant plus fondée que l'exécution du ms. *M* (du moins en ce qui concerne le *Voyage*) est certainement antérieure à celle du ms. *P*. Celui-ci, en effet, ne peut appartenir qu'à la seconde moitié du xve siècle, puisqu'il renferme un discours sur la *Prise de Constantinople*, écrit de la même main que le *Voyage*. D'autre part, il a été démontré dans le *Bulletin de la Société* pour 1876, que le ms. d'Épinal *(M)* a été copié pour partie au commencement du xve siècle (voy. p. 66 et 125). Il y est fait mention (f° 103, n° 88 de la Notice) de la bataille de Nicopolis, livrée en 1396 ; l'itinéraire de France en Bulgarie, pour aller à la recherche des prisonniers chrétiens, y est transcrit de la main même qui l'a fait suivre du *Voyage* accompli en cette même année 1395-6.

Mais cette transcription a été exécutée dans des conditions toutes particulières de forme et de fond. L'idiome en est si foncièrement local, l'orthographe ou, pour mieux dire, la notation phonétique si personnelle, la syntaxe si arbitraire, qu'on ne pouvait songer à présenter cette traduction comme l'un des monuments de la langue « française ». Publier les deux leçons en regard l'une de l'autre, eût été peu pratique. Nous avons dû nous contenter de mettre au pied du texte de *P* les variantes utiles de *M*, et, généralement, tous les passages du second ms. propres à rectifier les erreurs et à combler les lacunes du premier.

Parmi ces emprunts, il en est un certain nombre qu'il faut signaler à l'attention du lecteur en raison de leur caractère individuel, qui frappe à première vue et qui contribue, non moins que le langage lui-même, à donner à la relation messine un aspect si profondément différent de la leçon française. De ces deux variantes, quelle est celle qui suit de plus près le texte original ? Non-seulement nos deux manuscrits ne dérivent pas l'un de l'autre, mais encore ils n'ont pu être exécutés sur un original commun. Le texte primitif a subi des altérations et des retouches qui ont abouti, d'une part, à la leçon *M*, d'autre part, à la leçon *P*. La première, comme on l'a vu, plus exacte pour les dates et les détails topographiques, et confirmée (là où le contrôle est possible)[1] par la relation italienne, plus explicite et plus précise en certains points, mais très-souvent aussi réduite et volontairement écourtée par l'insertion trop fréquente du sigle *etc.*, alors même

---

1. Depuis, sur les bienveillantes indications de M. P. Lacroix, nous avons pu confronter les données de nos deux leçons avec celles du ms. 4797 de la bibliothèque de l'Arsenal, qui contient, entre autre choses, une nomenclature des *Sains Leus de la terre de Jerusalem*, dressée sous le point de vue exclusivement topographique, sans aucune préoccupation individuelle ni influence historique. Son caractère impersonnel donne à ce document la valeur incontestable et quasi-officielle d'un « Guide » du pèlerin. C'est à ce titre qu'il nous a paru bon de le transcrire à l'Appendice IV, en faisant suivre chaque article, quand il y a lieu, du numéro correspondant de la présente édition.

que les deux leçons sont identiques comme au § 189. Faut-il en conclure que, en cet endroit, le ms. *P* est réduit de l'original? S'il a, en effet, opéré quelques suppressions, — et il est certain que ce ms. offre des lacunes, — il ne les a jamais indiquées (voy. entre autres au § 298, note).

Ce qui constitue la valeur historique de la leçon française, c'est qu'elle est signée, qu'elle porte un nom, qu'elle est attachée à la mémoire d'un personnage réel [1], d'un de ses compagnons qui est mort en route et dont la fin est racontée avec un détail touchant, tandis que la version messine, anonyme, ne représente vraisemblablement qu'un exercice de style, un *rifacimento*, une de ces refontes si communes dans la littérature du xve siècle, agrémentée, dans l'espèce, et relevée d'une piquante saveur de « patois » qui mériterait par son étrangeté même d'être analysé en détail.

L'origine historique de la relation « française » ainsi assurée, il nous reste à faire ressortir le caractère spécial de la translation messine.

Tout d'abord, le copiste de *M* modifie en l'abrégeant la première partie de l'itinéraire (voy. la note de la page 3 et l'Appendice I). Les deux groupes de pèlerins se mettent en route le même jour, 16 juillet 1395; l'un sort réellement du château d'Anglure; l'autre fictivement de la cité de Metz. Ils se rejoignent à Chalon-sur-Saône (du moins, cette ville

---

[1]. Voyez la notice historique et biographique, à la suite de cette *Préface*.

est la première étape commune aux deux itinéraires)[1], traversent de concert la Bourgogne, la Bresse, la Savoie ; descendent en Italie par le mont Cenis, et arrivent par le Piémont et la Lombardie à Venise, le 9 août ; y séjournent pendant trois semaines et s'embarquent le 29 du même mois. Longeant l'île de Corfou et celle de Rhodes, ils débarquent le 24 septembre à Beyrouth, et font leur entrée à Jérusalem le 4 octobre au soir. Un séjour de trois semaines leur suffit pour visiter les lieux saints de la Palestine. Le 24 octobre, ils quittent la Terre-Sainte, traversent l'Arabie déserte, visitent le mont Sinaï, passent en Egypte et arrivent au Caire le 22 novembre. Séjour d'un mois dans le pays et embarquement le 21 décembre à Alexandrie. Une tempête jette les pèlerins sur les côtes de l'île de Chypre. Si le bon accueil qu'ils reçoivent du roi les engage à prolonger leur séjour, un triste événement les oblige à différer encore leur départ : la maladie et la mort d'un de leurs compagnons, le comte de Sarrebruck. Enfin, ils s'embarquent à Limisol le 24 janvier 1396 (n. s.) pour l'île de Rhodes, où les vents contraires ne les laissent pas aborder d'un mois (23 février). Ils y restent pendant tout le Carême, y passent les fêtes de Pâques et s'embarquent le 9 avril, dimanche de Quasimodo, pour rentrer à Venise en longeant l'île de Candie, la

---

1. Le copiste de *M* n'a pas réfléchi qu'il dévoilait lui-même son plagiat en maintenant le 16 juillet comme date du départ de « ses » pèlerins, sans tenir compte du temps nécessaire pour franchir la distance de Metz à Chalon, distance notablement plus considérable que celle d'Anglure à la même ville de Chalon.

Morée, la Dalmatie. Descente à Raguse le 6 mai [1], départ le 9 et arrivée à Venise le 23 du même mois. Le retour en France, par le duché de Milan, le lac Majeur, la Savoie, le pays de Lausanne, la comté et duché de Bourgogne et la Champagne, s'effectua en trois semaines, du 29 mai au 22 juin, « ou refeusmes au disner a Anglure. La grace a Nostre Seigneur Jhesu Crist... »

Le pèlerinage, avec ses divers incidents, a donc duré près d'une année entière, du 16 juillet 1395 au 22 juin 1396 [2].

De ces incidents, le translateur messin a systématiquement supprimé tous ceux qui ont trait à la personnalité de l'auteur du pèlerinage. C'est ainsi qu'il a modifié l'itinéraire au départ, et qu'il l'a brusquement écourté au retour (Appendices I et II). Pour être encore plus conséquent avec son système d'adaptation, le copiste du manuscrit *M* se met lui-même en scène,

---

[1]. Ici le copiste de *M* arrête brusquement sa transcription; voyez la note de la page 95 et l'appendice II.

[2]. Nos voyageurs mettent un peu plus de trois semaines pour se rendre d'Anglure à Venise — à dos de cheval jusqu'à Pavie, puis par eau de cette ville à Venise, — et ils consacrent le même temps au retour. La durée du pèlerinage proprement dit, comptée du jour de l'embarquement au jour du débarquement, se réduit ainsi à neuf mois, du 29 août au 23 mai suivant. Telle est aussi, à peu de chose près, la durée du voyage des marchands italiens : partis de Florence le 13 août 1384 et de Venise le 4 septembre (p. 11), ils parcourent l'Egypte, la Terre-Sainte, la Syrie, et débarquent à Venise le 21 mai 1385. — Ce n'est que quelques années plus tard que Simone Sigoli écrivit la relation de son pèlerinage : *Compiuto di scrivere martedì a dì 4 d'ottobre 1390, il dì di santo Francesco benedetto, e Dio sio lodato. Amen.* (p. 105.)

affirmant que c'est bien lui à qui ces choses sont arrivées, qu'il a vu de ses yeux et entendu de ses oreilles ce qu'il a consigné dans son récit; usant de formules destinées dans son esprit à renforcer l'authenticité de ses assertions, introduisant trop souvent le « moi » emphatique et naïf tout à la fois, dans des locutions telles que : *Et je vous certifie en dissant veriteit.... Vous fait je assavoir.... Ceste chose ouze je bien certifier,* et autres analogues dont le retour trop fréquent (voy. page 57, note 2) produit, contre son intention, un effet contraire à celui qu'il en attendait. Ces affirmations exagérées semblent suspectes. — Ailleurs, il pèche par le défaut opposé, en omettant les détails personnels ou intimes, comme aux §§ 49 et 310 où il supprime l'indication, cependant précieuse, du nombre des pèlerins, et aux §§ 306 et 307 où il est question de la maladie et de la mort du comte de Sarrebruck. Par contre, il amplifie son rôle en maints autres endroits, s'écriant avec une emphase bien éloignée du ton simple et naturel de l'original : *Et tant come a moy, je* QUI ESCRIPTS CESTUIT LIVRE, *je vous jure que, se mon arme ne soit dampnéez, que...* (§ 289). Il a accompli plusieurs fois le voyage d'outre-mer : *Ainsi est celle saincte Espine* (à Rhodes), ET ANSI L'AIT JE VEUE AULTRE FOY PER PLUSSOIR VOIE (§ 321). La tempête qui jette le navire sur les côtes de Chypre lui cause une grande frayeur, bien qu'il ait déjà dans sa vie aventureuse subi un grand nombre de naufrages, *plus de XL fortune orrible et espoentauble,* dont il a pu réchapper *par lai graice Nostre Signour* (§ 289), sans courir le moindre danger, comme bien l'on pense.

Ces traits de hâblerie préméditée, ces dissonances voulues ne peuvent s'expliquer que par le désir de mettre en relief sa personnalité et, par suite, d'en imposer à la crédulité du lecteur en forçant sa confiance. C'est dans le même but que le translateur, usant ici d'un procédé plus discret et plus adroit, ne néglige pas de faire ressortir à l'occasion les mœurs et usages locaux. D'une phrase jetée incidemment dans le cours du récit, d'un mot glissé en commentaire, il rappelle sa nationalité : c'est à Metz qu'il écrit, c'est de Metz qu'il voudrait bien qu'on le crût parti pour la Terre-Sainte. Sans relever minutieusement toutes les expressions locales, tous les termes qui sentent leur terroir, nous signalerons d'une façon spéciale les notes ou variantes aux §§ 91, 239, 276-7, 319, qui imprègnent le récit primitif d'une saveur bien franchement messine.

Mais là ne devaient pas se borner les vicissitudes de notre texte. Et comme si ce n'était pas assez de cette refonte opérée au xve siècle par un contemporain, voici que cette version « adaptée » devient, elle aussi, l'objet d'une transformation analogue dans des temps tout rapprochés de nous. En 1838 parut à Metz une traduction, presque française, de la version dialectale exécutée quatre cents ans auparavant. Et cette fois, pour que rien n'y manquât, l'éditeur a donné les noms des quatre chevaliers messins qui auraient accompli le prétendu pèlerinage. Pour les détails relatifs à ces pèlerins, fabriqués de toutes pièces, nous renvoyons le lecteur aux Appendices I-III, pages 106, 109 et suivantes. Et quant au fond même du travail, à l'esprit dans lequel il a été conçu, à la manière dont il a été exécuté, nous ne pouvons mieux faire que de reproduire ici les indications qu'a bien voulu nous donner l'un des érudits les plus versés dans l'histoire politique et littéraire de Metz.

La relation d'un voyage de Metz à Jérusalem entrepris en 1395 par quatre chevaliers messins, publiée en 1838 dans la Revue d'Austrasie *par M. le baron E. d'Huart, est une version volontairement altérée du* Voiaige en Terre Sainte *du ms. d'Epinal. Je tiens cette particularité de M. d'Huart lui-même, que j'ai été dans le cas de questionner sur ce point à l'occasion d'un travail sur Nicole Louve publié en 1854 dans Metz littéraire. L'impossibilité d'accorder alors ce qui était dit dans la* Revue d'Austrasie *avec les données connues de la vie de Nicole Louve d'une part, et, d'autre part, avec la version du ms. d'Epinal que je connaissais, me donnait lieu de douter de l'authenticité du* Voyage des quatre chevaliers messins. *M. d'Huart, interrogé à ce sujet, répondit avec une parfaite sincérité que mes doutes étaient fondés : que sa publication reposait, quant au fond, sur le voyage en Terre-Sainte du ms. d'Epinal, dont il avait eu entre les mains une copie exécutée par M. Huguenin, avec celle de la Ballade de Nicole Louve conservée dans le même ms., et qu'il avait cru devoir introduire dans le récit les noms des quatre chevaliers messins et tout ce qui concerne cette adaptation, afin de donner ainsi à sa publication plus d'intérêt pour les lecteurs habituels de la* Revue d'Austrasie. *M. d'Huart ajoutait que, s'il avait déclaré en tête de sa publication qu'elle était faite d'après un ms. de la bibliothèque de Metz,* [1]*, c'était pour donner ainsi une espèce d'autorité à une petite supercherie littéraire qu'il considérait comme tout à fait innocente, et parce que son intention était de déposer à la bibliothèque de Metz le manuscrit de son travail : ce qui devait justifier en quelque sorte son assertion. Il a négligé cependant de le faire et de donner ainsi la clef d'un problème qui pourrait embarrasser les critiques, sans les explications qui précèdent. J'ai conservé les lettres de M. le baron d'Huart (mort depuis cette époque) qui les contiennent, et je serais en mesure de prouver au besoin, en les montrant, tout ce que je viens de dire.*

11 juin 1878.

AUG. PROST.

Dans les conditions qui viennent d'être précisées, le texte modernisé du pèlerinage, systématiquement écourté, remplit 36 pages de la *Revue* (pp. 149-168 et 221-236) [2]. La copie d'après laquelle feu le baron d'Huart a donné son travail, faite par Jean-François Huguenin (sur lequel on peut voir ce qui est dit dans la *Romania*, V, 270-1) est celle-là même qui nous a servi pour établir le texte de la présente édition.

[1. Voyez la note 3 de la page 106. — Au total, c'est bien un manuscrit de Metz, exécuté par un particulier pour son usage personnel, qui a été transféré, avec beaucoup d'autres documents messins, au siècle dernier, par Dom Calmet dans son prieuré de Senones, d'où ils ont passé en 1790 à la bibliothèque d'Epinal.] — 2. *L'Austrasie, Revue du Nord-Est de la France,* troisième volume (Metz, 1838, in-8°).

Avec les nombreux papiers de Huguenin, elle est venue aux mains de M. de Bouteiller qui a bien voulu la mettre amicalement à la disposition de l'un de nous.

On a vu plus haut que la version messine se distingue par des traits de phonétique locale très-accusés, qui demanderaient une analyse détaillée dont la place n'est pas ici ; on trouvera, aux variantes et au glossaire, l'explication de certaines formes spéciales que l'on pourra rapprocher des cas analogues étudiés dans la discussion critique du texte de la *Guerre de Metz en 1324,* et aussi dans la notice du ms. même d'Epinal *(Bulletin de la Société pour 1876).*

Quant au ms. *P.,* base de la présente édition, il montre çà et là quelques traces de prononciation qui appartiennent plutôt au langage parlé dans la région orientale de la France qu'au dialecte « français » proprement dit. Ce qui s'explique naturellement par ce que le récit du pèlerinage aurait été écrit au retour en Champagne, sans doute par le secrétaire ou le chapelain du seigneur d'Anglure[1].

---

[1] Que le texte original ait été rédigé après le retour en Champagne sur des notes journalières prises au cours du voyage, c'est ce qui résulte d'un passage du § 33 où il est question de la Sainte-Epine que les pèlerins virent en fleurs le Vendredi-Saint *au retourner a Rhodes;* et de fait ce *bel miracle* est consigné au § 321.

Notre leçon *P*, exécutée non sur l'original mais d'après une copie déjà altérée, a néanmoins conservé quelques légères traces du dialecte champenois, lequel d'ailleurs, à la fin du xivᵉ siècle, ne devait plus présenter que des différences fort peu accentuées avec le « français » dont la prépondérance refoulait rapidement les divers parlers provinciaux. Aussi n'y a-t-il guère à relever que trois ou quatre particularités dont les cas ne sont même pas très fréquents. Telle est la paragoge de *l* dans *costel* « côté », §§ 106, 211, 313, 330; *aisnel* « aîné », § 225; — la désinence *el* « eau » notée *eil : corbeil*, §§ 203, 268; *vaisseil*, § 317; et aussi *traveil*, § 319; — quelques autres influences locales comme : *apparçut, sarrée*, §§ 128, 233; *chemy* « chemin », §§ 146, 147, 156, 225, etc.; *raouvry, aouvry* « ouvrit », §§ 150, 225; *chamoix* « chameaux », §§ 224, 257, 271, 280; *peulent* « peuvent », § 248; *ospitail, cristail*, §§ 51, 332; *lac Majour*, § 351. Cette influence est surtout sensible dans la substitution de la notation *-en* à *-an*, représentant un *ã* latin ou roman : *jayant, jayent*, §§ 17; *autent, lence*, 17, 39, 241, 263; *enfent-s*, 57, 82, 99; *druchement*, 78; *dimenche*, 190, 291, et ailleurs; *signifience*, 193; *pendent*, 256; *diament*, 249; *viendes*, 236, 266; *gembes*, 241; *nagens*, 277; *attendent*, 317; *fience*, 320; *empoles*, 354. Par contre, *-an* au lieu du fr. *-en : dans dens*, §§ 7, 9, 17; *gardian*, 54; *chrestian*, 285; *an*, prép., 341.

On sait que cette homophonie dans la prononciation et, par conséquence logique, cette confusion dans la notation écrite d'*an* et *en* est l'un des caractères les plus saillants des dialectes parlés dans la région orientale de la langue d'oïl.

OGIER VIII
SEIGNEUR D'ANGLURE
1360-1412 ENVIRON)

NOTICE HISTORIQUE ET GÉNÉALOGIQUE

OGIER VIII

SEIGNEUR D'ANGLURE

(1360-1412 environ)

NOTICE HISTORIQUE ET GÉNÉALOGIQUE

Selon le titre du manuscrit de Paris, le voyage dont nous publions la relation aurait été accompli par *monseigneur d'Anglure et autres de sa compagnie,* et cette indication a été suivie par tous ceux, éditeurs ou autres, qui ont eu à en parler. Mais l'accord cesse d'exister aussitôt qu'il s'agit de déterminer l'identité de ce seigneur d'Anglure.

Le curieux qui donna, en 1621, la première édition du pèlerinage de 1395, n'hésite pas à désigner Simon de Sarrebruck, seigneur d'Anglure du chef de sa femme, Isabeau de Châtillon, veuve d'Ogier, seigneur d'Anglure, comme « auteur et promoteur de ce voyage, » dont « quelqu'un de sa suite et maison » aurait écrit le journal [1]. Cette opinion, fondée sur le récit de la mort de Simon de Sarrebruck, que l'écrivain appelle son seigneur et maître, a été adoptée

---

1. Voyez, plus loin, p. LXXVII.

par l'éditeur de 1858, qui rejette l'avis d'un annotateur assez moderne, suivant lequel le seigneur d'Anglure, auteur du voyage, serait Ogier d'Anglure, époux de Catherine d'Ailly [1].

Bien que l'éditeur de 1858 n'ait pas jugé utile de discuter scientifiquement l'attribution du pèlerinage à l'époux de Catherine d'Ailly, il a eu raison sur ce point particulier. Il suffit, en effet, de jeter un coup d'œil sur la généalogie de la maison d'Anglure pour voir que ce seigneur — Ogier VI — était mort depuis bon nombre d'années, précédant dans la tombe un fils — Ogier VII — que la mort avait enlevé lui-même en 1383, c'est-à-dire douze années avant le départ des pèlerins. Mais était-ce là un motif suffisant pour mettre hors de cause tout autre seigneur du sang d'Anglure. M. Paulin Paris ne l'a pas cru, et, sans même poser la question, a consacré, dans la *Biographie Didot* [2], un article à « Ogier VI [ou plus exactement Ogier VIII] [3], seigneur d'Anglure, voyageur français de la fin du XIVe siècle, » à propos duquel il donne un excellent résumé de la relation que nous publions.

---

1. *Le saint Voyage de Jérusalem par le baron d'Anglure*, p. 14.
2. Tome Ier, col. 660-663.
3. Comme l'indique déjà suffisamment le titre de cette notice, nous désignerons par le nom d'Ogier VIII le personnage que M. P. Paris appelle Ogier VI, sur la foi de la généalogie de la maison d'Anglure, contenue dans le *Recherche de la noblesse de Champagne* de Caumartin, et qu'André Du Chesne avait d'abord appelé Ogier V. Le premier paragraphe du présent travail a pour but principal d'établir d'une manière définitive l'ordre numéral des divers Ogier d'Anglure.

L'éminent académicien, avons-nous dit, ne pose même pas la question, et il a eu raison, car le sens de la qualification « monseigneur d'Anglure », que le titre de la relation donne au plus important des pèlerins, ne peut être l'objet d'aucun doute pour tout lecteur quelque peu au courant des choses du xive sièele. « Monseigneur d'Anglure » ne peut désigner un personnage étranger à la maison d'Anglure, mais qu'une circonstance fortuite et passagère — son union avec la veuve d'Ogier VII, — mettait en possession de la terre du même nom; ce titre s'applique seulement au chef de cette famille déjà puissante, c'est-à-dire à Ogier VIII, le beau-fils de Simon de Sarrebruck, à Ogier VIII, le véritable propriétaire de la seigneurie d'Anglure que sa mère, Isabeau de Châtillon, détenait seulement à titre de douaire. Ogier VIII doit donc être considéré comme le véritable chef de la pieuse caravane, de laquelle faisait partie Simon de Sarrebruck, mort à Nicosie, le 18 janvier 1396, un chevalier artésien nommé Pierre de Nortquelmes[1] qu'Ogier d'Anglure comptait sans doute parmi les vassaux de son avouerie de Térouanne, enfin l'auteur même de la relation, l'un des serviteurs du château d'Anglure et qui, à ce titre, était aussi bien le serviteur d'Ogier que celui de Simon de Sarrebruck.

1. Voyez l'Index au mot Morquelines.

I

La famille à laquelle appartenait le principal de nos pèlerins était issue des anciens seigneurs de Saint-Chéron *(Sanctus Caraunus)*, village du Perthois, situé dans la vallée de la Blaise, à 15 lieues à l'est d'Anglure. Le plus ancien seigneur connu de Saint-Chéron vivait dans la seconde moitié du xiie siècle : il portait le nom d'Ogier, souvent répété alors par les jongleurs qui chantaient les exploits des héros carolingiens, mais si peu usité alors dans les provinces septentrionales de la France, que le seigneur de Saint-Chéron ne comptait aucun homonyme parmi les deux mille trente vassaux de son suzerain, le comte de Champagne, Henri le Libéral [1]. Dès lors, pendant plus de deux siècles, Ogier fut à peu près constamment le nom de baptême du chef de la famille de Saint-Chéron ou d'Anglure, en même temps qu'il était en honneur parmi les branches collatérales.

Ogier de Saint-Chéron, né vers le milieu du xiie siè-

---

[1]. La liste de ces 2030 vassaux forme la première partie, rédigée vers 1172, du fameux registre des *Feoda Campanie* détruit par l'incendie de la Chambre des Comptes en 1737. L'un de nous en a publié une version française du xiiie siècle sous le titre de *Livre des vassaux du comté de Champagne* (Paris et Troyes, 1869, in-8º) et prépare actuellement, pour la collection des Documents inédits, une édition du texte original des *Feoda Campanie*.

cle, figure, dès l'an 1172 [1], avec Gilles son oncle, au nombre des vassaux du comte de Champagne dans la châtellenie de Rosnay. On le trouve, en 1186, parmi les conseillers de la comtesse Marie de France, veuve de Henri le Libéral [2]. Il se croisa deux fois. En 1190, il suivit en Terre-Sainte le comte Henri II de Champagne [3], qui accompagnait ses oncles, les rois de France et d'Angleterre, désireux de venger le nom chrétien et la prise de Jérusalem sur le sultan Saladin. C'est probablement à Ogier de Saint-Chéron, qui resta plusieurs années en Palestine auprès du comte Henri II, devenu roi de Jérusalem, qu'on doit rapporter une légende bien connue dont on ne signale aucune mention antérieure à la fin du xve siècle [4], légende selon laquelle un seigneur d'Anglure, prisonnier de Saladin et hors d'état de payer sa rançon, aurait été mis en liberté par son généreux ennemi, à la condition qu'il porterait désormais, pour armoiries, d'or semé de sonnettes d'argent soutenues de croissants de gueules, et que tous les aînés qui sortiraient de lui porteraient le nom de Saladin [5].

Rentré en Champagne, sans doute après la mort

---

1. Ogerus de Sancto Cheron. — Gilo avunculus ejus. (Cf. les articles 2138-2139 du *Livre des vassaux*.)

2. D'Arbois de Jubainville, *Histoire des ducs et des comtes de Champagne*, t. IV, p. 568.

3. Ce fait résulte de l'enquête de 1213 dont il sera question plus bas.

4. Voyez, sur cette légende, une note assez étendue de Vallet de Viriville qui l'a placée à la suite de sa publication sur l'*Armorial de France*, du héraut Berry (p. 199-210).

5. Le cri de guerre de la maison d'Anglure : *Damas!* se rattache

du comte Henri II, Ogier prit une seconde fois la croix en 1199 au tournoi d'Ecry[1] et participa, par conséquent, à la quatrième croisade qui, détournée de son véritable but, aboutit à la fondation d'un empire franc à Constantinople. Il fut, en 1212, au nombre des barons qui promulguèrent l'ordonnance de la comtesse de Champagne relative aux successions[2], et il vécut au moins jusqu'en octobre 1213, date à laquelle il déposa, comme témoin, dans l'enquête sur la validité du mariage que le comte Henri II avait contracté en Orient[3].

Ogier de Saint-Chéron avait trois frères, Aubry, Guillaume et Angobrand, et une sœur mariée à Gautier de Vienne ; leur existence est indiquée par des actes de 1183 qui font aussi connaître le nom de Villaine, femme d'Ogier[4].

également à cette légende et, sans aucun doute aussi, au séjour d'Ogier de Saint-Chéron en Syrie.

1. Villehardouin, édition de Wailly, § 5. — Sur ce personnage, voir en outre les §§ 114, 138 et 151.

2. D'Arbois de Jubainville, *Histoire des ducs et des comtes de Champagne*, t. IV, p. 558, note b.

3. *Ibid.*, t. IV, p. 118-119. — Il est probable qu'Ogier était encore vivant en 1215 ; en effet, un Ogier de Saint-Chéron figure au nombre des six conseillers sur le rapport desquels la comtesse Blanche rendit une sentence arbitrale (*Ibid.*, t, IV, p. 561), mais peut-être s'agit-il là d'Ogier II.

4. « In nomine...., ego Ogerus de Sancto Karauno.... per recompensationem dampnorum que hominibus Sancti Stephani Cathalaunensis intuleram, quidquid habebam in decima de Soldeio, assensu Villane uxoris mee et fratrum meorum Albrici et Willelmi et Angobrandi, capitulo in elemosina dedi, et caritate eorum XXX libras recepi. Preterea iidem fratres mei et Galterus de Vianna, sororius meus, promiserunt quod elemosinam ratam habebunt.

On ne sait rien de positif sur l'origine de la femme d'Ogier [1], mais deux articles des *Feoda Campanie* permettent de supposer, avec une quasi-certitude, qu'elle était fille de Guillaume le Roi, maréchal de Champagne, mort en 1179, et sœur, par conséquent, du chambrier des comtes Henri Ier et Henri II, Milon le Brébant, dont le fils et homonyme fut l'un des héros de la quatrième croisade [2]. Ogier, figure, en effet, dans le document précité, comme l'héritier des fiefs que Guillaume le Roi possédait dans les châtellenies de Vertus et de Sézanne [3], lesquels fiefs comprenaient, pour la partie sézannaise, la châ-

Dominus Willelmus, Remorum archiepiscopum tum present, fidejussorem dedi. Anno MCLXXXIX. » (Cartulaire de l'église de Châlons, — Bibl. nat., ms. latin 5211 A, — f° 45 ; cf. au f° 22 du même cartulaire une charte de Guy, évêque de Châlons, relatant le même fait et dans laquelle *Soldeium* est nommé *Soldaium Minor*, ce qui permet de l'identifier avec Soudé-Notre-Dame (Marne, arr. de Vitry, commune de Sampuis). Nous devons l'indication de ces deux documents à l'obligeance de M. Anatole de Barthélemy.)

1. Cette femme, qui nous est seulement connue par la charte transcrite ci-dessus, avait eu d'un premier mariage un fils nommé Henri, mentionné dans une pièce de 1211 qu'on lira plus loin (p. xxxiv, note 2).

2. Sur la famille des Brébant, de Provins, voyez Longnon, *Livre des vassaux*, p. 275.

3. « Marescallus, ligius et III menses custodie. OGERUS DE SANCTO KARAUNO. » *(Feoda Campanie :* de Virtute. Cf. les art. 2506-2507 du *Livre des vassaux).* — « Guillelmus marescallus, ligius et II menses custodie. OGERUS DE SANCTO KARAUNO. Castellariam de Chaplaignes, et quicquid habet apud Sezanniam et apud Codes et apud Angleure. » *(Feoda Campanie :* de Sezannia et de Lachi. Cf. l'art. 3499 du *Livre des vassaux).* Les mots imprimés ici en petites capitales constituent une addition au texte primitif et représentent le nom de l'héritier du vassal vivant en 1172.

tellenie de Chapelaine [1], et les biens que Guillaume tenait à Sézanne, à Queudes et à Anglure.

Ogier de Saint-Chéron eut deux enfants : un fils qu'une charte de 1211 nomme Ogier le Jeune pour le distinguer de son frère, et une fille, — Héluis, — alors mariée à un certain Eblon [2]. Ogier le Jeune épousa Béatrix [3], fille de Henri de Rethel, châtelain de Vitry en Perthois, qu'un chroniqueur contemporain désigne sous le titre de « dame de Saint-Chéron [4] »,

1. Il s'agit certainement ici de Chapelaine (Marne, arr. de Vitry, canton de Sompuis), où le chef de la maison d'Anglure possédait encore une maison seigneuriale en 1375 (voir plus loin, p. LIX), et non de Chapelaines, écart de la commune de Vassimont (Marne), située à une moins grande distance de Sézanne.

2. Nous empruntons au cartulaire de l'église de Châlons (f° 44), déjà cité, la charte d'Ogier Ier qui établit ces faits : « Ego Ogerus Senior de Sancto Karauno notum..... cum questio verteretur inter capitulum beati Stephani et homines de Poigneio, ex una parte, et Ogerum filium meum et homines de Vouceniis, ex altera, convenerunt...... Hoc laudavit et fiduciavit se servaturum Ogerus, filius meus. Laudavit Beatrix, uxor ejusdem Ogeri filii mei. Laudaverunt Eblo gener meus, et filia mea Heilvidis uxor Eblonis, soror dicti Ogeri filii mei, et Henricus privignus natus.... MCCXI, mense maio.» Cf., f° 43 du même cartulaire, une charte du châtelain de Vitry constatant cet accord entre le seigneur de Saint-Chéron et le chapitre de Châlons : Henri, beau-fils d'Ogier Ier est ici qualifié « frère » d'Ogier II. C'est encore M. Anat. de Barthélemy qui nous a fait connaître ces deux documents.

3. Ce mariage remonte au moins à l'an 1211, comme le montre l'acte qui précède.

4. « Henricus, castellanus Vitriaci, filius Guitheri comitis Reytestensis, fuit pater Beatricis domne Sancti Carauni. » *(Chronicon Alberici Trium Fontium*, anno 1168*)*. C'est évidemment Béatrix qui est mentionnée sous le titre de « dame de Saint-Chéron » au nombre des personnes tenant fief du châtelain de Vitry (Longnon, *Rôles des fiefs du comté de Champagne*, n° 1297).

indiquant ainsi assez clairement que ce second Ogier survécut à son père et lui succéda dans la seigneurie dont il portait le nom.

Ogier II fut père d'un troisième Ogier [1] que les textes désignent indifféremment sous le surnom de Saint-Chéron ou sous celui d'Anglure [2], sans doute parce qu'une maison-forte ayant été construite à Anglure, — vraisemblablement par Ogier Ier, — cet ancien domaine du maréchal Guillaume, mieux situé et plus important que Saint-Chéron, devint dès lors le fief dominant de la famille. Ogier III, qui vivait encore en 1252 [3], mourut peu d'années après, laissant plusieurs enfants sous la tutelle de leur mère Héluis [4], que les généalogistes ont considérée jusqu'ici, bien à tort, comme l'héritière de la terre d'Anglure qu'elle aurait apportée dans la maison de Saint-Chéron [5].

Ogier IV, l'aîné sans doute des fils d'Ogier III et d'Héluis, eut en partage la seigneurie d'Anglure, ainsi que diverses possessions dans les châtellenies de Ros-

---

1. Et sans doute de « messire Guillaume de Saint-Chéron » et d'Anseau, son frère, cités l'un et l'autre dans le rôle des fiefs de Vitry, rédigé vers 1252 (Longnon, *Rôles des fiefs du comté de Champagne*, n° 1289).

2. Il est appelé *de Engleure* ou *de Angleurre* dans un document de 1252 (Longnon, *Rôles des fiefs*, n°s 1066 et 1070) et *de Sancto Carauno* dans le registre des hommages faits à Thibaut V *(Ibid.,* page 389, n° 193).

3. *Ibid.*, n°s 1066 et 1070.

4. *Ibid.*, p. 387 (n° 193) et p. 395 (n° 228).

5. C'est du moins ce qu'on lit dans la généalogie d'Anglure qui fait partie de la *Recherche de la noblesse de Champagne* de Caumartin (Châlons, 1679, in-folio), laquelle généalogie a servi de base à tous les auteurs qui, depuis, ont parlé de la maison d'Anglure;

nay et de Vitry [1]. En même temps un de ses frères, Jean, tenait du comte de Champagne les terres de Marsangis et du Mesnil, rattachées depuis au fief principal de la famille, et Anseau [2], son autre frère, devenait seigneur de Saint-Chéron, comme le témoignent les rôles de fiefs champenois rédigés en 1274 [3]. A cette même date, Queudes, qui était passé à Ogier Ier avec les autres terres sézannaises du maréchal Guillaume, relevait directement du comte de Champagne auquel Ogier de Queudes, qu'on doit regarder évidem-

mais cette opinion est fondée seulement sur ce que, dans l'un des articles du registre des hommages faits à Thibaut V, la veuve d'Ogier III est appelée « domina Helluys *de Angleura*, relicta Ogeri de Sancto Carauno. » (Longnon, *Rôles des fiefs*, p. 389.)

1. « C'est ce que mes sires Ogiers d'Aingleure tient de fié de ma dame la reine : premierement sa maison d'Aingleure. Item, que il a a Sonsois et quan que il a a Bestoncort. Item, homes qu'il a a Granges. Et Sauçois (lis. *Sonsois*) est en la chatelerie de Ronay et Betencour est en la chatelenie de Viteri ; et ses mes sires Oigiers se pooit apanser de plus, volontiers le feroit savoir. » (Fiefs de la châtellenie de Sézanne en 1274 ; aux Arch. Nat., J 205, n° 31 *bis*.) Si l'on compare cet article avec celui qui, dans le registre des hommages de Thibaut V, concerne Héluis d'Angleure, veuve d'Ogier de Saint-Chéron (Longnon, *Rôles des fiefs*, p. 387), on ne doutera pas que ce quatrième Ogier, inconnu jusqu'ici, ne soit le fils aîné d'Ogier III et d'Héluis.

2. Cet Anseau ou Anselet, chevalier, seigneur de Saint-Chéron en 1274, dont les biens aux environs de Chapelaine confinaient à ceux du seigneur d'Anglure (rôle des fiefs de la châtellenie de Rosnay en 1274 ; aux Arch. nat., J 202, no 45) nous semble devoir être considéré comme le frère de ce dernier ; cependant, il n'est peut-être pas différent d'Anseau de Saint-Chéron, vivant vers 1252, et dont nous avons parlé plus haut, page précédente, note 1.

3. Longnon, *Rôles des fiefs du comté de Champagne*, p. 391 (n° 228) ; cf. p. 389 (n° 193).

ment comme un petit-fils du premier Ogier, en rendait hommage [1].

Un Jean de Saint-Chéron, peut-être le frère d'Ogier IV auquel étaient échues à la mort d'Ogier III les terres de Marsangis et du Mesnil, lui succéda après 1288 [2] dans la terre d'Anglure. Il mourut, dit-on, vers l'an 1301, laissant, entre autres enfants, Ogier V, seigneur d'Anglure, et Jean dit Saladin, seigneur de Changy en Perthois [3].

Ogier V, qui adhéra, en novembre 1314, à la ligue des nobles de Champagne contre les entreprises du roi Louis Hutin [4], acquit par son mariage avec Béatrix d'Essey [5] plusieurs domaines lorrains, et c'est à ce titre évidemment qu'il assista en 1322 à l'hommage

---

1. Fiefs de la châtellenie de Sézanne en 1274 (Archives nationales, J 205, n° 31 *bis*). Cet Ogier de Queudes n'est peut-être pas différent d'Ogier des Bordes, chevalier, seigneur de Queudes, déjà mentionné dans les rôles de fiefs dressés vers 1252 (Longnon, *Rôles des fiefs du comté de Champagne*, n° 1022). Il était, selon toute vraisemblance, fils d'Eblon et de Héluis, fille d'Ogier Ier.

2. « Mess. Ogiers d'Angleure » vécut au moins jusqu'en 1288; cela résulte de certain passage d'un compte du domaine de Champagne pour six mois de cette année, conservé à la Bibliothèque nationale, tome 487 des Mélanges de Clairambault.

3. Généalogie de la maison d'Anglure, dans Caumartin. — Jean-Saladin, seigneur de Changy, est le premier membre de la famille d'Anglure que l'on trouve affublé du nom de Saladin. Il n'est pas différent, sans doute, de Saladin d'Anglure, bailli de Troyes en 1317 (Vallet de Viriville, *Archives historiques de l'Aube*, p. 385).

4. Archives nationales, J 434, n° 3.

5. Caumartin. — Béatrix n'apporta pas seulement à la maison d'Anglure la terre d'Essey, près Nancy; elle lui donna aussi celle de Ponthion (*Notice chronol., hist. et polit. sur Pontyon en Partois*, Vitry, 1826, in-8°, p. 16).

que le comte de Bar rendit alors au duc de Lorraine [1]. Il suivit, en 1339 et 1340, le roi Philippe de Valois à l'ost de Bouvines et de Buironfosse, accompagné de trois chevaliers bannerets et de vingt-quatre écuyers [2], et vers la même époque ce prince érigea Anglure en baronnie [3]. Ogier V survécut peu à ces événements, car, en 1343, le roi remettait à Ogier [VI] et à ses frères, « enfants de deffunct messire Ogier, seigneur d'Anglure », une amende de 160 livres pour fol appel [4]. Béatrix d'Essey, veuve d'Ogier V [5], vivait encore en 1348, lors du partage des biens patrimoniaux entre ses quatre fils [6].

Ogier VI, l'aîné des fils d'Ogier V, fut seigneur

1. Villevieille, *Trésor chronologique*, t. II, p. 42.
2. Caumartin.
3. André Du Chesne dit, du moins, que le roi octroya le droit de ressort à la châtellenie d'Anglure (*Histoire générale de la maison de Châtillon*, p. 424). L'acte établissant ce fait était transcrit dans la partie, aujourd'hui perdue, du registre JJ 74 du Trésor des Chartes; nous ne le connaissons plus que par la cote *Nobilitatio castri d'Angleure*, qu'en donne l'ancien inventaire manuscrit de la collection.
4. Caumartin.
5. Du Chesne (*Hist. généal. de la maison de Châtillon*, p. 424) ne connaît pas le nom de la mère des enfants de notre Ogier V qu'il nomme Ogier II, mais il la fait mourir avant son mari qui, d'après lui, se serait remarié à Marie le Bouteiller, laquelle, par testament en date de 1383, élut sépulture dans l'église des Cordeliers de Meaux. Le savant historien a confondu ici la veuve d'un seigneur d'Anglure avec celle d'un collatéral de cette maison, Ogier d'Anglure, seigneur de Changy, fils de Jean-Saladin et, par conséquent, neveu d'Ogier V.
6. C'est dans Caumartin que nous avons puisé la plupart des renseignements relatifs aux enfants d'Ogier V.

d'Anglure ; la seigneurie du ban d'Essey, près Nancy, qu'il possédait du chef de sa mère, lui donna rang parmi les vassaux du duc de Lorraine. Robert, le puîné, devint seigneur de Queudes en la châtellenie de Sézanne, et de Loisy,[1] au comté de Vertus[2]. Guy, le troisième, eut en partage la seigneurie de Ponthion en la châtellenie de Vitry [3]. Pierre, le plus jeune, reçut la terre de Gizaucourt en la châtellenie de Sainte-Menehould, et celle de Granges-sur-Aube en la châtellenie de Sézanne. Enfin, Béatrix, fille d'Ogier V et de Béatrix d'Essey, épousa Jean, seigneur des Chenets.

Le sixième Ogier d'Anglure accompagna le roi Jean à la bataille de Poitiers (1356) et partagea en Angleterre la captivité de son souverain [4]. De retour en France, en 1361, il fut successivement lieutenant

---

1. En 1366, Robert d'Anglure tenait Loisy en fief de son neveu Ogier [VII], seigneur d'Anglure (Prisée du comté de Vertus, aux Archives nationales, KK 1080, f 10 v°, f° 62 r°).

2. Selon la généalogie de Caumartin, Robert, seigneur de Queudes et de la Celle, aurait servi le roi avec deux écuyers en 1355.

3. Sur Guy d'Anglure, capitaine de Provins inconnu à Bourquelot (*Histoire de Provins*, t. II, p. 56), on peut consulter, outre la généalogie de Caumartin, la *Notice sur Pontyon-en-Partois* (p. 16-17) publiée en 1826, qui le montre vivant encore en 1375. Il n'existait plus au 1er juillet 1383, date à laquelle sa veuve Jeanne de Jouaignes conclut avec Ogier VII, seigneur d'Anglure, un accord conservé aux Archives nationales (fonds du Parlement de Paris).

4. Kervyn de Lettenhove, *Œuvres de Froissart*, t. V, p. 428 et 433. — Ogier VI obtint en 1387 des lettres de sauf-conduit pour rentrer en France (*Ibid.*, t. XX, p. 87), mais il retourna en Angleterre où il fut l'un des ôtages du roi Jean (*Ibid.*, p. 300-321).

du roi dans diverses provinces [1]. Il avait épousé en 1339 [2] Marguerite de Conflans, fille d'Eustache de Conflans, avoué de Térouanne; il en eut un fils qui devint Ogier VII, et une fille qui épousa Charles de Châtillon, grand queux de France et souverain maître des eaux-et-forêts [3]. Devenu veuf, il se remaria avec Catherine d'Ailly [4].

Ogier VII, qui était né du mariage d'Ogier VI et de Marguerite de Conflans, c'est-à-dire en 1340 au plus tôt, épousa du vivant de son père, et au plus tard en 1360 [5], Isabeau de Châtillon, fille de Jean de Châtillon, souverain maître des eaux-et-forêts et grand queux de France [6]; il fut par ce mariage doublement beau-frère de Charles de Châtillon, héritier des dignités paternelles [7]. En 1365 [8], Ogier VII était en pos-

1. La généalogie, insérée dans Caumartin, l'indique comme lieutenant du roi en Champagne, Bourgogne et Languedoc, sous la date de 1361.

2. Cette date est donnée par le P. Anselme, *Histoire généal. de la maison de France*, t. VI, p. 145.

3. Ce mariage de Charles de Châtillon avec la sœur d'Ogier VII est indiqué seulement par l'aveu de la seigneurie d'Anglure que nous publions plus loin (voyez p. LXIII).

4. Appelée « d'Arly » par Du Chesne, *Hist. généal. de la maison de Châtillon*, p. 424.

5. Cette date résulte de l'âge que les documents permettent d'assigner en 1379 à Ogier VII et en 1384 à Jean, son frère, tous deux fils d'Ogier VI.

6. Du Chesne, *Histoire généal. de la maison de Châtillon*, p. 423-424. — Anselme, *Hist. généal. de la maison de France*, tome VI, p. 114.

7. Sur Charles de Châtillon, voyez Du Chesne, p. 573 et ss. — Anselme, t. VIII, p. 833.

8. Nous sommes ici en désaccord avec les généalogies de la

session de la seigneurie d'Anglure et de celle du ban d'Essey ; quatre ou cinq ans plus tard il y joignit la terre d'Etoges au comté de Vertus, et l'avouerie de l'église de Térouanne, en Artois, qui lui échurent par la mort de son oncle maternel, Eustache de Conflans [1]. L'aveu et dénombrement qu'il rendit au roi, pour la seigneurie d'Anglure, en 1375, nous a été conservé; nous reproduisons plus loin [2] cet acte qui peut donner une idée assez exacte de l'importance du principal des domaines possédés par celui de ses enfants, dont le pèlerinage, accompli vingt ans après, fait l'objet de cette publication.

Les documents [3] nous montrent Ogier VII poursuivant l'évêque de Metz en paiement d'une forte indemnité destinée à réparer les dommages que les Messins et les Barisiens avaient fait subir à sa terre du

---

famille d'Anglure qui prolongent la vie d'Ogier VI jusqu'en 1371, mais une charte des archives du chapitre de la Sainte-Chapelle de Vincennes (Arch. nat., S 2018) nous montre déjà Ogier, oncle de Robert d'Anglure, seigneur de Queudes — c'est-à-dire notre Ogier VII — en possession de la seigneurie d'Anglure dès 1365; rappelons, en outre, que plusieurs autres textes constatent le même fait pour l'année suivante (voyez plus haut, p. xxxix, note 1).

1. Eustache de Conflans, avoué de Térouanne, vivait encore au 1ᵉʳ août 1368 (Demay, *Inventaire des sceaux de l'Artois*, n° 83), mais il n'existait plus à la date du 18 mai 1371, que son neveu Ogier VII prend le titre d' « advoué de Thérouanne. » (Aveu rendu pour Anglure à l'évêque de Troyes; une copie de cette pièce existe dans le « registre contenant les aveux de la seigneurie d'Anglure », conservé aux Archives départementales de la Marne.)

2. Pièces à l'appui, I.

3. Quelques-unes de ces pièces sont conservées au Cabinet des titres (Biblioth. nat., départ. des mss.), dossier ANGLURE.

ban d'Essey en 1358 d'abord, au temps de son père [1], puis en 1371 [2]. Mais son activité ne se borna point à ces revendications pacifiques, il participa activement à la plupart des guerres de son temps : seigneur lorrain, il prêta main-forte avec quarante hommes d'armes en 1379, à son suzerain le duc de Lorraine, contre l'évêque de Metz [3] ; seigneur artésien,

---

1. Un mémoire sans date, émané d'Ogier VII et conservé dans le dossier ANGLURE du Cabinet des titres, est intitulé : « Ce sont les damaiges que li evesques Ademars, evesques de Mes, et ses gens firent et ont fait a mon seigneur mon pere monss. d'Angleure, en sa terre et ban d'Assey davant Nancey en Loheraine, environ lou mardi après feste saint Urbain l'an mil troix cens cinquante et vuis, comme li dis evesques et cilz de Mes, et ma damme Yolant de Flandres, contesse de Bar, furent logié par l'espace d'environ troix jours ai ost et chevauchie a Malizéville et environ, devant Nancey. »

2. « ... Pour ce espicialment establis en sa propre personne mon seigneur Ogier d'Anglure, chevalier, considerant les perdez et domaigez que ces prodommes et femmes dou ban d'Assey, de Saint Mart, de Donmartemont et de Tonbelainne, recepvrent par les citains et habitans de la ville et citey de Mes, pour le temps que lez dis citains de la dicte ville de Mes et Piere de Bar, pour le tempt qu'il vivoit, guarioient ensemble, et lez dis citains et habitans de la dicte ville de Mes courrurentz a Assey, a Saint-Mart, a Dommartemont et a Tonbelaine, et prirent bestes groussez et menues, bouterent feu, tuerent homes et prirent plusours aultrez biens mobles... » (Cabinet des titres, dossier ANGLURE, acte en date du 11 mars 1381 vieux style, rédigé par Pierre Aubert de Nancy, notaire impérial, à la requête d'Ogier d'Anglure qui l'avait chargé de faire une enquête auprès des habitants du ban d'Essey, pour l'estimation des dommages subis par eux, lesquels furent évalués à 1,476 francs.) — La date de 1371, que nous assignons aux faits de guerre visés dans cet acte, est fournie par les *Chroniques de Metz* de Philippe de Vigneulles.

3. Voir au Cabinet des titres, dossier ANGLURE, une quittance

par son avouerie de Térouanne, il accompagnait en 1377, au siège d'Ardres [1], le duc de Bourgogne, gendre et héritier présomptif du comte d'Artois; vassal du roi de France, il servait Charles VI en 1380 avec vingt hommes d'armes [2]; chambellan royal, il suivit le même prince en 1381 dans la guerre contre les Flamands [3]. Enfin, il participa, en août 1383, à la chevauchée dirigée en Flandre contre les Anglais [4], chevauchée que termina le 10 septembre la prise de Bourbourg. Ce fut là sa dernière campagne : six semaines plus tard, le dimanche 25 octobre 1383, la mort l'enlevait, âgé de quarante-trois ans au plus, à l'affection des siens. Il reçut la sépulture dans l'église des Jacobins de Troyes [5], laissant de sa femme Isabeau de Châtillon trois fils dont les

du 21 février 1379 (v. st.) par laquelle « Ougiés, signour d'Anglure », déclare avoir reçu 2,400 francs « d'or et de pois », pour le paiement d'un mois de gages pour lui et de quarante hommes d'armes qui l'ont suivi en la guerre d'entre le duc et l'évêque de Metz; la même quittance fait aussi mention de 55 francs d'or payés par le trésor ducal, en déduction d'une somme plus grande que le duc de Lorraine devait à Ogier VI.

1. Froissart, édit. Kervyn, t. VIII, p. 405; t. XVII, p. 570.
2. A la date du 27 juillet (généalogie d'Anglure, dans Caumartin).
3. Suivant la généalogie, imprimée dans Caumartin, Ogier V (lisez VII) aurait assisté à la bataille de Roosebeke (26 nov. 1382).
4. Voyez pièce IV, ci-dessous.
5. Son inscription tumulaire, communiquée par Camusat à André Du Chesne, a été publiée comme suit par ce dernier dans l'*Histoire de la maison de Châtillon* (preuves, p. 250) : CY GIST NOBLE SEIGNEUR OGIER, SEIGNEUR D'ANGLURE, ADVOÉ DE [THEROUENNE], LEQUEL TRESPASSA LE DIMANCHE DEVANT LA SAINCT SIMON ET SAINCT JUDE, L'AN M.CCC.LXXXIII, AU MOYS D'OCTOBRE.

deux aînés avaient atteint leur vingt-unième année [1] ; c'étaient Ogier VIII, l'objet de la présente étude, Jean dit Saladin et Gaucher. Jean dit Saladin, déjà chevalier à la date du 23 juin 1384, fut seigneur d'Etoges, de Gizaucourt et de Cierges; il épousa Jeanne de Bourlemont, héritière de la famille de ce nom, et mourut en 1404 au plus tard, laissant deux enfants mineurs, Simon et Marguerite, sous la tutelle de leur mère qui se remaria peu après à Pierre de Belloy, dit Baudrain. Quant à Gaucher d'Anglure, seigneur de Rocourt, chevalier dès 1394 [2], il devint capitaine de Reims au commencement du xve siècle et vivait encore en 1409 [3].

1. En effet, le second de ces fils, Jean-Saladin, était au moins dans sa vingt-deuxième année au 23 juin 1384, puisque, à cette date, il est qualifié chevalier. Du Chesne, *Histoire généalog. de la maison de Châtillon*, preuves, p. 250.)

2. A la date du 25 janvier 1398, Jean-Saladin d'Anglure, seigneur d'Etoges et de Cierges, rendit hommage au roi pour ses héritages sis à Cierges et relevant de Sainte-Menehould (Arch. nat., P 13, n° 1394); mais on conserve (aux mêmes Archives, P 162[2], n° 615) un autre hommage en date du 15 mai 1405, fait par « Pierre de Besloy, dit Baudrain », chevalier, seigneur de Candas, chambellan du duc d'Orléans, « tant en son nom comme a cause de Jehanne de Bourlemont, sa femme, et tant en douaire comme aiant la garde et gouvernement et administration de Symon et Marguerite d'Anglure, mineurs d'ans, ses enfans et enfans de feu Jehan Salhadin d'Anglure, en son vivant chevalier », lequel hommage est rendu pour les terres de Gizaucourt et de Cierges.

3. Voyez pièces VII et VIII.

II

Ogier VIII, fils aîné d'Ogier VII et d'Isabeau de Châtillon, naquit vers 1360 [1]. Il était marié dès le mois de février 1379 [2], et, lors du contrat de mariage, son père lui donna, en avancement d'hoirie, l'avouerie de Térouanne, au sujet de laquelle il plaidait alors avec l'évêque de cette ville, celui-ci prétendant, à juste titre, que l'avouerie constituait un fief relevant de l'évêché, tandis qu'Ogier VII voulait en reporter l'hommage au roi. Le dissentiment entre les deux parties portait aussi également sur les « devoirs » de l'évêque envers l'avoué, lorsque le prélat faisait sa première entrée solennelle à Térouanne : selon Ogier, le cheval qui portait le prélat en cette occasion devenait, après la cérémonie, la propriété de l'avoué, de même que le chapeau, la chappe, le chaperon, les éperons et les houseaux épiscopaux ; il y avait aussi litige sur certaines questions de péage et de haute justice. Tels sont les faits que nous révèlent un accord, en date du 10 fé-

---

1. Généalogie d'Anglure, dans Caumartin.
2. Cette date est établie approximativement à l'aide : 1° de l'acte du 6 juin 1379 qu'on trouvera plus loin (pièce III), lequel constate qu'Ogier VIII n'avait pas encore l'âge obligatoire pour faire hommage à son suzerain ; 2° d'une pièce du 23 juin 1384, citée par Du Chesne (voir page précédente, note 1), et d'où il résulte que Jean-Saladin, frère puîné d'Ogier VIII était né en 1362 au plus tard.

vrier 1379, par lequel Ogier VII se reconnaît le vassal de l'évêque de Térouanne, lequel, de son côté, lui promet les devoirs accoutumés [1].

Conformément aux termes de l'accord du 10 février 1379, le fils du seigneur d'Anglure, le jeune Ogier, encore écuyer, fit hommage, le 6 juin suivant, en la cour du Parlement, à Pierre d'Orgemont, évêque de Térouanne [2]. Selon la coutume, le prélat lui commanda de bailler aveu et dénombrement de son fief dans le délai de quarante jours : Ogier, il est vrai, n'avait pas encore atteint l'âge requis pour cet acte — il était, par conséquent, âgé de moins de vingt-un ans, — mais le roi lui avait accordé une dispense d'âge ; l'aveu fut donc, sans aucun doute, rendu en temps opportun.

A la mort de son père, survenue, on l'a dit plus haut, le 25 octobre 1383, Ogier VIII, alors majeur et revêtu de l'ordre de chevalerie, devint « monseigneur d'Anglure » ; mais il n'entra point en possession directe de la terre de ce nom, qui constituait le douaire de sa mère, Isabeau de Châtillon, laquelle, comme dame d'Anglure, fit hommage, le 13 juin 1384, à l'évêque de Troyes, en présence de Jean d'Anglure, chevalier, son fils puîné [3]. Isabeau convola en secondes noces, dès 1385, avec Simon de Sarrebruck, seigneur de Commercy, dont le même prélat reçut également l'hommage pour la terre d'Anglure [4]; mais aucun en-

1. Voyez pièce II.
2. Pièce III.
3. Du Chesne, *Histoire généalog. de la maison de Châtillon*, preuves, p. 250.
4. Du Chesne (*Ibid.*), mentionne cet aveu sous la date du 4 février 1385, c'est-à-dire 1386 nouveau style.

fant ne naquit de cette union, contractée alors que la mère d'Ogier VII était âgée de quarante-cinq ans environ.

Encore que la terre d'Anglure fût entre les mains d'Isabeau, Ogier VIII ne laissait pas que d'y résider et d'y prendre ses ébats, de telle façon même qu'à un certain moment il craignit l'action de la justice royale à la suite d'une accusation de viol. Voici, du reste, au rapport d'Ogier, naturellement fort intéressé à pallier ses torts, ce qui s'était passé.

Le jour de Pâques 1385 (2 avril), quatre écuyers du seigneur d'Anglure — Jeannot de Saint-Martin, Jean de Montbléru, Colinet de Chaltrait et Jean Raimbaut, — obtinrent congé de leur maître, qui séjournait au château du Thoult, près Montmirail[1] ; ils s'engagèrent à revenir le lendemain pour son lever, et se rendirent au village de Janvillers, d'où ils enlevèrent Colette, femme d'un certain Jean le Dégourdi, habitant du lieu. Le lundi au matin, Ogier, revenant de la messe, trouva, dans sa propre chambre du château du Thoult, une jeune femme — c'était Colette, — qui se chauffait au feu et qui, interrogée par lui, répondit sans se plaindre autrement qu'elle avait été amenée là par Jeannot de Saint-Martin. Le seigneur d'Anglure la conduisit dans sa garde-robe, et, après avoir abusé d'elle sans qu'on lui opposât de résistance, il la ramena dans la chambre, commandant aux gens de la maison de pourvoir à la subsistance de

1. La terre du Thoult faisait partie de la seigneurie d'Anglure ; voyez à ce sujet l'aveu de 1375 (plus loin, p. LVII et LXIII).

la jeune femme. Cependant la mère de Colette venait au Thoult à la recherche de sa fille, et criait à haute voix devant la demeure seigneuriale : « Faux, mauvais chevalier, tu as ma fille léans en ton château. » C'est alors que Colette obtint de partir et qu'Ogier la remit aux mains de la mère, en affectant la plus parfaite bonne foi : « Dame, lui dit-il, votre fille est céans! Si c'est celle-ci, prenez-la, car je ne la connais. Dieu la connaisse! »

Les deux femmes quittèrent le Thoult ; mais, environ quatre ans plus tard, cédant aux conseils de sa mère et de son mari, Colette porta plainte en justice contre Ogier d'Anglure : l'accusation n'était sans doute pas suffisamment prouvée, car l'affaire resta pendante durant deux années et fut seulement terminée le 12 octobre 1391 par les lettres de rémission que le roi accorda à Ogier, en considération des services que ce chevalier et ses prédécesseurs lui avaient rendus à la guerre [1].

Ces lettres de rémission visaient les services militaires d'Ogier VIII qui, trois mois après l'aventure de Colette et au lendemain des fêtes du mariage de Charles VI avec Isabeau de Bavière, avait rejoint l'armée royale destinée à châtier les Gantois révoltés et à resaisir sur eux la ville du Dam qu'ils venaient de surprendre [2]. Le roi partit à cet effet d'Amiens le 25 juillet 1385; le 27 août il était maître du Dam, et, deux jours après, les préoccupations guerrières étant

---

1. Voir ces lettres de rémission aux Pièces à l'appui, sous le n° VI.
2. Sur cette campagne, il faut lire Froissart (édition Kervyn de Lettenhove, t. X, p. 358-369).

moindres, il recevait en son camp l'hommage qu'Ogier lui devait pour les terres de Ponthion et de Gizaucourt [1] que Jean-Saladin d'Anglure tenait de son frère aîné.

Deux années plus tard, nous retrouvons Ogier en Champagne : le 10 juin 1387, il rendait hommage à l'évêque de Troyes pour la partie d'Anglure qui relevait de ce prélat [2], et le 26 du même mois, il recevait l'hospitalité, avec Guillaume du Plessis et vingt-quatre chevaux, au château épiscopal d'Aix-en-Othe, situé à 30 kilomètres à l'ouest de Troyes [3]. Les comptes de la terre d'Aix nous le montrent encore à diverses reprises de passage en ce domaine, notamment le 3 décembre 1390 avec trois hommes de cheval et deux hommes de pied [4]; puis, le 18 février 1405, avec huit autres cavaliers [5].

Ogier et sa mère, Isabeau de Châtillon, dame

1. Ci-dessous, Pièce V.
2. Du Chesne, *Histoire généalog. de la maison de Châtillon*, preuves, p. 250.
3. D'Arbois de Jubainville, *Invent. somm. des arch. départ. de l'Aube*, série G, p. 78, col. 2.
4. *Ibid.*, série G, p. 79, col. 2, où est relatée l'arrivée de « monseigneur d'Aingluyre, luy IIIIe, a cheval, et deux vallés a pié, qui furent a Aiz au souper et giete... et cuideoit venir veoir Monseigneur et parler a luy. »
5. « Pour la despense de messire Ogier d'Angluse (et non Anglust), chevalier, luy VIIIe, a neuf chevaulx qui se vint logier en l'ostel de monseigneur le xviiie jour de fevrier après ce que la porte du fort estoit fermée. Et il furent admenez par Jehan Plumey pour ce qu'il ne les povoit logier en son hostel ne autre part en son hostel en la ville. Et pour ce, par le conseil dou dit Plumey, le gouverneur les receupt au mieulx qu'il put. » (*Ibid.*, série G, p. 83, col. 1.)

douairière d'Anglure, donnèrent, en 1403, comme suzerains, leur consentement à la vente que Jean de Vendières, leur parent, fit des domaines de Queudes et de Villevotte, au chapitre de la Sainte-Chapelle de Paris, au prix de 4,145 livres, 14 sous, 9 deniers maille. Les seigneurs d'Anglure reçurent, en mai 1403, le quint denier de la vente, lequel montait à 250 écus d'or, tandis que l'amortissement des dites terres faisait entrer dans leurs coffres 900 autres écus [1].

Ogier VIII précéda sa mère dans la tombe [2]. Toutefois, sa vie paraît s'être prolongée jusqu'en 1412, car c'est lui, très-probablement, qu'un compte de la terre épiscopale d'Aix-en-Othe, nous montre passant en ce lieu, au mois de mai 1412, suivi de deux cents chevaux et accompagné du seigneur de Thil-Châtel [3], allant rejoindre sans doute l'armée royale qui se formait aux environs de Melun, d'où le roi partit le 24 de ce mois, sous la conduite du duc de Guyenne, son fils, et de Jean Sans-Peur, pour combattre le dernier sur-

---

1. Tous les actes relatifs à la cession de Queudes sont conservés dans le fonds des Archives du chapitre de la Sainte-Chapelle de Vincennes, aux Archives nationales (série S, carton 2018).

2. Isabeau de Châtillon fut enterrée, comme son premier mari, Ogier VII, dans l'église des Jacobins de Troyes ; mais la portion de son inscription funéraire, que Du Chesne nous a conservée *(Hist. généal. de la maison de Châtillon*, preuves, p. 250), ne donne pas la date de sa mort; on sait cependant que cet événement eut lieu vers les derniers jours de janvier 1414 n. st. (Du Chesne, *Hist. généalog. de la maison de Châtillon*, preuves, p. 251).

3. D'Arbois de Jubainville, *Inventaire-somm. des arch. dép. de l'Aube*, série G, p. 84, col. 2.

vivant des frères de Charles V, le vieux duc de Berry [1].
On sait qu'après avoir inutilement assiégé Bourges, le
roi signa la paix le 15 juillet, après avoir perdu devant
cette ville, et du flux de ventre seulement, environ 1,200
chevaliers et écuyers [2]. Peut-être Ogier d'Anglure était-
il du nombre. Toujours est-il que, huit mois après la conclusion de la paix, Etienne d'Anglure rendait hommage,
comme héritier d'Ogier son père, à l'évêque de Troyes [3].
C'est à peu près là tout ce que les documents exhumés
jusqu'ici permettent d'écrire sur le pèlerin de 1395. Il
nous reste maintenant à dire quelques mots de sa
femme et de ses enfants.

III

Alix de Toucy, femme d'Ogier d'Anglure, qu'elle
avait rendu père de trois fils et de trois filles, survécut
à son mari. Née de Louis de Toucy, seigneur de Bazarne et du Vault-de-Lugny en Auxerrois, et de Guye
de Mont-Saint-Jean, elle apporta dans la maison
d'Anglure les seigneuries de Mont-Saint-Jean, en
Bourgogne, de Bazarne et du Vault-de-Lugny [4], et
l'on sait, du reste, qu'Ogier VIII jouissait de la sei-

1. Monstrelet, édit. Douët d'Arcq, t. II, p. 259.
2. *Ibid.*, t, II, p. 290.
3. Le 16 mars 1412 [v. st.]. (Du Chesne, *Hist. généalog. de la maison de Châtillon*, preuves, p. 281.)
4. Généalogie d'Anglure, dans Caumartin.

gneurie de Bazarne en 1404 [1]. Son mariage remontait-il à l'année 1370, date à laquelle une pièce des archives du Parlement de Paris atteste qu'Ogier était marié [2] ? Cela ne paraît rien moins que certain : en effet, la naissance de l'aîné des fils que laissa Ogier ne doit pas être antérieure à 1392 [3]. Rappelons, en outre, qu'Ogier VIII, établi en 1385 au château du Thoult, y demeurait seul [4] et que, vraisemblablement, il eût été accompagné de la femme qu'il avait épousée six années auparavant, si celle-ci avait encore été vivante. Il est donc possible qu'Alix de Toucy ait été la seconde femme d'Ogier VIII, et cette hypothèse acquiert un certain degré de probabilité en face des circonstances de l'union qu'Alix, devenue veuve, contracta avec Claude de Beauvoir, seigneur de Chastellux, plus tard maréchal de France. On raconte effectivement que Claude surprit nuitamment la dame d'Anglure dans son château du Vault-de-Lugny dès 1412 et qu'il l'épousa [5]. Or, si l'union d'Alix avec Ogier remontait à 1379, on devrait supposer que, née vers 1364, elle touchait alors à la cinquantaine, c'est-à-dire

1. Voir, au dép. des mss. de la Bibl. Nat. (dossier Anglure), un acte rendu en 1404 par Jean l'Usurier, bailli de Bazarne pour « mon seigneur Ogier, seigneur d'Angluse et de Baiserne. »
2. Voyez la pièce II ci-dessous.
3. Selon les registres du Parlement, ce fils aîné, Etienne d'Anglure, encore damoiseau *(domicellus)* en 1411, devint chevalier avant l'an 1415 (Du Chesne, *Histoire généal. de la maison de Châtillon*, preuves, p. 251).
4. Voyez ci-dessous, Pièce VI.
5. H.-P.-C. de Chastellux, *Histoire généal. de la maison de Chastellux*, p. 99.

à un âge où une femme inspire rarement une passion comme celle que paraît avoir ressentie le seigneur de Chastellux. Quoiqu'il en soit, Alix, qui n'eut point d'enfants de son mariage avec Claude de Beauvoir, mourut en 1425, après avoir testé devant le notaire-coadjuteur du tabellionage de Vitteaux [1].

Les trois fils d'Ogier VIII et d'Alix étaient Etienne, Jean-Saladin et Ambroise; on ne sait rien de particulier sur ce dernier.

Etienne, qui succéda à son père dans la seigneurie d'Anglure que détenait encore sa grand'mère paternelle en qualité de douairière, était né de 1392 à 1394 [2]. Il rendit hommage, dès 1413, à l'évêque de Troyes (16 mars) [3] et au duc d'Orléans, seigneur de Sézanne (5 mai), pour la terre dont il portait le nom [4]; mais les liens de vassalité qui l'unissaient au neveu du roi Charles VI ne l'empêchèrent pas de suivre le parti bourguignon [5]. Epoux de Jeanne de Choiseul, fille d'Amé de Choiseul et de Claude de Grancey, il mourut en 1435, au plus tard, laissant Anglure à son fils Antoine [6].

[1]. H.-P.-C. de Chastellux, *Histoire généal. de la maison de Chastellux*, p. 100.

[2]. Généalogie d'Anglure, dans Caumartin.

[3]. Voyez, plus haut, p. LI, note 3.

[4]. Archives de la Marne, registre des aveux d'Anglure.

[5]. Le château d'Anglure fut pris par Barbazan sur les Bourguignons en 1429. (Monstrelet, édit. Douët d'Arcq, t. IV, p. 440.)

[6]. Les généalogistes de la maison d'Anglure disent qu'Etienne ne vivait plus en 1440, mais sa mort remontait au moins à cinq années, car un accord de 1435 indiqué dans le *Trésor généalogique* de Villevieille (t. II, p. 43), mentionne « les enfants de feu Etienne. »

Jean-Saladin d'Anglure, frère cadet d'Etienne, épousa, dès 1414, une demoiselle bourguignonne nommée Guye de Flavigny. Il reçut de sa mère, le 4 avril 1424, les châteaux et seigneuries de Mont-Saint-Jean, de Mairy, du Vault-de-Lugny, de Bazarne et d'Echenaux, sous condition de céder Bazarne à sa sœur Isabeau, lorsque celle-ci se marierait [1].

Les trois filles d'Ogier VIII et d'Alix avaient nom Guye, Antoinette et Isabeau. Elles furent mariées toutes trois à des chevaliers de Bourgogne : Guye épousa Pierre, seigneur de Dyo et de Grancey ; Antoinette fut successivement femme de Guillaume de Grancey et de Liébaud de Lugny ; enfin Isabeau épousa Philibert de Salins [2].

[1]. Généalogie d'Anglure, dans Caumartin. — Chastellux, *Hist. généal. de la maison de Chastellux*, p. 100.

[2]. Généalogie d'Anglure, dans Caumartin. — Chastellux, *Hist. généal. de la maison de Chastellux*, p. 100. — Ce dernier ouvrage et le *Trésor généalogique de dom Villevieille* (d'après un accord de 1435, t. II, p. 43) sont les seules sources qui nous fassent connaître la femme de Philibert de Salins sous le nom d'Isabeau ; les généalogistes de la maison d'Anglure la remplacent par une Alix qui, devenue veuve de Philibert de Salins, épousa en secondes noces, disent-ils, Claude de Beauvoir, seigneur de Chastellux, la confondant ainsi avec sa mère dont ils lui donnent le nom.

PIÈCES A L'APPUI

I

C'est ce que je Ogier, sires d'Anglure, advoez de Theroanne, tien et advoue a tenir en fief et en hommage du roy nostre sire a cause de son chastel et chastellerie de Sezanne.

Premiers, mon chastel d'Anglure, ainsy comme tout le comporte devant et darriere, emsemble tous les avantaiges qui pevent et doivent appartenir a mondit chastel et chastellerie, tant en fiefz comme en arriere fiefz, les deux foires l'une estant au jour de feste Saint Martin en yver et l'autre au jour de feste Saint Pierre et Saint Pol appostre [1], et l'usaige que j'ay pour cause de mon dit chastel en la forest de Traconne [2] a bois vif et mort pour toutes les necessitez de mon dit chastel pour maisonner, ardoir et retenir en iceluy, pour mes moulins d'Anglure, pour les pons dudit chastel, pour les prinses de la riviere et pour toutes neccessitez quelzconques appartenans aux lieux dessus dits, emsemble les fiefz et arriere fiefz cy après divisez, liquel meuvent tuit de mondit chastel d'Anglure, tant en fiefz comme en arriere fiefz, non contestant que les choses sont assises en plusieurs chasteleries et bailliages, mais tout muet de mondit chastel d'Anglure, comme dit est, emsemble le marchief qui est chascune sepmaine audit Anglure au

1376
11 JUILLET

Aveu et dénombrement de la seigneurie d'Anglure rendu au roi par Ogier VII, seigneur d'Anglure et avoué de Térouanne.

---

1. Ces deux foires se tiennent encore actuellement le 11 novembre et le 29 juin.
2. La forêt de la Traconne, située entre Sézanne et Villenauxe, s'étend pour la grande partie sur les finages de Barbonne, Bricot-la-Ville, Chantemerle, Fontaine-Denis, la Forestière, le Meix-Saint-Epoing et Saudoy.

jour du venredi ¹, dont pour ycelui debaz et procès est en parlement entre monsʳ le conte de Bouloinne, seigneur de Saint Just² et moy.

Item, le fief que messires Baudon de Vendieres a cause de ma cousine sa femme tient de moy a Queudez ³; c'est assavoir toute la ville dudit Queudez et les appartenances a icelle, jardins, prez, terres gaignables, estangz, censives, coustumes, tailles, molin et justice haulte, moyenne et basse, excepté, le grand estangt devers Ville Neufve ⁴ si comme il se comporte de long et de large, qui est mien; et peut monter et valoir de revenue par an ce que ledit messire Baudon, mes cousin, a en ladite ville et es appartenances, a pris d'argent la somme d'environ xɪˣˣ et x l. t. *Item*, a la ville de Louvette ⁵, plusieurs terres gaignables et autres revenues qui peuvent valoir par an environ xx l. t. *Item*, a Chasnetron delez Provins ⁶ et a Meure delez Sezanne ⁷, plusieurs terres gaignables, censives, coustumes, boiz, lox et ventes, et justice et seigneurie en aucuns lieux, et peut valoir par an x l. t.

Item, le fief que messire Guy d'Anglure ⁸, mes oncles, tient de moy en la ville de Massegny ⁹ et es appartenances d'icelle, c'est assavoir le tiers du four de ladite ville, ensemble censives, coustumes

1. Le marché d'Anglure se tient maintenant le jeudi de chaque semaine.
2. Saint-Just, Marne, arr. d'Epernay, canton d'Anglure. La seigneurie de Saint-Just, après avoir appartenu au xɪɪɪᵉ siècle à la maison de Dampierre, passa dans la maison d'Auvergne en suite du mariage de Marie, fille de Guillaume de Dampierre, comte de Flandre, avec Robert VII, comte d'Auvergne et de Boulogne ; ce comte de Boulogne dont il est ici question est Jean Iᵉʳ, fils de Robert VII et Marie de Flandre.
3. Queudes, Marne, arr. d'Epernay, canton de Sézanne. La femme de Baudon de Vendières était évidemment la fille de Robert d'Anglure, seigneur de Queudes, oncle d'Ogier VII, encore vivant en 1366 (voyez plus haut, p xxxɪx). Queudes fut distrait de la mouvance d'Anglure par la vente que Jean de Vendières en fit, en 1403, au chapitre de la Sainte-Chapelle de Vincennes *(Ibid.*, p. ʟ).
4. Villeneuve-Saint-Vistre, Marne, arr. d'Epernay, canton de Sézanne.
5. Villevotte, h., Marne, arr. d'Epernay, canton de Sézanne, commune de Villeneuve-Saint-Vistre.
6. Chennetron, h., Seine-et-Marne, arr. de Provins, canton de Villiers-Saint-Georges, commune de Saint-Martin-Chennetron.
7. Mœurs, Marne, arr. d'Epernay, canton de Sézanne.
8. Sur Guy d'Anglure, seigneur de Ponthion, voir plus haut, p. xxxɪx.
9. Marsangis, Marne, arr. d'Epernay, canton d'Anglure.

portans lox, ventes et terrages qui sont en ladicte ville dudit Messengy. *Item*, tient mes diz oncles, en la ville de Warce[1] et es appartenances d'icelle, censives, coustumes et terrages, et pevent valoir par an de revenue les choses dessus dictes audit Messengy et a Warce environ lx s. t. *Item*, une granche que l'en dit la granche de Juilly[2] qui peut valoir par an de revenue environ xiii l. t. *Item*, en la ville de la Noe[3] et es appartenances, qui pevent valoir de revenue par an environ xxvi l. t. *Item*, a la Celle soubz Chantemerle[4], tant en terres gaignables, tailles d'ommes et de femmes, bois, la maison de la Forest, vignes, coustumes, censives portans lox et ventes, appartenans a ladicte maison de la Forest, et ung arpent de vigne a Velenesse[5], et pevent valoir toutes les choses par an, environ xvi l. t. *Item*, encor a ladicte Celle et es appartenances en censivez, lox et ventes, coustumes d'avoines et de gelines, ensemble le peage de Queudez que l'en paie a ladicte ville de la Celle, environ huit arpens de vignes et les maisons que il a en ladicte ville, la justice haulte, moyenne et basse de ladicte ville, et peut tout ce valoir par an de revenue environ xx l. t. *Item*, en la ville du Toul[6] et es appartenances, c'est assavoir sa grant maison a tout les jardins et pourprins, ainsi comme il se comporte devant et darrier. *Item*, en ladite ville, terre, prez, bois, vignes, estangs, censives, coustumes, terrages, maisons, tailles et plusieurs autres choses, et puet tout ce valoir par an de revenue environ vi^{xx} l. t.

Item, ung fief que li Moynes de Tronay[7], escuiers, tient de mondit oncle a Fontaine Hautbron[8], qui puet valoir par an envi-

---

1. Vouarces, Marne, arr. d'Epernay, canton d'Anglure.

2. La ferme de Juilly, située sur le finage de Lachy, Marne, arr. d'Epernay, canton de Sézanne, fut détruite au xve siècle (Longnon, *Dictionn. topogr. du dép. de la Marne*, verbo Juilly).

3. La Noue, Marne, arr. d'Epernay, canton d'Esternay.

4. La Celle-sous-Chantemerle, Marne, arr. d'Epernay, canton d'Anglure.

5. Au ms. *Valenesse*. C'est aujourd'hui Villenauxe (Aube, arr. de Nogent-sur-Seine, chef-lieu de canton).

6. Le Thoult, Marne, arr. d'Epernay, canton de Montmirail, commune de Thoult-Trosnay.

7. Trosnay, Marne, arr. d'Epernay, canton de Montmirail, commune du Thoult-Trosnay. — Le ms. porte *Tromay*.

8. Fontaine-Aubron, h., arr. d'Epernay, canton de Montmirail, commune de Vauchamps. — Le ms. porte Fontaine-*Haut-Bien*.

ron vi l. t. *Item*, en ladite ville du Toul, certaines terres gaignables, terrages, censives, tailles d'ommes et de femmes, et toute justice, et peut tout ce valoir par an environ dix livres tournois.

Item, le fief que messire Ogier de Saint Cheron [1] tient de moy, c'est assavoir deux estangs seans delez la Bruille [2], contenant environ xvi arpens d'eaue. *Item*, environ iiii^{xx} arpens de bois seans ou lieu que l'en dit delez Saint Germain en Bousemont [3], et justice haulte, moyenne et basse, et pevent valoir les choses dessus dictes de revenue par an environ xxviii l. t. *Item*, ung fief que ledit messire Ogier tient, c'est assavoir en la ville du Martroy de la Riviere [4], en la ville de Saint Ylier [5], ensemble tout ce que ledit messire Ogier a esdictes villes en justice, en tailles d'ommes et femmes, en formariages, en fours, en molins, en terrages, et en censives, et peut valoir li fiefz dessus dit de revenue par an environ lx l. t.

Item, le fief que ly hoir mons^r Robert de Chastel Villain [6], jadiz seigneur de Vaucler [7], tiennent de moy a Anglure, c'est assavoir environ six fauchées de prez qui pevent valoir de revenue par an environ vi l. t.

Item, le fief que mess. Anceau de Gallande [8], sire de Pocesse [9], tient de moy a cause de sa femme qui fut fille le Bouteillier de

---

1. Ogier de Saint-Chéron, d'une branche collatérale de la maison d'Anglure, prenait son surnom de Saint-Chéron, Marne, arr. de Vitry, canton de Saint-Remy-en-Bouzemont.

2. La Breuille, f. et ch., Marne, arr. de Vitry, canton de Saint-Remy-en-Bouzemont, commune des Rivières.

3. Saint-Germain-en-Bouzemont, Marne, arr. de Vitry, chef-lieu de canton.

4. Le Martroy, village auj. détruit, situé aux environs de Saint-Chéron et, sans doute, sur le finage des Rivières, Marne, arr. de Vitry, canton de Saint-Remy-en-Bouzemont (Longnon, *Dict. top. du dép. de la Marne*).

5. Saint-Helier, village auj. disparu qui s'élevait auprès de Châteloaould, Marne, arr. de Vitry, canton de Saint-Remy-en-Bouzemont *(Ibid.)*.

6. Ce personnage, mort avant 1363, était parent du seigneur d'Anglure; sa mère, Jeanne de Vaucler, était fille du seigneur de Vaucler et de Béatrix d'Anglure (Anselme, *Histoire généal. de la maison de France*, t. II, p. 344).

7. Vauclerc, Marne, arr. de Vitry, canton de Thiéblemont.

8. Ce personnage, vivant en 1375, est inconnu aussi bien aux historiens de la maison de Garlande (Anselme, *Hist. généal. de la maison de France*, t. VI, p. 35) qu'à ceux de la seigneurie de Possesse (E. de Barthélemy, *Diocèse ancien de Châlons-sur-Marne*, t. I, p. 330).

9. Possesse, Marne, arr. de Vitry, canton d'Heiltz-le-Maurupt.

Chaalons, c'est assavoir vingt arpens que de prez que bois ou environ, seans es prez de Pons [1], tenant aux molins le Conte d'une part, et aux prez madame la royne d'autre part, et peut ce valoir de revenue par an environ xv l. t.

Item, le fief que li hoir messire Henry de Vousiers [2], sires de Sorcy [3] tient de moy, c'est assavoir environ sept livres de revenue que lidiz sires prent par chascun an sur la taille de la Riviere [4], laquelle ville le sires de Sincheron tient de moy. *Item*, li dit sires [a] a Chapelaines [5] delez Sonsoiz [6] sa maison a tout le pourprins et tout le bois que on appelle les Aunoiz, et le pré des Aunoiz jusques au Poncel devers Chappelaines, le banc et la justice dudit Poncel jusques au banc et justice de Sonsois. *Item*, environ xlv journelz de terres, et peut tout ce valoir de revenue par an environ xxx l. t.

Item, le fief que Philippon de Neufviz [7], escuier, tient de moy a Granches seur Aube [8], c'est assavoir en terres gaignables en prez, en riviere, en terraiges, en censives et autres choses, et [puet] valoir par environ vingt livres tournois.

Item, le fief que Thomas du Mesnil [9], escuier, tient de moy au dit Mesnil de Granches seur Aube; c'est assavoir en terres, en prez, en terraiges, ou quart du four, en riviere, en sa maison, en justice et seigneurie, en tailles et autres rentes qui pevent valoir de revenue par an environ xxv l. t.

Item, le fief que la damoiselle d'Ormoy tient de moy a Villelouvette [10], c'est assavoir en terres gaignables, en terraiges et autres rentes qui pevent valoir de revenue par an environ vi l. t.

Item, le fief que la seur Jehan Quarré de Pons [11] tient de moy,

---

1. Pont-sur-Seine, Aube, arr. et canton de Nogent-sur-Seine.
2. Vouziers, Ardennes, chef-lieu d'arrond.
3. Sorcy, Ardennes, arr. de Rethel, canton de Novion-Porcien.
4. Les Rivières, Marne, arr. de Vitry, canton de Saint-Remy-en-Bouzemont.
5. Chapelaine, Marne, arr. de Vitry, canton de Sompuis.
6. Somsois, Marne, arr. de Vitry, canton de Sompuis.
7. Neuvy-l'Abbesse, Marne, arr. d'Epernay, canton d'Esternay.
8. Granges-sur-Aube, arr. d'Epernay, canton d'Anglure.
9. Le Mesnil, h., Marne, arr. d'Epernay, canton d'Anglure, commune de Granges-sur-Aube.
10. Villevotte, h., Marne, arr. d'Epernay, canton de Sézanne, commune de Villeneuve-Saint-Vistre.
11. Pont-sur-Seine, Aube, arr. et canton de Nogent-sur-Seine.

c'est assavoir deux fauchies de prez seans en la prarie de Baudement [1], et pevent valoir de revenue par an environ xL s. t.

Item, le fief que messire Jehan de Mornay [2], chevaliers, tient de moy en la prairie d'entre Anglure et Granges seur Aube, c'est assavoir environ six fauchées de pré, seans au lieu c'on dit le Pré Regnart, et peut valoir de revenue par an environ six livres tournois.

Item, le fief que Geuffrois de Soisy [3] tient de moy a Messengy; c'est assavoir la vime des terrages dudit Messengy qui pevent valoir de revenue par an environ six livres tournois.

Item, le fief que li hoir damoiselle Ysabel de Sancey tiennent de moy audit Sancey [4], c'est assavoir sa maison et environ soixante arpens de terre gaingnables, en terrages, censives, coustumes d'avoines et autres menues rentes, qui pevent valoir de revenue par an, de revenue, environ x l. t.

Item, le fief que la femme feu Pierre Cartula tient de moy; c'est assavoir ving huit quartiers de pré seans en la prarie d'Angleure et de Baudemont, et pevent valoir par an environ xviii l. t.

Item, le fief que Pierre Cartula tient de moy, c'est assavoir ou terrouer de Baudement une piece de terre contenant environ xviii arpens de terre. *Item*, trois fauchies de pré en la prarie dudit Baudement, et puet valoir par an lesdiz pré et terre de revenue environ xviii l. t. *Item*, une piece de terre que li hoir Pierre Mile tiennent dudit Cartula, c'est assavoir xiiii arpens de terre en une piece assise ou terrouer. *Item*, en ladicte prarie, trois fauchiez de pré, et puet valoir cedit fief de revenue par an environ x l. t.; et [est] arriere fiefz de moy. *Item*, encor ung fiefz que ledit Pierre Cartula tient de moy audit Baudement, c'est assavoir dix neuf journées de terres arables. *Item*, le tiers de deux fauchées de prez seans en ladite prarie de Baudement, et puet ce valoir par an environ x l. t.

Item, le fief que Jaquinet Cartula tient de moy a Sezanne; c'est assavoir la maison qui fut le tresorier a tout le pourprins, une masure devant sa porte d'autre part la voye ou il ot jadiz une maison. *Item*, la grosse tour quarrée delez la porte tenant aux murs en

---

1. Baudement, Marne, arr. d'Epernay, canton d'Anglure.
2. Sans doute Marnay, Aube, arr. et canton de Nogent-sur-Seine.
3. Soyer? Marne, arr. d'Epernay, canton d'Anglure, commune d'Allemanche.
4. Sancy, Seine-et-Marne, arr. de Provins, canton de Villiers-Saint-Georges.

droit les Cordeliers, et n'a que le chemin entre deux. *Item*, le jardin devant lesdiz Cordeliers, et pevent valoir de revenue environ xx l. t.

Item, le fief que messire Jehan de Charny [1] tient de moy a Esclavole [2] et a Chantemerle [3]; c'est assavoir a Esclavole environ rois arpens de prez en la prarie dudit Esclavole. *Item*, environ six mesnies d'ommes et de femmes, et la justice haulte moyenne et basse desdiz lieux. *Item*, a Chantemerle ung arpent de vigne a tout les noiers seans ou vignoble dudit Chantemerle. *Item*, ung fief que Jehan le Moinnes de Crapot ou si hoir tiennent dudit messire Jehan de Charny, et puet valoir ce dit fief de revenue par an environ quatre livres tournois. Vault sur le tout ledit fief que ledit messire Jehan tient de moy, de revenue par an avec l'arriere fief, environ six livres, dix solz tournois.

Item, le fief que li hoir messire Ernoul de Montanglaut [4] tiennent de moy, seans au Corbier en la parroiche d'Amilleys [5] c'est assavoir la censive du Corbier, contenant environ vint arpens que terres que hayes, et peut valoir de revenue par an environ six livres tournois.

Item, le fief que Thiebault de Gaudonvillier tient de moy; c'est assavoir un molin seant au Teil [6] delez Amillis. *Item*, deux arpens de prez delez ledit molin. *Item*, deux arpens de terres que pasquis, et pevent valoir par an de revenue environ x l. t.

Item, le fief que Hanris de Gloize [7], sires de P..res [8] tient de moy ou finaige d'Amillis [9], c'est assavoir environ soixante et dix ar-

---

1. Charny, Aube, arr. d'Arcis-sur-Aube, canton de Méry-sur-Seine.
2. Esclavolles, Marne, arr. d'Epernay, canton d'Anglure.
3. Chantemerle, Marne, arr. d'Epernay, canton d'Esternay.
4. Montanglaust, h , Seine-et-Marne, arr., canton et commune de Coulommiers.
5. Le Corbier, h., Seine-et-Marne, arr. de Provins, canton de Nangis, commune de Jouy-le-Châtel et dans la partie de son territoire qui confine à Amillis.
6. Autheil, h., Seine-et-Marne, arr. et canton de Coulommiers, commune de Beautheil et dans la partie de son territoire qui avoisine le finage d'Amillis. — Le ms. porte *au Teril*.
7. Gloise, ch., Seine-et-Marne, arr. de Coulommiers, canton de Rozoy, commune de Vaudoy.
8. Le ms. porte *Pres*, le *p* ayant le sigle ordinairement employé pour noter *par* ou *per*.
9. Amillis, Seine-et-Marne, arr. de Coulommiers, canton de la Ferté-Gaucher.

pens de terre, emsemble hayes et buissons qui sont autour lesdictes terres, seans entre les Trois Maisons [1] et le bois d'Amillis, et pevent valoir par an de revenue environ xv l. t.

Item, le fief que ly hoir Geoffroy Tritan tiennent de moy a Sancey [2], c'est assavoir une masure a tout le jardin et pourpris, si comme il se comporte, entour cloz de fossez, lequel pourpris on appelle la Motte. Et puet valoir de revenue par an environ XL s. t.

Item, le fief que Girars li Saisnez de Chaalons tient de moy en la ville de l'Ettrée delez Soderon [3] et es appartenances, qui peut valoir de revenue par an environ LV l. t., emsemble le fief que messire Jehan de Grodesech.. sires de Givry [4] tient dudit Girart le [5] Saisne qui est arriere fief a moy.

Item, JE TIEN DU ROY NOS SIRE, comme dit est, ce que j'ay en la ville et terrouer de Granges et du Mesnil sur Aube [6] qui peut valoir par an, de revenue, environ xxx l. t.

Item, en la ville de Queudez et es appartenances, ung estang, c'om dit le grant estang devers Villeneufve, si comme il se comporte, entour et environ les terres gaignables de long et de large jusques ou grail d'icelui estang, contenant environ huit vingts et trois arpens et ung quartier de plainne yau, ensemble ce j'ay en ladite ville, et peut tout ce valoir de revenue par an environ sept vingts livres tournois.

Item, en la ville de la Noe et ou finage, en bois sept arpens, et peut valoir pour an IIII s. t. Valent XXVIII s. t.

Item, a Juilly, environ six arpens de bois, seans au boisson de la Grant Brousse, et puet valoir l'arpent par an II s. VI d. t. Valent sus tout xv s. t.

Item, en la ville de Fere-Champenoise [7] et es appartenances,

---

1. Les Trois-Maisons, f., Seine-et-Marne, commune d'Amillis.
2. Sancy, Seine-et-Marne, arr. de Provins, canton de Villiers-Saint-Georges.
3. Létrée, Marne, arr. de Vitry, canton de Sompuis, commune de Dommartin-Letrée.
4. Givry-en-Argonne? Marne, arr. de Sainte-Menehould, canton de Dommartin-sur-Yèvre.
5. Le ms. porte *la.*
6. Le Mesnil, h., Marne, arr. d'Epernay, canton d'Anglure, commune de Granges-sur-Aube.
7. Fère-Champenoise, Marne, arr. d'Epernay, chef-lieu de canton.

tout ce que je y ai, qui peut valoir par an de revenue environ deux cens livres t.

Item, en la ville de Nuisy [1], ung four bannel qui peut valoir par an environ XL s. t.

Item, en la ville de Chesy-l'Abbaye [2], trois arpens de prez et vault l'arpent environ XX s. t. Pour tout LX l. t.

Item, le fief que mesdiz freres messire Charles de Chasteillon a cause de ma seur [3], sa femme, tient de moy audit Chesy, a cause de mondit chastel d'Anglure, et peut valoir ledit fief par an environ L l. t.

Item, ce que j'ay en la ville de Toul, c'est assavoir les terrages de la Mortière [4] qui pevent valoir par an a la mesure de Montmirel [5] environ cinq sextiers, par moitié froment et avoine.

Item, a Fontaine Haultbron [6] delez la Mortiere, ung courtel contenant environ ung arpent, et peut valoir par an environ X s. t. *Item,* encor en ladicte ville, en menuz cens, environ dix solz tournois par an.

Item, en la ville de Cuys [7], ung four bannel qui peut valoir par an environ LX s. t.

Item, en ladicte ville de Cuys et de Grauve, qui est delez le fief que mes frere messire Charles de Chastellion tient de moy a cause de ma seur sa femme, a cause de mondit chastel d'Anglure, et peut valoir ledit fief environ soixante livres tournois.

Item, le fief que li hoir Pierre de Grauve tiennent de mondit

---

1. Nuizy, Marne, arr. d'Epernay, canton de Sézanne, commune de Fontaine-Denis.

2. Chezy-l'Abbaye, Aisne, arr. de Château-Thierry, canton de Charly.

3. Nous avons dit plus haut (p. XL) que cette sœur d'Ogier VII, qui épousa Charles de Châtillon, souverain maître des eaux-et-forêts, et grand-queux de France, n'était encore connue que par ce texte.

4. La Mortière, Marne, arr. d'Epernay, canton de Montmirail, commune du Thoult-Trosnay.

5. Montmirail, Marne, arr. d'Epernay, chef-lieu de canton. — Le ms. porte à tort *Montmitel*.

6. Le ms. donne *Haultbien*. Cf. ci-dessus, p. LVII, note 8.

7. Cuis, Marne, arr. d'Epernay, canton d'Avize.

frere esdites villes de Grauve [1] et de Cuys, et est arriere fief a mondit frere, et peut valoir ledit fief par an environ xxx l. t.

ET TOUTES les choses dessus dictes, je Ogiers, sires d'Anglure, advoez de Theroanne dessus dit, advoue a tenir du roy nos sire, comme dessus est dit, pourquoy je supply affectueusement comme je puis que, se ainsi estoit que je eusse chose oblyé a denommer, specifier, mettre, esclarcir ou escripre en cest present escript et denommement, par aucune aventure que ce feust, que son plaisir soit a moy en tenir pour excusé, car en verité je ne l'aroye mie fait malicieusement, et au plus tost que je pourroye apparcevoir obleance d'aucune chose y avoir oblyé, je en promect à faire mon devoir par devers ly ou ses gens, et l'advoue a tenir de ly et bailler par escript soubz mon scel, toutes foiz que les cas y escheiroit ou venroit a ma congnoissance, en tesmoing de verité.

Je Ogiers, sires d'Anglure dessusdit, ay seellé ce present escript et denommement de mon propre seel duquel je use et entens a user en toutes mes besoingnes et causes. Ce fut fait en l'an de grace Nostre Seigneur l'an mil ccc soixante et quinze, le penultieme jour du mois de mars.

Parmy lesquelles lettres est annexées unes lettres dont la teneur s'ensuit.

A tous ceulx qui ces lettres verront, Hugues Aubryot, chevaliers, garde de la prevosté de Paris, salut. Savoir faisons que par devant Jehan Fourquant (sic) et Jehan de Cointecourt, clercs notaires jurez du roy nostre sire en son Chastellet de Paris, fut present noble homme monseigneur Ogier d'Anglure, chevalier, seigneur dudit lieu, advoué de Theroenne, et afferma pour verité par son serment que les deux seaulz mis es lettres parmi lesquelles ces presentes sont annexées, chacun d'iceulx est son propre seel et duquel il use et a acoustumé a user en tous ses faiz et ses besoingnes, et oultre que toutes les choses contenue en ycelles sont vrayes, et ce certiffions nous estre vray par la teneur de ces presentes esquelles, en tesmoing de ce, nous, a la relation d'iceulx notaires avons mis le scel de ladicte prevosté de Paris, l'an mil ccc soixante et seize, le venredy unze jours de juillet.

Ainsi signé: J. DE COINTECOURT et J. FOUQUANT.

(Archives nationales, registre de transcrits d'aveux et dénombrements, P 264, pièce CLXXIIII.)

---

1. Grauves, Marne, arr. d'Epernay, canton d'Avize.

II

Come plusieurs procès fussent meus et pendens en Parlement et ailleurs entre reverend pere en Dieu monseigneur l'evesque de Therouenne d'une part et noble homme messire Ogier, seigneur d'Anglure, advoué de Therouenne, chevalier, d'autre part, tant pour la cause de la foy et hommage de ladicte advourie, laquelle ledit monseigneur l'evesque disoit devoir estre tenue de lui en fief a cause de son eglise, ledit advoué disant que il tenoit par advourie du roy en fief, comme pour plusieurs devoirs que ledit advoué disoit a lui estre deulx, diz et faiz par l'evesque de Therouenne quant il fait de nouvel son entrée en son eglise, ledit evesque disant le contraire, et aussi pour la haulte justice de [aucun lieus dont plait est entre les parties [1]], et pour certains autres exploiz et debaz, finablement pour bien de paix est accordé et transigé entre les parties s'il plaist en la maniere qui s'ensuit :

C'est assavoir que ledit monseigneur l'advoué, informé plus a plain de son droit et de son fait, confesse que ladicte avourie et ses appartenances doit estre tenue par foy et hommage dudit monseigneur l'evesque a cause de son eglise, de laquelle advourie et appartenances ledit monseigneur l'advoué fera foy et hommage audit monseigneur l'evesque a cause de son eglise, ou fera faire par Ogier, son filz ainsné, qui doit estre son heritier, auquel il a donné ladicte advourie au traictié de son mariage, et ledit monseigneur l'evesque recevra en sa foy lesdiz pere ou filz franchement pour ceste foys, et pourra le pere retenir cent livres de rente a vie sur ladicte advourie, se sondit filz comme seigneur proprietaire en fait l'ommage audit monseigneur l'evesque comme dit est, et ledit monseigneur l'evesque baillera audit monseigneur l'advoué le cheval qu'il chevauchoit, les chappel, chape, chaperon, esperons et hou-

1379
10 FÉVRIER

Accord conclu entre Pierre d'Orgemont, évêque de Térouanne, et Ogier VII, seigneur d'Anglure, au sujet des droits et devoirs de l'avouerie de Térouanne.

---

1. Les mots entre crochets, écrits, semble-t-il, de la main de l'avocat Des Marets dont la signature se trouve au bas de la pièce, occupent l'interligne où ils prennent la place de la rédaction primitive : « La dicte avourie, laquelle chascune des parties maintient a lui appartenir. »

e

siaux qu'il avoit quant il fist sa nouvelle entrée, et ledit monseigneur l'advoué le recevra, et demou[r]ra le dit evesque quittes de ce en quoy il povoit estre tenus tant de son temps comme du temps de son predecesseur sans prejudice de l'une partie ne de l'autre. Et parmi ce les complaintes en cas de saisine et de nouvelleté faictes par le dit advoué pour les devoirs et choses dessus diz, tant contre monseigneur l'evesque qui est a present, comme contre son predecesseur, et certaines autres complaintes en cas de nouvelleté pour cause de plusieurs bestes prises et arrestées par les gens dudit advoué au dehors des barrieres de ladicte ville de Therouenne pour occasion du paage ou travers que les gens du dit advoué demandoient, et aussi pour ce que les gens dudit evesque avoient fait lever le corps de Jehan de la Fosse qui avoit esté tué en certain lieu près de ladicte ville de Therouenne, et encore, une autre complainte pour cause du pain pris en ladite ville, par les gens dudit advoué les execucions desdictes complaintes, les exploits et choses pour lesquels elles ont esté faictes, les procès et tout ce qui s'en est ensuy seront et sont reputés pour non fais et non advenus, sans prejudice des parties ou d'aucunes d'icelles en proprieté ne en possession, et sera levée la main du roy nostre sire mise aux choses contencieuses, et aussi certaine sentence et procès par escript mis devers la court en ce present parlement, et de quoy ledit advoué est appellant et aussi l'appellacion sont mis au neant sans despens et sens amende, et parmi ce que les choses qui demeurent contencieuses seront gouvernées par la main du roy, les procès sur ce pendens, et, quant a ladicte cause de la haulte justice par Guerart le Chirier pour ledit evesque et Ernoul de Boves pour ledit avoué, commis a ce par la court ou par leur commis et deputez, ledit Guerart le Chirier pour ledit evesque, et ledit Ernoul de Boves pour ledit advoué enquerront la verité sur les fais et articles des parties qui sont accordées et examineront, pour chascune partie, tant de tesmoings comme chascun vouldra, et mettront les parties a accort se ilz pevent, et, si non, l'enqueste qui par eulx sera faicte sera raportée par devers la court aus jours d'Amiens du prochain parlement advenir pour tous delays pour estre receue et jugée si comme raison devra ; et a tenir ce present accort veulent estre les parties condampnées par arrest.

(Signé :) Marès. Canard.

Actum de consensu dictorum episcopi et advoati, propter hoc in dicta parlamenti curia personaliter constitutorum per arrestum condempnatorum auditoque procuratore regis ac audita relatione gentium camere compotorum, die xi*ᵃ februarii* LXXVIII°.
Requiritur consensus procuratoris regis.

(Archives nationales, X¹ᶜ, série des Accords). JOUVENCE

III

A tous ceulx qui ces presentes letres verront, Hughes Aubriot, chevalier, garde de la prevosté de Paris, salut. Sçavoir faisons que le lundi sixiesme jours du mois de juing, l'an de grace mil trois cens soixante dix noeuf, en la presence de Jehan de Courtencourt et Jehan Foucquant, clers notaires jurez du roy nostre seigneur ou chastel de Paris, Ogier d'Englure, escuier, entra en la foy et hommaige de reverend pere en Dieu monseigneur Perre, par la grace de Dieu evesque de Therouenne et en la chambre de Parlement de Paris, dit audit reverend pere les paroles qui s'ensieuvent : « Monseigneur l'evesque je deviens vostre home lige a cause « de l'advouerie de Therouenne, et des appartenances d'icelles, les- « quelles je adveue a tenir en fief lige et vous promectz foy, « loyaulté et a garder l'honneur de vostre corps, le droit de l'eri- « taige de vostre eveschié a mon povoir et de fere en vostre cour « avecq mes pers bons jugemens ēt loyaulx touttesfois que je en « seray sommé et requis deuement et celeray les secrets de vostre « court, et que de vostredite court ne me partiray se n'est par « deffault de droit ou par mauvais jugement, et vous faire tous les « services et devoirs que audit fief, poeuvent et doibvent apparte- « nir, selonc ce et par la forme et maniere que le fief requiert. » A quoy ledit reverend pere receut ledit Ogier, sauf tous droictz, et luy fist commandement qu'il bailla son adveu ou denombrement par escript dedens le temps accoustumé, c'est assçavoir de quarante jours. Lequel Ogier dit qu'il le feroit voluntiers ce qu'il debvoit. Item, dit ledit Ogier que, supposé qu'il ne fut eagiés pour ce fere selon la coustume, sy l'avoit le roy habilité a ce par ses lettres,

1379
6 JUIN. PARIS

Hommage rendu par Ogier VIII, d'Anglure, écuyer, à l'évêque de Térouanne, pour l'avouerie de Térouanne.

lesquelles il monstra, et en demanda ledit monseigneur l'evesque coppie qui accordé luy fust. En tesmoing de ce, nous a la relation d'iceulx notaires, avons mis a ses letres le seel de ladite prevosté, l'an et le jour premier dis.

Ainsy signé doubles : J. FOUCQUANT et Jehan DE COURTECOURT *(sic).*

(Giry, *Cartulaires de l'église de Térouanne,* p. 258-259.)

IV

1383
15 AOUT

Quittance donnée par Ogier VII (ou Ogier VIII), pour ses gages et ceux de sa compagnie en la chevauchée de Flandre.

Sachent tuit que nous, Ogier d'Anglure, confessons avoir eu et receu de Guillaume d'Enfernet, tresorier des guerres du roy nostre sire, la somme de sept vins deux livres, dix solz tournois, — le franc pour xx solz tournois piece, — en prest pour les gages de nous banneret, IIII bacheliers et XLV escuiers de nostre compagnie desservis et a desservir en ces presentes guerres de nostre dit seigneur en la compagnie et soubz le gouvernement de monseigneur le duc de Bourgogne, en la chevauchiée que le roy nostredit seigneur entent de present faire ou païs de Flandres a l'encontre des Englois, de laquelle somme de VII^{xx} II livres x s. t. dessus dite, nous nous tenons pour content et bien paié.

Donné soubz nostre seel le xve jour d'aoust ccc IIII^{xx} et trois.

(Bibliothèque nationale, cabinet des titres, dossier ANGLURE.)

V

1385
29 AOUT
EN L'ARMÉE DEVANT LE DAM

Ogier VIII rend hommage au roi pour ses terres de Ponthion et de Gizaucourt, au bailliage de Vitry.

Charles, par la grace de Dieu roy de France, au bailli de Vitry ou a son lieutenant, salut. Nous vous signifions que le jour de la date de ces presentes nostre amé et feal chevalier Ogier, seigneur d'Angleure, nous a fait hommage des terres de Pontion et de Giraucourt, auquel nous l'avons receu sauf nostre droit et l'autrui. Si vous mandons que, pour cause dudit hommage a nous non fait, vous ycellui chevalier ne traveilliez, molestez et empeschiez en aucune maniere, mais lesdictes terres se pour ce estoient prises, saisies ou empeschées lui mettez et faites mettre tantost et sanz delay a plaine delivrance; nonobstant quelconques ordenances, mandemens ou defenses a ce contraires. Donné en nostre ost, devant la ville du Daent en Flandres, le xxix⁰ jour d'aoust, l'an de grace mil trois cens quatre vins et cinq et de nostre regne le quint.

Par le roy, presens les chambellans.

MONTEACUTO.

Arch. nat., P. 161¹, n VIII^xx.

VI

Charles, par la grace de Dieu roy de France, savoir faisons a tous presens et avenir nous avoir oyé la supplicacion de nostre amé et feal Ogier, sire d'Angleure et advoé de Therewanne, chevalier, contenant que comme le jour de Pasques closes l'an mil ccc III^{xx} et cinq, environ heure de souper, Jehannot de Saint Martin, Jehan de Montbléru [1], Colinet de Chaletray [2] et Jehan Raimbaut, escuiers et serviteurs dudit suppliant, feussent venuz par devers lui et li eussent demandé congié de eulx aler jouer et esbatre, lequel suppliant leur eust ottroié et donné ledit congié moiennant que ilz fussent le landemain bien matin a son lever. Et lors yceulx escuiers et serviteurs fussent alez en la ville de Jamviller en Brie [3], devant l'ostel d'un appellé Jehan le Desgourdi, et eussent ylec trouvée sa femme

1391
12 OCTOBRE
CHATRES-SOUS-MONTLHÉRY

Lettres de rémission accordées par le roi Charles VI à Ogier VIII, seigneur d'Anglure.

---

1. Montbléru est un hameau de la commune de Neuvy-l'Abbesse (Marne, arr. d'Epernay, canton d'Esternay). Angenoul et Jean de Montbléru qui figurent, le premier vers 1172, le second en 1274, parmi les vassaux du comte de Champagne dans la châtellenie de Sézanne (*Livre des vassaux*, n⁰ 2513; Arch. nat., J 205, 31 *bis*), étaient sans doute des ancêtres du personnage mentionné ici.

2. Chaltrait-aux-Bois, Marne, arr. d'Epernay, canton de Montmort. Colinet appartenait probablement à la même famille que Jacques de Chaltrait, l'un des vassaux de la châtellenie de Vertus en 1274 (Arch. nat., J 1043, n⁰ 19).

3. Janvilliers, Maine, arr. d'Epernay, canton de Montmirail.

appellée Colette, et ycelle Collette eussent troussée et mise de fait sur un cheval qui estoit dudit suppliant, et ycelle menée senz le sceu dudit suppliant en un de ses chasteaux appellé le Tou [1]. Et le landemain bien matin, ledit suppliant quant il fu revenu du moustier oïr la messe avec un sien cousin appellé Baudon de Vendieres [2], chevalier, fust retourné en son dit chastel du Tou et eust encontré ledit de Saint Martin et lui demandé d'ont il venoit, ou estoient les autres, et ou ilz avoient esté ne tant demouré, lequel de Saint-Martin lui eust repondu : « Alez veoir en vostre chambre et vous le saurez bien. » Et lors ycelui suppliant se fust parti et s'en alé oudit chastel, ouquel il trouva dedens sa chambre la dicte Colette qui se chauffoit au feu et lui eust demandé en ceste maniere : « M'amie, qui vous a cy mise ne amené. » Auquel ladicte Colette eust respondu que ce avoit fait Jehannot de Saint Martin. Et adont icelui suppliant eust amiablement dit a ladicte Colette : « M'amie, bien veignant, il convient que je parle a vous. » Et l'eust prise par la main et menée en sa garde robe, et ylec la cognut charnelment une fois seulement. Et, tantost après, icelui suppliant la fist revenir en sa chambre au feu et commenda a ses gens et officiers que l'en la feist boire et mangier. Et, ce pendant, ladicte Colette eust oye sa mere qui la poursuivoit et eust entendu qu'elle crioit a haulte voix : « Faulx mauvais chevaliers, tu as ma fille leens en ton chastel. » Et lors eust demandé ledit suppliant a la dicte Colette : « Que est ce que j'ay oy. » Laquele Collette li respondi : « C'est ma mere, pour Dieu ! laissiez m'en aler avec« ques elle. » Et incontinant ledit suppliant la prinst et bailla a sadicte mere, disant ces paroles : « Dame, vous dites que vostre « fille est ceans; se ce est elle cy, prenez la, car je ne la congnoiz. « Dieu la congnoisse! » Et lors se parti ladicte Colette avecques sadicte mere et s'en alerent ou bon leur sembla. Mais, depuis deux ans en ça ou environ, ladicte Colette par l'ennortement de sa dicte mere et dudit Jehan le Desgourdi, son mari, s'est plainte a justice dudit suppliant. Pour lequel fait, icelui suppliant se doubte d'estre par rigueur de justice molesté ou empeschié en corps ou en

---

1. Le Thoult, Marne, arr. d'Epernay, canton de Montmirail.

2. Ce personnage qui tire probablement son surnom de Vendières-sous-Montmirail (Aisne, arr. de Château-Thierry, canton de Charly), était vassal du seigneur d'Anglure pour la seigneurie de Queudes qu'il tenait du chef de sa femme, cousine-germaine d'Ogier VII (voyez plus haut, p. LVI).

biens, se sur ce ne li est estendue et impartie nostre grace et mise
ricorde, si comme il dit suppliant humblement ycelle. Pourquoy,
nous, consideré ce que dit est..... et pour consideracion des services que lui et ses predecesseurs ont faiz a nous et aus nostres es
guerres de nostre royaume..... a icellui de nostre autorité royal et
grace especial avons quitté, remis et pardonné..., ledit fait, s'il est
ainsi comme dit est..... Si donnons en mandement par ces presentes
au bailli de Troies et de Meaulx, et a tous noz autres justiciers...
que ledit suppliant, ou cas dessus dit, facent, laissent et seuffrent
user et jouir plainement et paisiblement de nostre presente grace,
quittance, remission et pardon selon la forme et teneur de ces presentes senz le travaillier, ne souffrir estre travaillié, molesté ou
empeschié en corps ou en biens, ores ou es temps avenir, en aucune
maniere au contraire, mès son corps et ses biens s'aucuns sont pour
ce detenuz ou arrestez le mettent ou facent mettre senz delay a
delivrance. Et que ce soit ferme chose et estable, a touz jours mès
nous avons fait mettre nostre seel a ces presentes, sauf en autres
choses nostre droit et l'autruy en toutes. Donné a Chastes soubz
Montleheri, l'an de grace mil ccc IIII^{xx} et onze et de nostre regne
le douziesme, ou moys d'octobre.

Par le roy, a la relation du Conseil.

J. BERTAUT.

(Archives nationales, registre JJ 141, f⁰ 149, pièce 254).

VII

Charles, par la grace de Dieu roy de France. A noz amez et
feaulx conseilliers les gens tenans nostre present parlement a Paris
et qui, en temps avenir, le tendront, salut..... De la partie de noz
amez Ogier d'Angleure, Jehan dit Salhadin d'Angleure, et de Gauchier d'Angleure, chevaliers, censors en ceste partie, nous a eté
exposé que comme ilz aient appellé a nous ou a nostre court de
Parlement de certaine sentence, jugement, prononciation ou appoin-
tement faiz et donnés contre eulx civilement par nostre prevost
ou son lieutenant au prouffit de nostre bien amée Ysabel de Chastillon, leur mere, et leur dit appel aient deuement relevé en nostre

1397
29 FÉVRIER
PARIS

Mandement du roi autorisant O-gier VIII et ses frères à conclure un accord avec Isabeau de Châtillon, leur mère, pour terminer un procès pendant en Parlement.

dicte court de Parlement, et il soit ainsi que les d......, pour bien de paix et amour nourrir entre elles et pour obvier a plus grans frais accorderoient voulentiers ensemble se, sur ce, nous plaisoit leur ottroyer nostre [grace] et licence, si comme ilz dient, en nous humblement suppliant que, attendu que ce n'est que une simple appellacion de bouche sur une interlocutoire et n'y a point de procès escript et ne touche en rienz nostre droit, fors pour raison dudit appel; et consideré aussi que lesdiz exposans et leurs predecesseurs nous ont bien et loyaument servi au temps [passé] ou fait de noz guerres et ailleurs, que sur ce leur voillons impartir nostre grace. Pour quoy nous, ces choses considerées, ausdictes parties avons ottroyé jo[ur.....] par ces presentes de grace especial congié et licence d'accorder ensemble et d'eulz partir de court sanz amende. Si vous mandons et enjoignons estroitement que... les- dictes parties vous faites, souffrez et laissiez joïr et user paisiblement de nostredite grace, et contre la teneur d'icelle ne les molestez, traveilliez ou en..... en aucune maniere en rappourtant leur accord par devers vous, car ainsy leur avons ottroyé et ottroyons par ces presentes de grace especial, non obsta[nt quel]conques lettres subreptices, empetrées ou a empetrer a ce contraires. Donné a Paris, le xxixe jour de janvier l'an de grace mil ccc iiii^{xx} et seize, [et de] nostre regne le xviie.

Par le roy a la relation du Conseil,

TUMERY.

(Archives nationales, X1^c, série des Accords.)

VIII

1397
3 AVRIL
PARIS, EN PARLE-
MENT

Accord rendu entre Ogier VIII d'Anglure et ses frères d'une part, Isabeau de Châtillon leur mère, d'autre part, au sujet de la garan

Comme certaine cause feust meue et pendant par devant le prevost de Paris, conservateur des privileges octroyez par le roy nostre sire et ses predecesseurs aus maistres et escoliers estudians en l'Université de Paris, ou par devant le lieutenant dudit prevost oudit nom, entre maistre Jaques du Boys, licencié en loys, advocat en Chastellet de Paris, escolier, demandeur, d'une part, et nobles hommes monseigneur Ogier, seigneur d'Englure, monseigneur Jehan Sallhadin et monseigneur Gauchier d'Englure, chevaliers, freres, defendeurs d'autre part, pour la cause de la somme de viii^{xx} x francs d'or que ledit demandeur demandoit et demande aus diz defendeurs pour cause des arrerages de certaine rente a vie que ledit demandeur dit a lui estre deuz par certains moyens, lezdiz defendeurs eussent fait adjorner en garant ma dame Ysabel de Chastillon, leur mere, et lui eussent denoncié que elle preist pour eulx la garantie et defense de ladite cause, laquelle eust decliné la jurisdiction dudit prevost de Paris, disant qu'elle n'estoit point sa subgiette ne justiciable et que elle estoit demourant ou conté de Champaigne tout hors des fins et mette de la prevosté et viconté de Paris, lequel prevost ou son lieutenant, oudit nom, eust dit par sa sentence ou jugement que ladicte madame Ysabel ne respondroit point par devant lui, de laquelle sentence ou jugement les diz defendeur appellerent de ladicte court de Parlement, et ont relevé leur adjournement en cas d'appel, et ycellui fait executer dedens temps deu finablement : pour bien de paix accordé est, s'il plaist a ladicte court de Parlement, entre lesdiz monseigneur Ogier et sesdiz freres d'une part et la dicte madame Ysabel d'autre part sur les choses dessus dictes en la maniere qui s'ensuit, c'est assavoir que la dicte appellation et la dicte sentence ou jugement soient mises au neant sans amende et sanz despens, et que ladicte madame Ysabel de maintenant prant en elle, pour sesdiz enfans et pour chascun d'eulx, la garantie et defense de la dicte cause et d'abondant prendra encore en soy ycelles garantie et defense par devant ledit prevost conservateur dessus dit ou son lieutenant, et est jour assigné a ycelle madame Ysabel par devant le dit prevost ou son lieutenant audit nom oudit Chastellet, au vi^e jour d'avril prochain venant, pour ce faire et proceder en oultre selon raison, et parmi ce, ycelles parties se portent de ladicte court de Parlement. Fait du consentement de maistre Jehan Rabatea, procureur dudit messire Ogier, seigneur d'Angleure, Jehan de Saint-Disier, procureur desdit Jehan Salsadin (sic) et Gauchier d'Angleure, d'une part, et de Gilles Labbat, le iiie jour d'avril l'an mil ccc iiii^{xx} et xvi.

(Signé :) VILLEQUIN.

tie que lesdits d'Anglure revendiquaient d'Isabeau au cours d'un procès où Jacques du Bois, avocat au Châtelet de Paris, leur réclamait 170 fr. d'or, comme arrérages d'une rente viagère.

Visa appellacione et quia concordia decens est inter matrem et liberos, transeat si placet.

PH. CERF.

(Archives nationales, X^{1e}, série des Accords.)

Avertissement du premier Éditeur.

AVERTISSEMENT DE LA PREMIÈRE ÉDITION

Avertissement de l'éditeur de Troyes.

AU LECTEUR,

Salut.

Ce journal, ainsi qu'il se recognoist par la lecture d'iceluy, a esté dressé par quelqu'un de la suyte et maison du tres illustre seigneur Simon de Sarebruche, damoyseau de Commercy, baron d'Anglure, autheur et promoteur de ce voyage, qui mourut au retour d'iceluy en la ville de Nicotie, et prenoit ceste qualité de baron d'Anglure pour avoir espousé madame Ysabeau de Chastillon, lors veufve de messire Oger, seigneur d'Anglure, advoué de Therouënne, decedé des l'an 1383, comme porte l'epitaphe qui est sur sa sepulture, couverte d'une tumbe de cuivre, qui se veoid devant le grand autel de l'eglise des Jacobins de Troyes, faisant mention de ladicte Ysabeau, sans toutes fois cotter l'année de son decès, ce qui a esté remarqué par l'autheur de la tres laborieuse histoire genealogique de la maison de Chastillon-sur-Marne [1], lequel neanmoins a suivy un mauvais memoire, en ce qu'il rapporte seulement le decès dudict Simon de Sarrebruche, soubz

---

1. Hist. de Chastillon, p. 426. *(Note en marge de l'éd. de Troyes.)*

l'année 1402, bien qu'il fust mort en Chypre durant ledict voyage dès le 18 janvier 1395 [1]; et pendant le susdict an 1402 ou peu après semble ladicte Ysabeau estre decedée. Or est considerable la pieté de ce seigneur, lequel meu de la seule devotion entreprist si grand et penible voyage, si grandement et noblement accompagné, que Jacques, roy de Chypre, adverty de sa descente en ceste isle, luy envoya un de ses Escuyers et avec luy milles chevaux et sommiers pour porter son bagage et celuy de sa compagnie jusques en ladicte ville de Nicotie, capitale du pays, et de plus recognoissant sa valeur, et la grandeur de sa noblesse et extraction, le voulut honorer de son ordre qu'il receut la veille de son decez. Les curieux sçavent que ceste maison de Sarrebruche a possedé longuement les comtés de Braine et de Roucy par le mariage faict de messire Robert de Sarrebruche avec Jeanne comtesse desdicts lieux dès l'an 1415 par la mort de Jean, comte de Roucy, son pére, tué en la bataille d'Azincourt; et depuis ceste maison fonduë en celle de la Marche, de Silly, Rochefort, et autres, ce qui est amplement deduict par frére Mathieu Herbelin religieux de Sainct-Ined [2] de Braine, en sa genealogie manuscrite de la royalle maison de Dreux. Reçois donc, lecteur, ce petit ouvrage non encores cy devant imprimé, et faictz estat des pieux et religieux desseins de l'ancienne noblesse Françoise.

1. C'est 1396, ainsi que l'on compte à présent.
2. *Il faut lire* : Sainct-Ived.

LE
SAINT VOYAGE DE JHERUSALEM

1. ‖ *Cy apprès s'ensuit le contenu du saint voyage f° 27 de Jherusalem et le chemin pour aller a Saincte Catherine du mont de Synay et ainsi a Saint Anthoine et Saint Pol es loingtains desers de Egipte ; lequel saint voyage a esté* [1] *fait par monseigneur d'Angleure et autres de sa compagnie en l'a[n] mil.iij^c. .iiij^{xx}. et .xv., en et par la maniere qui s'ensuit.*

D'ANGLEURES JUSQUES A PAVYE

2. Et premiers, nous partismes [2] d'Angleure sur Aulbe le .xvj^e. jour du mois de juillet l'a[n] mil .iij^c. .iiij^{xx}. et .xv., pour aller ou saint voyage du Saint Sepulcre en la saincte cité de Jherusalem, et pour aller a Saincte Katherine du monlt de Synay es desers d'Arrabe, ou gist la plus grant partie du corps de ladicte sainte Katherine, et pour aler a Saint Anthoine et Saint Pol, premier hermite es desers d'Egipte.

3. Premierement, nous venismes d'Angleure a Troyes ; de Troyes a Chastillon ‖ sur Seine ; de Chasteillon a la maison de Froit Mantel ; d'illec a Floré sur Ource ; de Floré a Beaune ; de Beaune a Challon sur la Sone ; de Chalon ou peage de Tornus [3] ; d'illec a Saint Thivier ; de Saint Thivier a Bourc en Bresse ; d'illec au Pont d'Eing ; d'illec a Rossillon. De Rossillon venismes a Balées ; de Balées a Pierre Chastel ou nous passasmes le Rosne ; de Pierre Chastel a Yenain [4] ; d'illec au Monlt du

---

1. estre. — 2. patrismes. — 3. Tonnarre. — 4. Yenain *ou* Yenam.

Chat; apprès a Chambry en Savoie; d'illec a Monlt
Melian; apprès a Aigue Belle; d'illec a la Chambre, a
Saint Jehan de Morienne; apprès a Saint Gelin; d'illec
a Saint Michel; apprès a Fourniaux; d'illec a Lunebourc,
qui est au pié du mont Seny; d'illec a la Ferriere; apprès
a Suyze, qui est au pié du dit monlt; d'illec a Saint An-
thony, a Villaines, a Monlt Callier, a Lyer en Pymont.
D'illec venismes a Ast le jeudy .xxix⁰. jour dudict mois de
juillet, et y sejournasmes demy journée. De Ast venismes
a Felisson; d'illec a Alixendre; d'illec a Basseguenigne,
a Saint Eleazar. D'illec venismes a Pavye le sabmedy
ensuivant .xxxj⁰. jour de juillet. Illec vendismes nos chevaulx, et y sejournasmes deux jours. Et illec mesmes
nous louasmes une barque pour nous mener jusques a
Venise par la riviere du Paust qui moult est grosse.

DE PAVYE JUSQUES A VENISE

f⁰ 28   4. Nous partismes de Pavye, qui est tresgrosse, || belle
et bonne cité, le mardy ensuivant .iij⁰. jour d'aoust; et
entrasmes en ladicte barque pour venir a Venise. Et
venismes au giste cedit soir a Plaisance, qui est grande
et belle cité; de Plaisance a Cremonna, qui est cité
grande et belle; d'illec a Peticolle; après a Wastala, au
Pont d'Ueil : cedit pont est tout de fust et est moult
bel et moult fort. Du Pont d'Ueil a Briguefort : illec est
ung autre pont tresfort que l'en appelle le pont de
Mente, lequel est tresbel et tresfort, et est la premiere
entrée de la terre de monseigneur de [T]arante. Illec fault
monstrer bullettes et lettres. De Briguefort a Gouverno,
un autre fort chastel; d'illec a Cermeu, ung autre fort
passage : et est l'entrée de la terre de monseigneur le
marquis de Ferrare [1]. D'illec au pont d'Escure : illec

---

1. P : Mon Ferrare, *erreur évidente, voir l'Index au mot* FERRARE.

fault monstrer lettres et prendre bullettes, et porter en la cité de Ferrare qui est a deux lieues du rivage, laquelle est tresgrosse et tresbelle cité. Du pont d'Escure a Corbe d'Essure, et apprès a Corbe d'Esson. Et par tous lesdits passages fault monstrer lettres et bullettes, qui les a; et qui n'a lettres de past, sy faut il payer la gabelle partout. De Corbe d'Esson a Cluge; de Cluge a Venise [1].

5. Nous arrivasmes a Venise le lundi .ixe. jour d'aoust, laquelle est tresexcellante, noble, grande et belle cité, toute assize en mer. En ladite cité de Venise a moult de belles eglises, esquelles nous furent monstrées plusieurs sainctes reliques, ‖ desquelles les noms sont cy apprès escrips.

6. Premiers, en l'eglise Saint George est le bras de monseigneur saint George; item, le bras de madame saincte Lucie; item, les deux chiefz de saint Cosme et saint Damien; item, le corps de saint Pol martir, duc de Bourgongne.

7. Item, en l'eglise de monseigneur Saint Nicolas, est le bourdon de saint Nicolas; item, ung de ses gros dans; item, ung de ses dois; item, la main de Prophire l'evesque, qui baptisa saincte Katherine; item, la cruche a deux menevelles, qui est de mette a maniere de voirre, en laquelle Nostre Seigneur Jhesus Crist mua l'eaue en vin; item, les piez de Marie Egiptienne; item, l'oreille de saint Pol l'appostre; item, la pouldre de la char rostie de saint Laurent.

8. Item, a Mara, en l'eglise des Innocens, a moult grant quantité des os Innocens en une huche.

9. Item, a Saincte Marie Cresequier est le corps de saincte Barbe, vierge; item, l'os de la cuisse de saint Christofle et l'un de ses dens; item, l'os de l'un des bras

---

1. *L'itinéraire de Metz à Venise est fort différent dans M ; voy. l'Appendice I.*

saint Laurent; item, l'os de l'un des bras de saint Jaques le Petit; item, le chief de saincte Sabine.

10. Item, en l'eglise de Saincte Lucie est le corps de saincte Lucie.

11. Item, a Saint Perre le Chastel est la pierre sur quoy il fut lappidés.

12. Item, a Saincte Marie Celeste est la jambe de monseigneur saint Laurent le martir.

f° 29 13. ‖ Item, a Saint Zacarie est le corps de saint Zacarie, pere de monseigneur saint Jehan Baptiste; item, le corps de saint Gregoire, evesque; item, trois des caillotz dont saint Estienne fut lappidez.

14. Item, en l'eglise de Saint Daniel est le corps de saint Jehan le martir.

15. Item, en l'eglise de Saincte Helaine est le corps de saincte Helaine; item, une croix double faicte de la vraie Croix de Nostre Seigneur Jhesus Crist, laquelle ladicte saincte Helaine avoit usage de porter en sa main par devocion; item, l'os de la gorge saincte Marie Magdelaine.

16. Item, en l'eglise de Saint Marc de Venise, le corps dudict saint Marc, qui moult est belle et noble chose.

17. Item, en la Maison Dieu de Venise est l'un des gros dans d'un jayant c'om appeloit Goliast, lequel jayent David occist. Et sachiés que icellui dent a plus de demy pié de long, et si poise douze livres : sy ne vous merveillés mie de la grandeur ne du poix d'icelle dent, car la Saincte Escripture fait mencion que pour le temps du roy Saül, premier roy des Hebrieux, il avoit assemblé grant ost contre les Philistiens, entre lesquelz estoit icelluy Goliast qui aloit disant, chascun jour, et criant aux Ebrieux que, s'il y avoit nul Ebrieu qui vousist combatre a lui, seul a seul, cellui d'eulx qui auroit victoire, l'autre partie seroit serve et subjecte au vainqueur. Ainsi aloit criant chascun jour icellui Golias entre les deux ostz; mais il n'y ot ne le roy Saül ne aultre Ebrieu qui audit jayant se

osast combatre ; et moult le doubtoient pour sa grant
puissance. Il avoit six couldes et une paulme de hault
|| qui font seize arpens a main. Sa cotte d'acier dont il v°
estoit armé, pesoit .v^m sicles, qui vallent autent comme
.v^m onces. Le fer de sa lence pesoit .vɪ^c sicles ; le fust de
sa lence estoit aussi gros *quasi liciatorium texencium* [1].
David, qui adont gardoit les bestes de Gessé son père, et
qui estoit le plus jeusne de ses freres qui estoient en l'ost
dessusdit, oyt les paroles que celluy jayant aloit disant,
comme dit est. Sy lui vint adont voulenté de combatre
cellui jayant, dont ses freres et autres le blasmoient tresfort. Sy fut David armé des armes mesmes du roy Saül ;
mais, pour ce qu'il n'en estoit pas usagés, ne lui furent
pas aisées a porter ; sy lĕs mist jus et print son baston
dont il gardoit ses bestes, et sa pennetiere, et .v. caillios
dedens, et une fonde en sa main ; et en tel estat s'alla
combatre contre Golias le jayant, qui moult ot grant
despit d'icellui David, quand il le vit venir contre lui.
Sy l'ataigny David d'une pierre ou front, dont il chut a
terre, et en la fin David lui coppa la teste de son espée
mesmes : dont les Philistiens furent si esbaÿs qu'ils s'en
fouyrent tous, et ceulx qui ne porent fouyr, les Ebrieux
les chasserent, et moult en occistrent.

PADOWA [2]

18. Item, le vendredi .xiij^e. jour d'aoust, nous alasmes
de Venise a Padowa [3] par eaue, pour estre a ung champ de
bataille, qui illec se devoit faire de messire Bouciquault
et de messire Galiache de Mentowa ; lesquelz furent ou
champ moult noblement appareilliés pour combatre.
Mais monseigneur de Padowa, devant qui ilz estoient

---

1. *I Reg. xvij, 7. Le ms. P porte* laciatorium.— 2. *P :* Prada.—
3. *P :* Pradra.

liez, et monseigneur de Mentowa ne les laisserent combatre : ainssois en firent bonne paix.

19. A Padowa, en l'eglise de Saint Anthoine frere mineur, ‖ nous fut monstré son propre corps, non pas tout a plain, mais bien veismes plusieurs os de ses membres qui autres fois ont esté emblés et qui par miracle ont esté raportés : c'est a savoir l'un de ses dois et le charrey avec tous les dens dessoubz; item, ung verre qui est assis en argent pour le miracle dudit saint; item, l'oreille de saint Pol l'apostre; item, plusieurs os de saint Laurent.

PAULA

20. Apprès ces choses, retournasmes en galée sur mer, le dimenche .xxixe. jour d'aoust[1], pour passer la mer. Et le lundi matin nous partismes du port de Venise; sy arrivasmes a Paula, qui est a cent .m. oultre Venise, le mardi ensuivant, darrien jour d'aoust.

21. Paula est cité assés bonne; mais elle fut jadis meilleur, car elle fut destruicte pour le temps de la guerre des Genevois et des Veniciens. Et dehors la cité, devers la terre, a une tresbelle fonteine d'eaue doulce devant laquelle a ung tournoyement, par lequel appert bien qu'il fut jadis moult bel et fait de grant richesses et seignorie. Et le fist faire Rolant, si comme l'en dit, et encore l'appellent aujourd'uy le palaix Rolànt. Et dehors ledit palaix, vers la marine, a moult grant quantité de monumens de pierre entaillée couvers, et sont sur terre : et y en peut bien avoir environ .iiij^c.; et dedens les aucuns voit l'en les os des chrestiens qui illec furent mis après une grande desconfiture que mescreans y firent. Plusieurs y a desdits monumens que l'en ne peut veoir dedans, car ilz sont trop

---

1. *M* : Le diemange .xviij^e. j. d'aoust.

couvers. La cité de Paula est soubz la seignorie de Venise.

22. Item, le mercredi premier jour de septembre, partismes de Paula, et arrivasmes tantost a une petite isle qui a nom || Insule, tout près de Paula; et la fist on la monstre des marigniers devant le capitaine des galées.

23. Cedit jour mesmes partismes d'illec et arrivasmes a Corfo le lundi ensuivant .vj^e. jour de septembre. Corfo est une isle qui est soubz la seignorie de Venise, et y a une cité qui a nom Corfo, .vj^c. mille oultre Paula [1].

24. Entre Paula et Corfo a une isle deshabitée que l'en appelle Cazopoly. En laquelle isle il y a chappelle de Nostre Dame, que l'en appelle Nostre Dame de Cazopoly. En laquelle chappelle, devant l'ymage, a une lampe plaine d'uille; et y a ung figuier devant ladite chappelle dont le bois, quant il est mouillés en l'uille d'icelle lampe, guarist de fievres; et y a moult grant pelerinage. Celle isle a toute deshabitée ung serpent qui y est et n'y laisse vivre nulle creature fors ceulx qui habittent en ladite chappelle.

CHIFORNIA

25. Nous partismes de Corfo le mardy ensuivant, .vij^e. jour de septembre et vigile de Nostre Dame; et errasmes par mer, tant a voille comme a rames, jusques au sabmedy ensuivant que nous arrivasmes en une isle qu'on appelle Chifornia [2]. Et arrivasmes droit a une belle fonteine d'eaue doulce ou il ot jadis une ville que l'en appeloit Alexandria. Illec n'abite nulz. Mais assés tost appres que nous feusmes illec arrivés, nous vindrent hommes et femmes qui aporterent pain fretz, gelines, raisins et autres pourveances a vendre; car icelle isle est bien peuplée

1. Les §§ 23 à 27 manquent dans M. — 2. Chrifornia.

et plentureuse de moult de biens. Illec sejournasmes deux jours, pour le vent qui nous estoit contraire.

26. Le dimanche ensuivant, .xij°. jour de septembre, partismes d'icelle fonteine et singlasmes oultre.

f° 31 27. Et le mercredi ensuivant, passasmes [] par devant Licardia, ung bel chastel qui siet en la Morée. Sy arrivasmes a Modin le mercredi ensuivant, .xv°. jour de septembre [1].

28. Modin est cité belle et bonne, et moult forte; et est .iij°. milles outre Corfo. Modin est soubz la seignorie de Venise.

29. Le jeudi ensuivant, .xvj°. jour de septembre, partismes de devant Modin, et singlasmes par mer jusques au dimenche au soir, .xix°. jour dudit mois, que nous arrivasmes a Rodes [2].

RODES.

30. Nous arrivasmes a Rodes le dimenche, .xix°. jour de septembre, par nuit. Et se hurta nostre galée en terre, cedit soir, tout près du port de Rodes; et convint que trois des autres galées venissent retirer la nostre en mer : sy ne fut point dommagée, car c'estoit sablon, mais elle avoit esté dommagée le soir devant, par une fortune qu'il fist en mer, moult grosse [3].

31. L'isle de Rodes est moult grande et moult bien peuplée de gens qui sont Grecs. Et sachiés qu'il y croist de tresexcellans vins et grant plenté, et si y a moult

---

1. *En dépit du texte qui répète par deux fois* : le mercredi ensuivant, *c'est dans la seule journée du 15 septembre que les pèlerins ont passé devant Licardia et ont fait leur entrée à Modin.* — 2. *Le § 29 manque dans M.* — 3. *M n'a gardé du § 30 que la première phrase, ainsi rédigée* : Item, le diemange .xviiij°. jour dondit moy, arivasme a Rode.

beaulx jardins et beaulx arbres portans fruis, comme figues et autres arbres.

32. La cité de Rodes est grande, belle et bien fermée ; et moult y a d'eglises tant catholiques comme grecques.

Le chastel de Rodes est merveilleusement bel, noble, grant et fort. Dedans lequel est·la demorance des seigneurs freres de Rodes qui y sont demorans, bien deux cents et plus. Dedens cedit chastel est l'Ospital de saint Jehan ‖ que l'en appelle l'Enfermerie, ouquel povres et riches sont noblement gouvernés quant ilz sont malades. Apprès y est l'eglise de monseigneur Saint Jehan Baptiste, laquelle est moult belle et devoste, et moult y font les freres beau service ; et y viennent tous les freres oyr le service continuellement. En celle eglise nous furent monstrées plusieurs saintes reliques et joyaux qui sont cy apprès escrips [1] :

33. Premiers, une croix d'arain, qui est moult digne et de grant vertu, laquelle fut faicte du bacin en quoy Nostre Seigneur lava les piez a ses appostres. Item, le bras destre de saint Bertholomi [2]. Item, ung moult riche et moult noble drap ouvré de fin or tiré, lequel saincte Helene fist de ses propres mains [3]. Item, une espine de la digne couronne de Nostre Seigneur Jhesus Crist, dont il fut couronnés, laquelle digne espine est moult noblement envaissellée en argent ; et sachiés qu'elle florist chascun an, au jour du Grant Vendredi, a heure de midi, et ainsi la veismes nous toute florie le jour du Grant Vendredy, au retourner a Rodes [4]. Item, ung des deniers de saincte Helene envaissellé en plomb, sur lequel on fait les bullettes de Rodes qui sont de si grant vertu ; et les fait on le jour du Grant Vendredi. Item, en deux croix d'argent a deux

---

1. *Le § 32 est considérablement écourté dans M.*— 2. *M* : Item, le brais s^t. Jorge.— 3. *La suite de ce § manque dans M.*— 4. *Voyez au § 311.*

croix de la sainte vraye Croix de Nostre Saulveur Jhesus Crist.

34. Nous partismes de Rodes le lundi ensuivant, .xx⁰. jour ¹ dudit mois de septembre, et cedit jour passasmes par devant Chastiau Rouge qui est cent·ᴍ· oultre Rodes et est de la seignorie de Rodes. Apprès passasmes par devant le‖gouffre de Sathalie ²; apprès passasmes par devant l'isle de Chipre.

f⁰ 32

35. Et le vendredi ensuivant, .xxiiij⁰. jour dudit mois, arrivasmes a Baruth. Baruth est belle cité; mais elle fut jadis plus belle qu'elle n'est a present ³, et n'y habite que Sarrazins. Illec est le port de Damas, la noble cité de Surye.

BARUTH, LE LIEU OU SAINT GEORGE CONQUIST LE SERPENT

36. Dehors Baruth, environ une lieue, est le lieu ou saint George occist le serpent ⁴. Et en celle placé il a une chapelle qui a de longueur .xl. piez; et au dehors l'eglise, tout près du mur, est le lieu ou le serpent fut occis, et est celui lieu plus bas que l'autre place, dès le jour que ledit serpent y fut occis. Et fut faicte celle chappelle de la longueur dudit serpent, laquelle saincte Heleine fist faire ; et dedens ladicte chappelle devant·l'autel a ung petit pillier de marbre blanc, lequel saincte Helene y mist de ses propres mains; et garist ledit pillier de fievres.

37. Item, en retournant d'icelluy lieu vers Baruth sur le chemin près de la cité, environ demye lieue, a deux grans arvos fais a voste tournée ; et dessoubz a en maniere d'une terrace, sur laquelle terrace la pucelle se seoit

---

1. *P* : xxj. *La date exacte est restituée d'après M.* — 2. *Le passage :* Apprès.... Sathalie *manque dans M.* — 3. *M arrête ici le § 35.* — 4. *M a ici une croix, dont on verra plus bas d'autres exemples dans l'énumération des Lieux Saints.*

le jour qu'elle cuidoit estre devorée en attendant ledit serpent. Et tout devant icellui lieu, en ung jardin est le propre olivier qui encores porte sainctes feulles tous les ans, auquel saint George lya son cheval quant il ala parler a la pucelle dessoubz l'arvial. Et d'icelluy arbre prent on qui veult par devotion, et pour ce ne laisse point a porter son fruit.

38. Item, en la cité de Baruth est l'eglise de monseigneur Saint George. Item, l'eglise de Sainte Barbe; et au dehors en une estroicte ‖ rue a ung petit pillier de marbre de plusieurs couleurs, sur lequel saincte Barbe ot coppée la teste; et est le dit pillier jusques au jourd'uy coulourés de son sang [1].

39. Item, encore en ladicte eglise de Saint George est la fonteine de monseigneur saint George, laquelle il fist de sa lence dont il tua le serpent [2]. Celle fonteine est moult bonne et en boit on par devocion.

40. De Baruth jusques a Damas a trois journées et demye par terre.

41. Nous partismes de Baruth le dimanche .xxvj°. jour de septembre [3]; et le lundi ensuivant passasmes par devant Sur en Surye qui est grande cité destruicte, et n'y habite que Sarrazins.

42. Apprès passasmes par Dyacre; apprès par devant Chastel Carmelin et par devant Chastel Pelerin; et arrivasmes a Jasfe [4] le jeudi darrenier jour de septembre, qui est le port ou l'en descend a terre pour aller en la saincte cité de Jherusalem [5].

43. Le vendredi ensuivant, premier [6] jour d'octobre, nous issismes de galée et descendismes a Jasfe. Jasfe fut

---

1. *M ajoute* : ne jait, pour chose que l'en y saiche fart, lai collour n'an pertirait.— 2. *M termine ici le § 39, et omet les §§ 40, 41 et 42.*— 3. *P* : .xxvij°., *erreur dans le quantième; manque dans M.* — 4. *P* : Jasse, *ici et plus bas ; M donne mieux* Jasphe. — 5. *P* : Jhesusalem. — 6. *M* : le second.

jadis cité bonne et grande, mais a present elle est toute deshabitée.

44. A Jasfe est le lieu ou saint Pierre ressuscita Tabita, la damoiselle des appostres [1]. Et illec près en la marine peschoit saint Pierre. Item, tout au dessus de la montaigne ont les pelerins usage de dormir en une chappelle de saint Pierre, ou l'en ne tient riens honnestement.

RAMES

45. Item, de Jasfe nous allasmes a Rames cedit vendredi mesmes. Rames est une cité belle et bonne et bien marchande, et est moult fort peuplée et habitée de Sarrazins. En || celle cité a une eglise de Saint George.

46. Et au dehors de la cité, environ lieue et demye, a une grosse ville champestre ou il a une eglise de Saint George dont la plus grant partie est abatue, laquelle fut jadis moult noble et moult belle ; et en icelle eglise devant le grand autel est le lieu ou saint George fut decolé.

47. Item, tout près d'illec est le chastel que l'en appelle Emaüs, duquel l'Euvangile fait mencion que les pelerins congnurent Nostre Seigneur a briser le pain le jour de Pasques, après la Resurrection [2].

48. Item, a Rames est le sepulcre de Marie Cleophe.

49. Item, a Rames fut nez le bon Joseph de Barimathie [3], qui Nostre Seigneur Jhesu Crist descendit de la croix et ensevelit en son monument [4].

50. Nous partismes de Rames le lundi ensuivant, .ive. jour d'octobre [5], devant le jour, et venismes devant la saincte cité de Jherusalem a heure de vespres, et descen-

---

1. *Act. ix, 40.* — 2. *Luc. xxiv, 13.* — 3. M : d'Aremathie. —
4. *M donne les trois §§ précédents dans cet ordre :* 48, 49, 47. —
5. P : vij^e. j. d'o., *erreur dans le quantième.* M *a seulement le* lundi ensuiant, *sans désignation de date.*

dismes en ung lieu clos de murs que l'en appelle le Chastel David, au dehors dudit Jherusalem.

JHERUSALEM

51. Tantost apprès partismes d'illec tout a pié, et par le congié du lieutenant du Soudam entrasmes a la saincte cité de Jherusalem † a heure de vespres basses, et fusmes tous haubergez et logez en l'Ospitail ouquel de present est usage de loger les pelerins[1].

52. Le mardy ensuivant, .v°. jour d'octobre[2], environ trois heures avant le jour, nous mena le gardien de l'eglise du Saint Sepulcre faire la saincte serche que l'en peut et doit faire ou saint voyage de Jherusalem, en la maniere qui s'ensuit.

CY APRÈS SONT ESCRIPS LES SAINS LIEUX QUE NOUS AVONS || VISITEZ LA GRACE NOSTRE SEIGNEUR

53. Et en tous les lieux ou les croix sont signées, il y a pardon de peine et de coulpe; et es autres lieux qui point ne sont signez, quelxconques ilz soient, il y a pardon sept ans et .vij. .xl^{nes}. Et furent données lesdictes indulgences de saint Selvestre, pape, a la priere et requeste de saincte Helene et de saint Constantin, son fils, empereur de Constantinoble.

In nomine Domini, Amen.

54. Premiers, nous mena ledit frere gardian, lequel

---

1. *Les §§ 50 et 51 sont violemment abrégés par M. Le nom de la ville de Jérusalem est accosté de deux croix.* — 2. *P*: viij^e j. d'o., *date erronée (voy. la note au § 113). M fait aussi erreur:* Le mairdi après, .iij^e. jour dondi moix.

estoit moult bonne et honneste personne, devant l'eglise du Saint Sepulcre ou Nostre Seigneur Jhesu Crist reprint la croix sur ses espaulles, que Simon avoit apportée, auquel Simon les Juifz lui firent apporter pour ce qu'il savoit bien que luy et ses enfens amoyent Nostre Seigneur, et pour luy faire grant honte lui firent porter plus que pour aidier a Nostre Seigneur; et illec ou Nostre Seigneur reprint la croix [1] a une pierre quarrée d'environ pié et demy de tous lez, assise plus bas que les autres pierres d'entour, sur laquelle estoit le pié de la croix † quant Nostre Seigneur la reprint pour porter sur le monlt du [2] Calvaire.

55. Item, de la en alasmes en une rue par laquelle Nostre Seigneur passa quant on le menoit crucifier.

56. Et en celle mesme rue nous monstra ou la croix fut donnée a Simon, comme dit est.: pardon .vij. ans et .vij. .xl^{nes}. [3]; et ainsi en ladite rue.

57. Item, ung peu plus amont en celle mesme rue est f° 34 le || lieu ou Nostre Seigneur Jhesu Crist dist aux femmes qui ploroient apprès lui quant on le menoit crucifier : « Ne plorés pas sur moy, mais plorés sur vous et sur vos enfens [4]. »

58. Item, en alant oultre au contremonlt, a la destre partie est la maison ou Nostre Dame monta sur les degrez pour veoir son cher enfant quant on le menoit cruxifier, car si grant peuple le suyvoit que en nulle maniere elle ne le povoit approchier ne veoir. Dedant la dite maison n'abite nully de present; si y a une grant montée de degrez devant la dite maison.

59. Item, en allant tousjours au contremont d'icelle rue, a dextre partie, a une maison en laquelle la doulce vierge Marie apprint a l'escolle.

---

1. *Le passage compris entre* auquel Simon *et* reprint la croix *manque dans M.* — 2. des. — 3. *La mention du* pardon *est omise par M.* — 4. *Luc. xxiij, 28.*

60. Item, en icelle mesme rue est la place ou Nostre Dame cheit pasmée quant elle vit son chier filz crucifier.

61. Item, en la dite rue, a la senestre partie, est la maison de Pilate ou Nostre Seigneur Jhesu Crist fut faulcement accusés et a mort jugés; en icelle maison n'entre nulz chrestiens pelerins, et est l'entrée dudist hostel murée.

62. Item, en alant tousjours amonlt par cettedite rue est la maison de madame saincte Anne, mere de Nostre Dame. En icelle maison fut née la doulce vierge Marie; si n'y osent entrer nulz chrestiens, et y ont fait les Sarrazins de novel ung mustat, c'est a dire le lieu ou ilz font leurs oroisons [1].

63. Item, en alant tousjours contremonlt d'icelle rue est ‖ la maison ou le roy Herodes demoroit, et la fut menez Nostre Seigneur Jhesu Crist au commandement de Pilate, qui le fist vestir de robe blanche comme cellui qu'il reputtoit pour fol.

64. Item, au dehors de la saincte cité a issir par icelle mesme rue, en alant celluy chemin, a destre partie est le lieu que l'en appelle en l'Euvangile *probatica piscina* [2], ouquel Nostre Seigneur guery celuy qui languissoit, en disant: *Tolle grabatum tuum et ambula* [3].

65. Item, au partir d'icellui lieu en descendant oultre, a main senestre, est le lieu ou saint Estienne fut lappidez, et est la place toute de roches; et y a une roche plus haulte que les aultres, sur laquelle se seoit saint Pol l'appostre qui les vestemens des tirans gardoit cependent qu'ilz lappidoient saint Estienne †.

66. Item, tout près de la, en descendant bas a destre partie, est le lieu ou l'en dit que l'un des fustz de la vraye Croix fut prins, c'est assavoir le fust qui aloit du

---

1. Le § 62 manque dans M. — 2. P: propatica ; M: piscina probatiqua. — 3. Joan. v, 8.

long de la croix; et estoit mise celle piece de bois en ce lieu pour planche a passer ung petit ruissel qui est appellés Cedron. Celle vallée est nommée en la Saincte Escripture le val de Jesaphat[1], qui fait mencion que le general jugement y sera tenus.

67. Item, en alant oultre a senestre partie ung pou plus bas, a une belle fonteine en une belle place. En celle place y a une moult grante et parfonde volte et y a .xliij. degrez a descendre; en celle volte a tresnoble lieu et devost et tresdigne, car le sepulcre de la benoiste vierge Marie y est enclos dedens une petite chappelle qui est a destre main en devalant en icelle volte; en laquelle chappelle a || deux huis bien petis ✝[2]. Et sachiés que la dite volte est bien voltée et bien ouvrée, et y a une bonne fonteine tout dedens ycelle volte dont l'en boit qui veult par devocion; et si y a ung autel tout enmy.

68. Item, a issir hors d'icelle devoste chappelle et volte, a main senestre, loing de l'autre environ .xv. ou .xvj. pas, a une volte assés obscure[3] en laquelle Nostre Seigneur Jhesu Crist ora a Dieu le Pere par trois [fois] quant il dist : *Pater, sy possibile est, transseat a me calix iste; non mea sed tua volumptas fiat*[4]. Et illec mesmes sua goutes de sang en terre pour la paour de la mort.

69. Item, ung pou dessus au partir d'icellui lieu, a senestre partie, est le lieu ouquel Nostre Seigneur Jhesu Crist laissa ses appostres quant il alla aorer au lieu devant dit; et illec s'endormirent les appostres et Nostre Seigneur leur dit : « Ne dormés mye, car l'eure approche, etc. »[5]

---

1. *M* : Josaphat. — 2. *Le § s'arrête ici dans M.* — 3. *M* : est .j. lui qui est apellez caverne.— 4. *Matth. xxvj*, 39. — 5. *Matth. xxvj*, 45.

JESSEMANY

70. Item, ung pou plus oultre, a senestre partie est Gessemany ; illec est le jardin ouquel Nostre Seigneur Jhesu Crist fut prins quant Judas l'ot baisié a heure de minuit, a glaives et lanternes †[1].

71. Item, en celluy jardin a l'un des boutz est le lieu ou saint Pierre cospa l'oreille de Malcus, et dist Nostre Seigneur a saint Pierre : *Mitte gladium tuum in vaginam, etc*[2]. Et illec mesmes fut liez Nostre Seigneur[3].

72. Item, ung pou oultre en montant vers Galilée, a destre partie, a une grosse pierre sur laquelle avoit Nostre Dame acoustumé de reposer, quant elle faisoit la saincte serche apprès l'Assencion Nostre Seigneur Jhesu Crist, son chier enfant.

73. Item, tout près d'illec a senestre partie, est le lieu ou Nostre Dame laissa cheoir sa saincture a sainct Thomas quant les || sains Anges l'emporterent ou ciel.

74. Item, ung pou dessus est la place ou Nostre Seigneur se arresta et ploura trois goutes de sang et plus sur la cité de Jherusalem, quant il dit : *Quia si cognovisses et tu, etc.*[4]

75. Item, en montant amonlt vers Galilée, a la senestre partie est le lieu ou les anges † apporterent a la doulce vierge Marie la palme, le jour de son Assumption, en signe son trespassement.

1. *Abrégé dans M* : Item, ung pot plus oultre, a senestre pairtie, est li gerdin on Nostre Signour fuit pris et loiés quant Judas le baissait †. — 2. *Joan. xviij, 11*. — 3. *Cette dernière phrase manque dans M.* — 4. *Luc. xix, 42. Les trois § qui précèdent sont placés par M dans l'ordre suivant : 73, 74, 72. Cet ordre paraît préférable à celui de P, à cause de la mention du nom de Galilée, qui se trouve ainsi reproduit dans deux § consécutifs (74 et 75), au lieu de 72 et 75 dans P.*

76. Item, pou plus oultre en alant ou monlt de Galilée, est le lieu ouquel Nostre Dame commança a faire penitence.

77. Sur ledit monlt de Galilée est le lieu ouquel Nostre Seigneur Jhesu Crist s'e apparut a ses appostres apprès sa Resurrection †.

78. Dessus cedit monlt de Galilée voit l'en tout a plain le temple de Dieu et de Salomon, ou il a bien, tous temps, .xii.^M lampes ardans [1], et a tous les jours que les Sarrazins font feste il en y a bien .xl.^M ardans; ainsi le nous distrent et affermerent nos druchemens [2] pour verité.

79. Et dessus ledit mont de Galilée adore l'en .xxxij. sainctes places ou plus qui sont en Jherusalem et en viron, esquelles nul chrestien ne ose aler pour les Sarrazins; et, non obstant ce, dit on que l'en y gangne les pardons.

LE MONT D'OLIVET

80. Item, dudit mont de Galilée nous mena ledit gardien ou monlt ou il y a ung tresbel lieu fait a maniere d'une grande chappelle [3], et semble par dehors estre ung viel chastel mal retenu. Ou milieu de celle chappelle, a une petite chappelle ronde faicte a volte de pierre, et droit ou milieu du pavement d'icelle chappelle, en une pierre quarrée de marbre, est l'impression du benoist pié de Nostre Seigneur Jhesu Crist qu'il y fist de son digne pié, quant il monta es Cieulx le jour de l'Assencion ; et est le pertuis tout || ront illec en ladite volte de pierre †. Et darrier la chappelle est l'autre

---

1. *M* : .x^m lampe airdain. *Après quoi immédiatement* : et de lai aoirent on bien .xxxij. sainte plaice... — 2. druchement. — 3. *Le passage* et semble... retenu *manque dans M.*

pierre ou l'autre pié senestre de Nostre Seigneur est descript [1].

81. Item, ung peu au dessoubz du mont d'Olivet, a la main destre, est le lieu ou les appostres firent le *Credo;* et est le lieu moult désolés [2].

82. Item, ung bien peu plus bas a une place en laquelle Nostre Dame fut moult long temps en prieres et oroisons pour son chier enfent Nostre Seigneur Jhesu Crist.

83. Item, plus bas tout dessoubz ledit monlt d'Olivet, a un tresbel monument tout de pierre taillée; et dit on que illec fut ensevely Absallont [3], filz du roi David, qui estoit a son vivant le plus bel homme du monde, si comme l'Escripture le tesmoingne [4]. Et est en descendant ou val de Josaphat.

84. Item, en alant oultre, en montant ung peu, a senestre partie a une chappelle de Saint Marc; en laquelle est la sepulture de saint Jaques le Petit, evesque de Jherusalem.

85. En cedit lieu demouroit monseigneur saint Jaques dessus nommé, et illec s'apparut Nostre Seigneur a lui apprès sa Resurrection. Et en cedit lieu la glorieuse vierge Marie avoit usage de venir prendre conseil a monseigneur saint Jaques. Cette place est assés près du val de Josaphat † [5].

BETHFAGÉ

86. Item, assés près d'illec est Bethfagé ou Nostre

---

1. *C'est à cette place que la croix est figurée dans M.* — 2. *M ajoute* : Item, ung poc plus baix est li lieu et li saincte plaisse on Nostre Signour Jhesu Cris fist lai Patenostre †. *Ce lieu saint est aussi mentionné dans la relation italienne, capit. xij, p. 77.* — 3. *D'après M; P* : Salomon. — 4. *II Reg. xiv,* 25. — 5. *M modifie la rédaction et l'ordre du récit, et ajoute* : Et est encor le dit lui assés en bonne prosperiteit.

Seigneur Jhesu Crist monta sur l'anesse [1] le jour des Palmes ; et la encontre est la porte dorée par laquelle Nostre Seigneur entra en Jherusalem audit jour des Palmes [2] ; et est tous temps close. Et la encontre est le saint temple de Dieu et de Salomon, qui est tresnoble chose a veoir, ce que l'en en peut veoir par dehors : et estoit belle chose a veoir des lampes qui y estoient alumées que nous veismes du mont de Galilée avant que le jour fust esclarcy ; car, si comme dit est devant [3], tousjours y a .xii^{m}· lampes ardans, || et deux fois en l'an en alument les Sarrazins .xxxvi^{m}·, si comme nos drugemens le nous distrent et affermerent pour verité.

v°

87. Item, de la montaigne de Bethfagé, en alant oultre, a destre partie en bas est la fonteine ou la doulce Vierge Marie lavoit les drappelès de son chier filz, et encores l'appellent les Sarrazins la fonteine Saincte Marie.

88. Item, ung peu plus bas, ou val de Josaphat, en allant oultre a destre partie, a une fonteine que l'on appelle en la Sainte Escripture : « natatoire Siloë » [4] ; illec enlumina Nostre Seigneur l'adveugle qui onques n'avoit veu des yeulx.

89. Item, ung pou plus avant, en alant oultre, devant ladite fonteine de Siloë, a une grosse pierre a senestre main, laquelle est a maniere d'un pillier, assise au coin du chemy. Sur ce pillier firent sier les Juifz le corps de Ysaye le prophete en deux pieces, pour ce qu'il prophetizoit de l'Incarnacion de Nostre Seigneur Jhesu Crist.

90. Item, en alant tousjours avant, en une petite montagne, est le lieu ou les appostres s'en fouyrent cachier pour la paour des Juifz qui Nostre Seigneur avoient prins ; et est ce lieu en une roche assés estrange.

91. Item, ung pou plus hault est le champ a la ma-

---

1. anesses. — 2. *La* porte dorée *se disait plus anciennement les* portes oires *(portæ aureæ), sur quoi voy. l'Index.* — 3. Au § 78. — 4. *Joan. ix*, 7, 11.

niere d'un jardin, lequel champ fut achettés des .xxx. deniers dont Nostre Seigneur Jhesu Crist fut vendus; et est appellé en l'Euvangelle « Archeldemach », c'est a dire selon l'exposicion, « champ de sang [1] ». Et dit on que les os des Machabées y sont [2]. Cedit champ fut acheptés, selon l'Euvangille, pour enterrer les pelerins [3]. Et sachés que en cedit champ a une grant caverne voltée moult parfonde, et y a plusieurs frenestres dessus par ou on regarde dedans.

CY APPRÈS S'ENSUIT LA DECLARATION DES SAINS LIEUX DU MONT DE SYON

92. Premierement, en montant d'illec au saint mont de Syon a || senestre main, atenant de l'eglise Nostre Dame, f° 37 en ung anglet [4], est la place ou l'aignel fut rostis, lequel Nostre Seigneur donna a menger a ses appostres a la Sene.

93. Illec mesmes fut chauffée l'eaue de laquelle Nostre Seigneur lava les piez a ses appostres.

94. Au partir d'icelluy lieu en alant oultre, a destre

---

1. *M*: Alcedemach. *Matth. xxvij*, 8 : *Haceldama, hoc est, ager sanguinis.* — 2. *M amplifie ce passage* : Et dit on que lez os de Judas Macabeus, qui est on nombre des Prous, i sont, et aulci lez os dez Macabeus. *Ni le ms. P ni la relation italienne (p. 78) ne parlent de Judas Machabée. La mention qu'en fait le traducteur messin n'aurait-elle pu lui avoir été inspirée par la lecture du Dit des Neuf Preux (parmi lesquels figure* Judas Makabeus ly herdi juif)*, qui se trouve au f° 45 de ce même ms. M? En ce cas, la date de la version du* Voiaige *serait postérieure à celle de la copie de ce Dit. Pour plus de détails, voy. la* Description du ms. *dans le Bulletin de la Société des anciens Textes*, 1876, p. 90-93. — 3. *M termine ici le § 91.* — 4. *M précise davantage, ajoutant* : en .j. angleit, defuer le lui on [ait] le sepulcre David et Sallomon, est le lui on l'aingnelz... *La relation italienne ne mentionne pas non plus à cette place le tombeau des deux rois (p. 80).*

partie, est le lieu et monument ou saint Estienne premier martir fut enterés [1].

95. Item, en alant oultre, a destre partie est l'eglise Saint Saulveur; et illec estoit la maison de Annas evesque de Jherusalem. En cettedicte maison fut premierement menez Nostre Seigneur Jhesu Crist apprès ce qu'il fut prins ou jardin; et illec fut il loyez a ung pillier de pierre [2]. Lequel pillier est encore en icelle eglise en une petite tournelette ou il ne peut tenir que deux personnes a une fois [3], et est tout près du grant autel a destre main.

96. Item, la couverture dudit grant autel qui est moult grant et molt grosse est la propre couverture du saint Sepulcre Nostre Seigneur, sur laquelle pierre se seoit proprement l'ange, le jour de Pasques, quant les trois Maries vindrent au saint Sepulcre pour oindre le precieux corps de Nostre Seigneur Jhesu Crist, qui ja estoit ressucités.

97. Item, au partir d'icelle eglise, en venant a l'eglise de Nostre Dame, tout près de ladite eglise, a une grande place [4] en laquelle il a deux grosses pierres, dont Nostre Seigneur avoit acoustumé de seoir sur l'une, quant il preschoit a ses diciples, et Nostre Dame sur l'autre a l'encontre.

98. Item, près d'icelle premiere pierre est une chappelle atenant de ladite eglise de Nostre Dame, en laquelle chappelle sont les sepulcres de David et de Salomon son

---

1. *M* : fuit lapideis, etc., *ce qui, à prendre à la lettre, ferait double emploi avec le § 65. Il est probable que le texte original présentait la même version que la relation italienne, qui dit* : Si v'è dove santo Stefano fu seppellito quando fu lapidato *(p. 80); et que cette version était déjà altérée dans les originaux respectifs de P et de M.* — 2. *M ajoute* : jusques au jour. — 3. *M* : et n'i puet en celui lui entrés que une parsonne a une foix. — 4. *M mentionne en cet endroit la sépulture du roi David* : en lai plaisse devant le lui on David fuit ensepvelit.

filz, roys de Jherusalem ; et illec dedens est une petite chapellette en laquelle David fist le Psaultier [1].

99. Item, au partir de la en allant a senestre main, est le lieu ou la doulce vierge Marie demoura .xiiij. ans apprès l'Assencion de son chier enfent [2]. Item, en ce mesme lieu trespassa la glorieuse vierge Marie de cest ciecle †.

100. ‖ Item, tout près d'illec est le lieu ou les faulx Juifz vostrent oster et prendre le corps de la vierge Marie des mains des appostres [3].

101. Item, près d'illec est le lieu ou saint Mathieu fut esleu pour estre appostre, ou lieu de Judas qui Nostre Seigneur Jhesu Crist son doubz maistre avoit vendu et trahy.

102. Item, le lieu ouquel sainct Jehan l'Euvangeliste chantoit tous les jours la messe devant Nostre Dame apprès l'Assencion Nostre Seigneur [4].

103. Item, en l'eglise Nostre Dame du mont de Syon, c'est assavoir en la propre place ou est le grant autel de ladite eglise, Nostre Seigneur Jhesu Crist fist la Cene a ses appostres le Jeudi Absolut †.

104. Et tout près d'illec l'aignel fut apparreilliez [5].

105. Tout près dudit autel, a main senestre, est le saint lieu ouquel Nostre Seigneur lava les piez a ses appostres.

---

1. *M, après avoir mentionné le tombeau de David au § précédent, abrège celui-ci en cette forme :* Item, tout devant le lui dessus escrips est li lieu on David et Sallomon estoit ensepvelit, et lai fist David le Psaltiere. — 2. *M :* après lai Resurrection. — 3. *Dans M ce § 100 vient immédiatement après le § 98.* — 4. *M :* Assumpcion. — 5. *Le § 104, d'abord omis par le copiste de M, a été transcrit après le § 108. Les indications topographiques qu'il contient justifient son insertion en note :* Item, encor en l'esglise de Nostre Damme dont j'ait pairlés devant, c'est aissavoir a cenestre pairtie en antrant en l'esglise, tout près dont grant aulteit, est li saint lui on li (l)aignel de Paisque fuit myn a point, que Nostre Signour donnait a maingier a ces apostre.

106. Item, hors d'icelle eglise par devers le cloistre, a une chappelle de Saint Thomas, en laquelle place Nostre Seigneur s'apparut a ses appostres a portes closes, apprès sa Resurrection, quant il dist : *Pax vobis,* etc. Et illec mesmes bouta saint Thomas son doy ou precieulx costel de Nostre Seigneur Jhesu Crist qui lui dist : *Quia vidisti me, Thoma, credidisti, et beati qui non viderunt et crediderunt, etc.* †[1].

107. Item, tout dessus celledicte chappelle, est le lieu ouquel Nostre Seigneur Jhesu Crist s'apparut a ses appostres quant il leur envoya le Saint Esperit en langue de feu lé jour de Penthecouste et les enlumina tous de sa grâce †.

108. Item, au monlt de Syon est la place ou saint Pierre plora moult amerement de la terne negacion qu'il avoit faicte de Nostre Seigneur Jhesu Crist, son seigneur et son maistre, apprès ce qu'il ot oy le coq chanter ; et est la place appellée *Gallicantus*.

109. Item, dudit mont de Sion voit l'en le lieu que l'en appelle || Malconseil. Illec prindrent les Juifz conseil de faire morir Nostre Seigneur.

110. Item, au partir du saint mont de Sion, en retournant vers Jherusalem a une eglise de Hermins en laquelle saint Jaques fut decolez, le Grant. Hermins sont religieux d'Ermenie [2].

111. Item, ung pou oultre en approchant la sainte Cité, a une tresbelle chappelle. En celle place trouverent les trois Maries Nostre Seigneur Jhesu Crist, apprès sa Resurrection.

112. Item, en la sainte cité de Jherusalem tout près

---

1. *Joan. xx, 21, 29. La croix n'est pas figurée dans M.* —
2. *M remplace cette dernière phrase (qui a l'air d'une glosse entrée dans le texte), par les mots suivants :* Et est le lui moult desoullés.

de la place du Saint Sepulcre, est la maison en laquelle saint Jehan l'Euvangeliste fut nez [1].

113. Cedit mardy, .v°. jour du mois d'octobre [2], apprès le retour des Sains Lieux dessus nommés, nous tous pelerins ensemble a heure de vespres entrasmes dedans la saincte eglise du Saint Sepulcre †, en laquelle nous demorasmes toute celle nuit et le landemain jusques a heure de nonne, que les portes nous furent ouvertes par les Sarrazins. Et devés savoir que dedans ladite eglise sont enclos tous les Saints Lieux qui cy apprès s'ensuivent.

LE MONT D'ESCALON

114-115. Premiers, en entrant en ladicte eglise, droit devant la porte, est le saint lieu... ouquel Nostre Seigneur Jhesu Crist fut crucifiez et souffrit mort et passion pour l'umain linage † [3].

116. Et monte l'en en cedit saint monlt bien a .xviij. degrés. Sy y a deux aultelz et ou milieu des deux aultelz est la propre place ou Nostre Seigneur fut mis en croix.

---

1. *M ajoute le sigle etc., dont on a déjà vu un exemple au § 94, note, et qui se rencontre de plus en plus fréquemment dans la seconde moitié du texte* — 2. *La date du 5, fournie par M, est la bonne. P, qui donne .viij°., renouvelle ici l'erreur déjà signalée au § 52.* — 3. *Le copiste de P a ici confondu deux articles en un seul, omettant la fin du premier et le commencement du second. Les voici rétablis d'après M, d'accord en ce point avec le Viaggio (p. 72):*

114. *Premiers, en entrant en lai sainte esglise, tout devant lai porte est li saint lui on Nostre Sire Jhesu Cris fuit myns quant il fuit descloéz de lai croix, et lai fuit myns son precioulz corps on saint Suaire †.*

115. *Item, en antrant en laidicte esglise, a destre pairtie est li saint mont de Calvaire, on que Nostre Signour Jhesu Cris fuit crucifiéz et souffris mors et passion por l'umain lignaige †.*

117. Illec est le pertuis en la roche ouquel la vraye Croix fut dressée, et est le pertuis tout reont.

118. Et illec peult l'en veoir la roche qui fendy, ou cheit le sang de Nostre Seigneur molt en parfont, quant Nostre Seigneur receut mort.

119. Celle fendeure est tout près dudit pertuis, et est moult grande et moult parfonde; et au fons d'icelle fendeure voit l'en le test d'un || homme mort, dont les aucuns dient que c'est le test de nostre premier pere Adam.

120. Sachiés que cedit saint monlt est presques a maniere d'une belle chappelle, et est tout couvert de marbre en pavement par dessus [1], et est volté et moult noblement et richement ouvré, peinturé et imaginé : sy y a moult bel et moult devost lieu. Et veuilliés savoir que ledit pertuis ou le pié de la saincte et vraye [2] Croix fut mis, n'est point couvert de marbre, ne la roche en droit ou elle est fendue [3].

121. Sur cedit saint mont oysmes une haulte messe au point du jour, moult solempnellement celebrée, et fusmes tous confessés et commeniez a laditte messe. Et si y furent dictes plusieurs basses messes de prebstres qui estoient pelerins [4].

122. Item, tout dessoubz cedit sainct mont, a une chappelle de moignes gris [5], toute close de paroix, de laquelle l'en peult veoir ladite teste de Adam en ladite roche fendue. En cette chappelle sont les sepulcres de Godeffroy de Buillon et du roy Baudouym son frere, et sont ces deux monumens l'un devant l'autre [6].

---

1. *La fin du § manque dans M.* — 2. vray. — 3. *Les divers §§ qui constituent l'ensemble de la description du « mont du Calvaire » sont sensiblement abrégés par M, qui les disposés dans l'ordre suivant :* 114, 115, 117 et 120, 118, 119, 120, 116, 121. — 4. *Cette dernière phrase manque dans M.* — 5. *Moines gris, moines grecs, de la confession grecque;* M : i sont moinnez greique. *(Voy. la note au § 159.)* — 6. *A partir d'ici, et jusqu'au § 134, l'or-*

123. Item, apprès au dehors du grant chanssel, droit en mylieu de ladite eglise, a une petite chappelle de Saint Estienne, et est l'autel devers le boult d'icelle eglise devers occident; et de l'autre part devers ledit chanssel, entre l'en par ung petit huis en une petite chappelle, et apprès entre l'en par ung plus petit huis en une autre petite chappellette.

124. Illec est et voit l'en ledit sainct Sepulcre de Nostre Seigneur Jhesu Crist [1], ouquel son precieux corps fut mis et posés par le bon Joseph de Barimathie [2]. Icelles petites chappellettes nous furent ouvertes pour aler faire nos oroisons et devocions audit Saint Sepulcre toute cette nuit †. Sur ledit Saint Sepulcre furent dictes et chantées plusieurs messes devant les pelerins [3].

125. Item, tout enmy le chansel a ung pertuis dont les plusieurs dient que Nostre Seigneur dist que c'est le milieu du monde [4].

126. Item, tout près du Saint Sepulcre, a destre, a une moult belle et devoste chappelle fondée de Nostre Dame, en laquelle Nostre Seigneur || se apparut premiers a elle, f° 39

---

dre des articles est disposé comme suit dans M, qui se rapproche de très-près du texte italien, (p. 72 et 73): 122, 133, 132, 131, 129, 128, 127 et 126, 123 et 124, 125, 134. Voy. sous chaque article pour les différences particulières.

1 M resserre le § 123, qui ne fait qu'un avec 124. Voici le texte: Item, a l'issir de celle chaipelle, de front, en mey lai saincte esglise dehors le grant chancel, ait une chaipellette on il ait .ij. entréez en maniere de .ij. chaipellette. De coy en lai seconde chaipelle est et gist le saint Sepulcre de Nostre Signour Jhesu Cris, on son precioulz corps... A s'en tenir à l'ordre suivi par M, les mots : a l'issir de celle chaipelle, se rapporteraient à la chapelle de Notre-Dame, qui va être mentionnée ci-après au § 126. On vient de voir que, dans M, le § 126 précède immédiatement le § 123 de P. — 2. M: Armathie. — 3. M transpose la croix tout à la fin du §, après le mot pelerin. — 4. M est plus affirmatif : .... ait .j. partuis, et lai diste Nostre Signour que c'est lon meylui don monde.

apprès sa Resurrection. Et tout près de l'entrée d'icelle chappelle, a destre main, est le pillier de marbre ouquel Nostre Seigneur fut liez, batus et flagellez moult durement par le comandement de Pilate, dont il est escript que Nostre Seigneur ot .vᴹ. .viᵉ. et .xxvij. playes; et est ledit pillier enclos en une grant fenestre, et par devant a ung trelis de fer, et y peult l'en toucher de la main parmi ledit trelis †¹.

127. Item, au dehor de la chappelle Nostre Dame dessusdicte, tout devant l'uis, a une pierre couschée ou pavement, toute ronde, et ou milieu a ung pertuis reont, sur laquelle pierre et en celle mesme place s'apparut premiers Nostre Seigneur a Marie Magdelaine en semblance d'un jardinier; et parmy cedit pertuis crut l'arbre entre Nostre Seigneur et elle, quant il dist : *Noli me tangere, etc* †².

128. Item, tout près d'icelle pierre a une petite chappellette en laquelle saincte Marie Magdelaine estoit en oroisons quant Nostre Seigneur s'apparut a elle et elle l'apparçut³.

129. Item, en alant d'illec autour du chanssel, a senestre main est la chartre ou Pilate fist mettre Nostre Seigneur en prison, et y souffry moult de durtés⁴.

1. *Les passages suivants manquent dans le § correspondant de M* : en laquelle..... Resurrection ; — dont il est escrit.... playes. *Par contre, il y a une addition à la fin de l'article* : le quelz lieu (du pillés) est tout près de l'aulteit de laidicte chaipelle †. *Ce même article commence ainsi* : Item, tout devant celle plaice est une tresbelle chaipelle.... *L'expression* celle plaice *vise le § 127 qui, dans M, précède immédiatement 126.* — 2. *Joan. xx, 17. Ce début du § 127 est sensiblement différent dans M* : Item tout devant cest chaipelle (de saincte Mairie Madelenne *au § 128 qui précède immédiatement § 127*) est une plaisse faicte en maniere d'ung compais, toute ronde, ouvrée de maibre, et .j. partux en mey ; et lai s'aparuit N. S. J. C.... — 3. *La fin de ce § manque dans M, qui se borne à dire* : Et lai ait une petite chaipellette fondéez en reverance de saincte Mairie Madelenne.— 4. *Ce dernier membre de phrase manque dans M. Le § commence ainsi* : De coste

130. Item, tout près d'illec a une chappelle ung pou basse, en laquelle Nostre Seigneur souffry moult de mal et fut illec buffez en disant : *Prophetiza qui te percucit*[1].

131. Item, un peu oultre a une chappelle, en laquelle les vestemens de Nostre Seigneur c'est assavoir sa cotte de dessoubz fut jouée aux dez [2]. Icelle robe avoit faicte Nostre Dame pour Nostre Seigneur a l'esguille dès son enfance, et ainsi comme il croissoit elle croissoit [3]. Celle digne cotte est en Constantinoble, car saincte Helene l'y laissa, et ung des clos, ensemble moult d'aultres reliques.

132. Item, un pou oultre a une autre chappelle, et dessoubz la pierre de l'autel a ung gros court pillier de marbre, ouquel Nostre Seigneur Jhesu Crist fut liez et assis sus, quant les Juifz le ‖ couronnerent d'espines et de jongs marins, et le adorerent en le moquant pour roy, en disant : *Ave, rex Judeorum, etc.*[4] Et illec lui crachoient en sa benoiste face [5].

133. Item, a senestre partie a une grande chappelle qui est bien de .xxx. degrez de parfont et est droictement du bout de ladicte eglise devers orient ; et en celle chappelle qui moult est belle, a ung grand autel ; et est la chappelle Sainte Helene, mere de Constantin, empereur de Constantinoble. Et a destre ung petit encore plus par-

---

celle chaipellette est lai chairtre Pillaite... *La petite chapelle ainsi visée est celle du § 131, lequel précède immédiatement 129 dans la version messine.*

1. Matth. xxvj, 68. Cet article manque dans M. — 2. Toute la fin de ce § manque dans M, dont voici la leçon : Item, de coste celledicte chaippelle (§ 132), a celle pairtie meisme, ait une aultre chaipelle en laiquelle lé vestemant de Nostre Signour, dont j'ait pairlés devant (au § 133), furent jués au dés. — 3. P : comme elle c. il c., interversion qui ne peut être maintenue. — 4. Marc. xv, 18. — 5. M abrège légèrement la teneur de ce §, dont le début se rapporte au § 133 qui le précède immédiatement : Item, a l'issir de laidicte crotte, en allant au long de l'esglise, ait une chaipelle en laiquelle desoubz l'aulteit est li pellés auquelz N. S. J. C....

font, bien .xij. degrez a destre, soubz une grande roche, est la propre place en laquelle ladite sainte Helene trouva ladite sainte et vraye Croix de Nostre Seigneur Jhesu Crist †; et, veuilliez sçavoir, fist faire ladite eglise du Saint Sepulcre et la plus grant partie des eglises de la saincte serche dont nous parlons. Avec la croix estoient les clos et la lance, l'esponge, la canne et la digne cotte de Nostre Seigneur Jhesu Crist qui fut jouée aux dez et est de present en Constantinoble [1].

134. Item, au dehors d'icelle saincte eglise, devant le portail autour de ladite place a quatre belles chappelles : la premiere est de Nostre Dame, l'autre est de Saint Jehan l'Euvangeliste, la tierce de Marie Magdelaine, et

1. *Bien qu'identique au fond, la rédaction du § 133 diffère tellement de forme dans P et M, que la citation intégrale de la version messine est ici absolument nécessaire. C'est l'un des passages les plus propres à faire ressortir la différence spécifique des deux leçons. Le voici en entier, tel qu'il se présente dans le ms. après notre § 121* : Item, en dessandant du saint mont, c'est aissavoir a maint destre, ait une crotte grande et parfonde qui est bien de parfont .xxx. degrés et plus; et est laidicte crote droit au bout de laidicte esglise du [Saint Sepulcre] devers oriant. De coy en laidicte crote, on font, ait .j. aulteit de Sainte Eslainne, meire a saint Constantins emperères de Constantinoble; laiquelle trouvait lai croix, et fist laidicte esglise don je perolle et lai plus grant pairtie de toute les esglise de lai sainte sarche. Item, ung pot plus baix, a destre pairtie dudit aulteit, en laidicte crotte, en de perfont environ .xij. degrés, desus une grant roiche, est lai sainte plaisse eurouse on sainte Eslainne trouvait lai croix sainte a vraie de Nostre Signour Jhesu Cris †, aulci lez clos, la lance, l'esponge et lai quainne, celle cotte qui fuit juéez au dés, laiquelle on puet veoir en Constantinoble en l'esglise Sainte Suffie. *Avec le § suivant, les deux mss. poursuivent de concert la description des autres lieux saints. Le lecteur aura sans doute remarqué que l'agencement des § 123-133 est plus logique dans M que dans P; à tout le moins, il a l'avantage d'éviter certaines répétitions comme celle des reliques apportées à Constantinople par sainte Hélène, dont P fait mention successivement au § 131 et au § 133.*

la quarte de Saint Michiel. Et sont gouvernées icelles chappelles par Grecz, et par Hermins, et par Chrestiens de la Saincture, et si y a chrestiens de la terre Preste Jehan [1].

135. Item, sachiés que a l'issir de l'eglise du Saint Sepulcre, a main senestre, a une montée de degrez dont l'uisserie est estouppée; et tout au plus hault est la place en laquelle Nostre Dame estoit et saint Jehan l'Euvangeliste quant Nostre Seigneur Jhesu Crist estoit crucifiez en la sainte vraye Croix, quant il recommanda sa mere audit saint Jehan l'Euvangeliste, en disant : *Mulier, ecce filius tuus* [2].

136. Dessus cedit lieu a une petite chappellette [3] ou les chrestiens de la terre Prestre Jehan font le service de Nostre Seigneur a leur usage.

LA SAINCTE SERCHE DE BETHLEEM. — BETHLEEM

137. || Le dit mercredy, .vj. jour d'octobre [4], apprès ce que nous fusmes issus du Saint Sepulcre, a heure de nonne, partismes de Jherusalem sur asnes et venismes au giste en Bethleem la digne cité. Et vueillés savoir que en Bethleem a tresbelle, tresnotable et tresdevoste eglise, et ou temps elle fut plus belle qu'elle n'est a present. Sy y a depuis l'entrée jusques au chancel .xliiij. pilliers de marbre en trois ranges qui soustiennent l'eglise [5], sans

---

1 *M donne ainsi le commencement de ce § : Item, en lai plaisse dehors lai saincte esglise ait .iiij. esglixe....., et le termine avec les mots : et li aultre de saint Michief. Faut-il regarder la fin de ce § dans P, comme une interpolation analogue à celle qui a été signalée au § 110?* — 2. *Joan. xix, 26.* — 3. *M : Et desoubz celui lui ait une chaipellette fondée en l'onour de saint Michief en laiquelle lez crestiens...* — 4. *D'après M, P donnant encore ici la date erronée .viii. comme déjà plus haut aux §§ 52 et 113.* — 5. *M porte quatre rengez.*

les autres pilliers qui sont en la croisée du moustier et ou cueur.

CI APPRÈS S'ENSUIVENT LES SAINS LIEUX QUI SONT ENCLOS EN LADITE EGLISE

138. Premiers, dessoubz le chancel de ladicte eglise a une petite volte toute faicte de fin marbre et de mussica [1] qui est moult noble et riche ouvrage, espiciallement par dessus; laquelle volte est la plus gracieuse et le plus resjoissant lieu que l'en puist veoir. Illec dedans au chief, par devers orient, est la sainte et eureuse place en laquelle Nostre Seigneur Jhesu Crist fut nez †, et y a ung autel tout par dessus, sur lequel plusieurs messes haultes et basses furent celebrées tandis que nous y fusmes.

139. Item, tout devant ce dit autel, ung po plus bas soubz la roche, est le saint lieu ouquel Nostre Seigneur fut mis en la craiche au beuf et a l'asne, et sont encor dedans ladicte roche les chefz des clos ou les anneaulx pendoient ausquelx le beuf et l'asne estoient liez †.

140. Item, a l'issir de celle digne volte, a destre partie, tout dessus, a ung pertuis par lequel l'estoille chey qui conduisoit les trois rois quant ilz vindrent aorer Nostre Seigneur Jhesu Crist.

141. Item, tout devant cedit lieu, est la place ou les trois rois se mistrent en ordonnance pour aler offrir a Nostre Seigneur Jhesu Crist.

142. Item, au partir d'icellui lieu en allant parmy le chancel, a senestre ‖ main, dessoubz ung petit autel, est le saint lieu et la digne place en laquelle Nostre Seigneur Jhesu Crist fut circuncis † et mis entre les mains de

---

1. aorer, *leçon de M, préférable a celle de P*: offrir, *qui n'est qu'une répétition négligente; voy. au § suivant.*

saint Simeon ; et en icelle place furent une grande partie des Innocens qui par despit furent gectés en un lieu ci apprès escript, qui est moult destournés.

143. Item, en alant hors de ladicte eglise, a destre partie, a ung tresbeau lieu en maniere de cloistre. Et en entrant en icellui lieu, a destre main, a une volte moult parfonde en laquelle est le lieu ou saint Gerosmé translata la Bible d'ebrieu en grec et de grec en latin. Encor il a dedans icelle volte une autre volte a destre partie ou est le monument de saint Gerosme, lequel fut ung des quatre docteurs de sainte Eglise. Et encore y a une aultre petite volte plus parfonde tout au chef des autres, en ung lieu moult obscur et destournés, ou le roy Herode fist jecter les Innocens par despit.

144. Item, a issir desdictes voltes audit cloistre, a destre partie, a une belle fonteine et bonne. Et sachiés que icelle eglise entierement est [1] ou gouvernement du gardien de Jherusalem, n'y chante nulz prebstres que latins, c'est assavoir catholiques.

145. Item, au partir de ladicte eglise en ladicte ville de Bethleem, a destre main, a une eglise de Saint Nicolas, en laquelle place la doulce vierge Marie se cacha pour traire son lait de ses dignes mamelles quant elle s'en volt fuir en Egipte. En celledicte eglise a un pillier de marbre auquel elle se appuyoit quand elle trayhoit son digne lait, lequel pillier sue tousjours depuis celle heure qu'elle s'i appuya ; et quand on le torche, tantost reprant a suer : et par tous les lieux ou son digne lait cheÿ et ou il fut espandu, la terre y est encore condée et blanche comme lait prins, et en prent on qui veult par devocion [2]. En

---

1. Nous adoptons la leçon de M, en en rectifiant l'orthographe. La version de P : enciennement estoit, ne peut se soutenir. — 2. M :..· lequelz pillés, dè celle heure qu'elle s'i apoiait, sue tout jour, ne jai pour chose que vous le touchés ne remanrait que tantost ne raicomance a suer. Aulsi... toute lai terre i est tanre et blanche comme lait et scrait tout jour. Et laiant fut une neut tout anthiere ..

celle digne place fut Nostre Dame une nuit avec son cher enfant cachée, pour doubte des gens du roy Herodes.

f° 41   146. ‖ Item, un pou loing de la, environ deux trais d'arc, sur le chemy de Jherusalem, est le lieu ou les anges anoncerent aux pastouriaux la Nativité Nostre Seigneur Jhesu Crist.

147. Item, a senestre partie en laissant le chemy de Jherusalem, loing de Bethleem environ deux lieues entre montagnes, en une valée, a une belle fonteine, a laquelle Nostre Dame fist le *Magnificat*.

148. Et a celle digne fonteine s'encontrerent la doulce vierge Marie et sainte Elizabeth : lesquelles estoient toutes deux ensainctes, et se saluerent moult doulcement ; et a celle fois fist sainte Elizabeth une partie de l'*Ave Maria* en disant : *Benedictus fructus ventris tui, etc.* [1]

149. Item, a la partie d'icelle fonteine en alant oultre a senestre main, environ deux traiz d'arc, est [2] la maison ou saint Zacharie, mary de sainte Elizabeth et pere de saint Jehan Baptiste, demouroit. L'entrée est moult petite, mais au demorant y a beau lieu et en assés bonne prosperité [3]. Et veuilliés savoir que, a senestre partie, en entrant a la dite maison, a une petite chappellette en laquelle monseigneur saint Jehan Baptiste fut circuncis et baillié nom.

150. Item, en ladicte chappelle, tout près de l'autel a destre main, a une roche dont l'ouverture est encor apparant dedans une frenestre, en laquelle roche les anges bouterent et cacherent saint Jehan Baptiste quant les tirans occioient les Innocens. Et se cloÿ la dite roche tant qu'ilz furent passés ; et apprès ce qu'ilz furent passés ladite roche se raouvry, et en issit saint Jehan sain et saufz [4].

151. Item, en retournant d'icelle maison et chappelle a la fonteine dessusdicte, en alant oultre vers Jherusalem,

---

1. *Luc. j, 42.* — 2. et. — 3. *Les cinq derniers mots manquent dans M.* — 4. M ajoute : et est encor la dite rouche en celle estait.

loing d'icelle fonteine environ deux traiz d'arc, est le lieu ou sainte Elizabeth demoroit. En celle place a une belle petite eglise moult ordement et moult deshonnestement tenue, en laquelle est la place ou monseigneur saint Jehan Baptiste fut nez †[1]. Et est ledit saint lieu a senestre partie du cuer de ladicte eglise, et y met l'en du blef et gesir des bestes.

152. Item, en retournant d'illec vers Jherusalem environ deux lieues, a ung tresbel lieu a maniere d'une fort maison ; et dedans a une tresbelle eglise habitée de religieux grecz, laquelle est appellée Saincte Croix. Sy veuilliés savoir que dessoubz le grant autel d'icelle eglise est la place ou l'un des fustz de la Crois crut, c'est assavoir cellui fust dont le travers [2] de la saincte et vraye Croix de Nostre Seigneur Jhesu Crist fut fait †. Et est encores le pertuis nettement gardé ouquel ledit saint arbre crut.

153. Et tout près d'illec est le lieu ou saint Simeon le Juste demouroit, cellui qui Nostre Seigneur Jhesu Crist soustint entre ses bras au Temple, le jour de la Circuncizion, quant il dist : *Nunc dimittis servum tuum, Domine, etc.*[3].

154. Cedit jeudi mesmes, .vij^e. jour d'octobre, retournasmes au giste en Jherusalem.

LE FLEUVE JOURDAIN

155. Le sabmedi ensuivant, .ixe. jour d'octobre[4], nous partismes de Jherusalem pour aler audit flun Jordain. Sy alasmes gesir loing de Jherusalem environ deux lieues,

---

1. *M* : moult ordennemant tenue, *et termine ici ce* §. — 2. *M* tramès, *comme ci-dessous,* § *162, pour rendre* travers *de* P. — 3. *Luc, ij, 29. M transpose le « lieu » de Siméon après le* § *154.* — 4. *M a interverti* .ix. *en* .xj.

a ung hauberge que le Soudam y fait faire tout neuf pour harberger les pelerins et autres gens estranges. Cedit logis est tout près d'une montagne ou il ot jadis ung chastel que l'en appeloit la « Tour Rouge ».

156. Le dimenche partismes d'illec dès minuit et errasmes environ .iv. ou .v. milles près du flun Jordain. Illec au droit, a main destre hors du chemy, souloit estre la cité de Jherico ; et y en a encor des apparances des murs [1].

157. Item, d'illec alasmes au flun Jourdain ; et tout autour dudit flun, environ ung mille, sont petis bocages. C'est le fleuve ou Nostre Seigneur Jhesu Crist fut baptisés par les mains de saint Jehan Baptiste † [2]. Sachés que cedit flun est eaue moult trouble et blanche, et court assés fort.

158. Item, assez près d'illec, aval le flun, a une grant eaue que l'en appelle la « Mer Morte ». Sur cette mer Morte souloit avoir cinq cités : c'est assavoir Sodome, Gomorre, etc., lesquelles fondirent jusques en bisme pour le vil peché de luxure [3]. De ce fait l'Escripture mencion que Loth le preudomme demoroit en l'une de ces cinq cités. Et quant Nostre Seigneur volt craventer icelles cinq cités, il lui envoya son ange, et lui manda que lui, sa femme et ses deux filles [4] se partissent tantost de la cité ou ilz demoroient, et vuidassent celle contrée, sans regarder darrier eulx. Et tout ainsi le fist Loth, f° 42 comme lui avoit mandé Nostre Seigneur. Mais la || femme de Loth ne se pot tenir de regarder darriere elle, quant oyt la tempeste darrier elle [5]. Dont il advint que par la

---

1. *La version de M est ici plus précise* :... lai citeit de Jherico; et lai ait encor sor le droit chamyn en maniere d'une petite tour, laiquelle se dit lai « Tour de Jherico ».— 2. *Avec la croix s'arrête cet article dans M.* — 3. *M* : juquay en bisme per le pechiet de Soldome. — 4. *M ne fait mention que de Loth et de sa femme.* — 5. *M précise un peu plus le détail :* Et tout enci fuit fait, excepteit que quant lai femme Loth fuit ung poc arrierez en mon-

LE SAINT VOYAGE DE JHERUSALEM   37

voulenté de Nostre Seigneur elle fut muée en une grosse pierre [1], laquelle pierre nous veismes depuis en alant le chemy de Sainte Katherine, assés près de Gaza [2] près de Jherusalem, a la senestre main en montant une montaigne. Et est icelle pierre assés semblant avoir esté ainsi muée [3].

159. Item, quant nous eusmes esté une piece de temps oudit flun Jourdain, et fusmes baignez oudit flun et faicte nostre devocion, nous nous en partismes et alasmes a ung bel hostel qui est a maniere d'une fort maison ; et est ladite maison a senestre main en alant a la Quaranteine. En alant dedans cedit hostel a une moult belle chappelle et devoste, et y sont residens moignes gris [4]. Illec estoit le repaire de saint Jehan Baptiste quant il repairoit es deserts hermite [5]. Et en verité le lieu d'illec autour peut bien estre appellé desert. En celledicte chappelle de Saint Jehan nous monstrerent les moignes de leans une main de saint Jehan Baptiste. Ces dis moignes sont grecz [6].

160. Item, au partir de ce lieu, en alant vers la Quaranteine, a une ville champestre en laquelle et environ il croist [7] moult de sucre ; et oultre celle villette environ deux milles [8] a ung hauberge commun pour hauberger

tant une montaingne, elle oyt lai fouldre et le tempest qui cheoit sor lezdicte citeit : si ne se pot tenir de regairder darier lie.

1. *Versa est in statuam salis. Gen.*, xix, 26. — 2. *P* : Gazera, *M* : Gazara. *Voy. la note 1 du § 173*. — 3. *Cette dernière phrase manque dans M. Il n'est pas question de « montagne » dans la Bible. La place différente que ce détail occupe, dans l'une et l'autre de nos versions, dénote dans M une préoccupation historique, dans P une simple observation topographique.* — 4. *M* : moinne grijois *(voy. la note au § 122).* — 5. *P* : hermites. *M a ici un mot qui paraît corrompu* : quant il estoit en desert gnutez (?) — 6. *M amplifie* : Et devés savoir que, de ces moinne don je perolle, qu'i ne sont pais catholiques, ensoit sont a l'usaige greique. — 7. *P* : curoist ; *M* : crote = crost croist. — 8. *M* : environt .ij. trait d'airque. *Cette façon d'évaluer la distance est ordinaire dans la rédaction messine ; voy. en outre la note au § 163.*

pelerins et autres gens trespassans. A cedit hauberge descendismes de nos asnes, et alasmes a la Quaranteine qui est environ un mile loing d'illec [1].

161. La Quaranteine c'est une montaigne qui moult est haulte et ruste a monter. C'est le lieu ouquel Nostre Seigneur jeuna .xl. jours et .xl. nuiz. Quant l'en monte en celle Quaranteine, l'en y treuve quatre entrées l'une apprès l'autre, tousjours ‖ en montant; et oultre la darreniere entrée a deux chappelles. En la premiere jeuna Nostre Seigneur Jhesu Crist comme dit est †; et en l'autre dessusdicte est le lieu ou le diable volt tempter Nostre Seigneur Jhesu Crist, en disant : *Mitte te deorsum, etc.* [2] Dedans celle roche dessusdicte a et pourroit on trouver logis pour .iiij^e. personnes ou plus [3].

162. Et au dessus de celle grant montaigne a beaux ruisseaulx d'eaue doulce qui descendent de la fonteine qui est au dessus de la .xl^ne., et y a molins qui en meulent. Avec ce y a si beaux jardins comme l'en pourroit deviser, et sont peuplés d'arbres portans fruit de paradis terrestre, lequel fruit l'en appelle selon l'usage du pays « muse »; et est vray que ce vous coppés cellui fruit au travers [4] en .x. coppons ou en plus ou en moings, tousjours y verrés vous l'empraintte du Crucify figurée en chescun cospon.

---

1. *La fin de ce § est ainsi rédigée dans M :* ... haiberge comune por toute manier de gens estrange; et lean ont usage lez pellerin de descendre, especialmant ceulz qui vont a lai Quairantenne. — 2. *Luc. iv, 9. Nous empruntons cette citation à M (le texte complet est :* Si Filius Dei es, mitte te hinc deorsum), *au lieu de la leçon de P :* Sic tu es Christus, dic, *etc. (Luc. xxij, 66), qui n'a rien à faire en cette place.* — 3. *Le début de ce § est assez différent dans M :* Vous devés savoir que lai montaingne on Nostre Signour junait .xl. jour et .xl. nuit ait nom pour cest cause .xleme., et est long don logis devant dit environt une lue. Et devés savoir que cest montaingne est duremant halte et penouse a monteir, et est si rote que en plussours lui il covient monteir en manier de degrés. Et au dessus ait .iiij. antrée.... — 4. *M :* au tramelz, *comme déjà au § 152.*

BETHANIE

163. Item, de la Quaranteine retournasmes au hauberge dessusdit delez la Tour Rouge, et le lundi ensuivant partismes dès devant le jour et venismes en Bethanie qui est loing de Jherusalem environ .iiij. milles [1]. Bethanie est encor a present grosse ville champpestre, en laquelle est la maison saint Ladre, et illec en ladite maison est le lieu et monument duquel Nostre Seigneur ressucita saint Ladre †. Celle maison est belle et noble selon l'usage du pays, et est a maniere d'une forteresse ; et appert bien encore aujourd'uy que ou temps passé il y ot belle demorance et noble. Celle ville est assise en une valée assés plentureuse, bien labourée de blefz et de vignes et de beaux jardins.

164. Et devés savoir que dedans la maison de saint Ladre dessusdicte, assez près du monument saint Ladre, droictement au bout de ladicte maison, a a maniere d'une petite chappellette, en laquelle il a ung pertuis a l'entrée ou l'en peust tost cheoir qui n'y prent garde.

165. Et tout près de l'entrée de ladite chappelle est le lieu ou Nostre Seigneur menga avec || ses appostres, f° 43 *Martha ministrabat, etc.* [2].

166. En celle chappellette encontra Marie Nostre Sei-

---

1. *M modifie ainsi le commencement de ce §*: Item, de lai retournant ver Jherusalem, près de lai saincte citeit anviron .iiij. lue, trueve on Baithanie une ville champestre en laiquelle.... *Il est à remarquer que, dans l'évaluation des distances, M substitue toujours le mot « lieue » au mot « mille ».* (Voy. un exemple à la note précéd. et cf. aussi la note au § 160.) — 2. Joan., xij, 2. *P erre grossièrement avec* Martha apmistrante. *M traduit en ces termes la citation de l'Evangile, altérée dans P*: (li saint lui on Nostre Signour maingait...) don Marie Mairthe fuit cuxeniere a celle foy.

gneur Jhesu Crist quant elle lui dist : *Domine, si fuisses hic, frater meus non fuisset mortuus, etc.* [1].

167. Cedit lundi mesmes, partismes de Bethanie et venismes en Jherusalem moult matin, car [issismes] devant le jour en Bethanie [2].

JHERUSALEM

168. Vous devés savoir que la cité de Jherusalem est moult grande et belle cité, combien qu'elle est ordement et vilment tenue des Sarrazins, dont elle est si peuplée que c'est merveille commant tout y est plain; combien que ou l'en vent les marchandises en ladite cité, se sont belles rues bien voltées de belles pierres, a frenestres par dessus qui rendent clarté partout [3]. Et par dessus ces voltes sont autres rues par lesquelles l'en vat communement d'ostel en aultre, c'est assavoir les Sarrazins et non aultres gens [4], car les Chrestiens de la saincture [5] et ainsi les Juifz qui en celle saincte cité sont demorans, ont certains lieux en certaines rues ou est leur residence. Encor sachiés que

---

1. Joan., xj, 32. L'ordre des §§ 165 et 166 est interverti par *M* qui les dispose ainsi : *164, 166, 167, 165. Voy.* la note suiv. — 2. *P* : car fusmes.... Cette leçon ne présente aucun sens raisonnable; elle est en contradiction avec la ligne précédente. Le copiste de *P* aura mal lu son original qui donnait sans doute issismes au lieu de fusmes. La comparaison des deux mss. ne sert de rien ici, car *M* a réuni en une seule phrase le début du § 163 et le § 167 comme suit : Et cestdit diemange retournâme au geite au cazale de lai Tour Rouge, et le lundi ensuiant retournâme dontdit cazale [et] venisme en Jherusalem moult maitin ; ledit § intercalé par inadvertance entre 166 et 165 (voy. la note précéd.). — 3. Au lieu de la périphrase : pierres a frenestres par dessus qui rendent clarté partout, *M* se contente de dire d'un mot : biaulz larmiez par desus. — 4. La leçon de *M* est quelque peu divergente : Et desus ces voltes sont aultre rue per oult on vont comunemant toute maniere de gent, et en celle rue demourent lez Sairaizir, non aultre; car les Crestient que lai sont demourant... — 5. *M* supprime de la saincture; voy. la dernière note du § 170.

celledicte saincte cité n'est a present point fermée que des maisons qui sont faictes sur les fossés, combien qu'il appert bien par les vielz fossés et murs qui encore y sont apparans qu'elle fut jadis moult noblement fermée [1], combien que a l'entrée par devers Jasfe a ung fort chastel bien fermé de pierre taillée et de bonnes tours, et l'appelle l'en le « Chastel David ».

169. En tant qu'est a parler du saint Temple de Nostre Seigneur et de Salomon, on n'en peut veoir que l'entrée, et si est ce de bien loing, par dessoubz une volte, c'est assavoir une rue voltée ; et encore ne voit il pas icelle entrée qui veult. Car tantost que les Sarrasins voient venir ung chrestien par ycelle rue venant au saint Temple, ilz le rescrient et le font retourner, jassoit ce qu'il n'y voise pas pour le dit saint Temple veoir [2]. Toutes voyes l'en peult assés veoir par dehors que c'est moult noble et grosse || chose, et ainsi par ce que dit est que nos drugemens nous certiffierent.

170. Nous partismes de Jherusalem pour aler a Saincte Katherine le mercredi .xiij°. jour d'octobre, et alasmes au giste a ung village assés près de Bethleem environ une lieue, qu'on appelle Bethzel [3]. En cedit village de Bethzel feismes nostre pourveance de vin qui nous fut delivrés par le consuille [4] de Jherusalem, car pour ce que les Sarrasins ne boivent point de vin, les pelerins ont a tresgrant danger du vin et a cher temps. Et sachiés que Bethzel est moult peuplée des Chrestiens de la saincture plus que de Sarrasins. Iceulx chrestiens labourent les vignes ou iceulx bons vins croissent ; et sachiés qu'on les peult bien appeller bons vins [5].

1. M termine ici le § 168. — 2. M abrége légèrement ce § qu'il arrête à cet endroit. — 3. M : Besès, lequelz villaige est près de Beleem ou Nostre Signour fuit nez, environt une lue. — 4. M : consulo. — 5. M supprime ce dernier membre de phrase et ajoute : Et sont crestiens greique, *expression substituée à celle de* chrestiens de la saincture, *donnée par* P.

171. Le jeudi ensuivant partismes de Bethzel au vespre, et allasmes gesir aux champs hors la ville.

172. Le vendredi ensuivant, .xv°. jour d'octobre, partismes du logis dessusdit dehors Bethzel, et alasmes au giste a une ville que l'en appelle Sucarelle, et y a hauberge.

173. Le sabmedi ensuivant environ deux heures en la nuit, venismes au gīste a Gaza¹. Gaza est une cité non fermée, plus grande que Jherusalem. En celle cité est le lieu ou Sampson le fort abati sur lui² et sur environ .iiij^x. Philistiens la sale royal, qui tous furent occis et mors³. Ces Philistiens tenoient Sampson en prison de long temps. Sy advint ung jour qu'ilz firent une grant feste, et s'assemblerent en celle sale pour fere leur esbatement. Et quant ilz eurent assés joué de leurs gens, se firent admener Sampson qu'ilz tenoient en prison et lui avoient les yeulx crevés pour eulx esbatre comme a ung fol; et quant ilz en orent assés joué et esbatu, ilz le laisserent et prindrent autres gens a regarder. Sampson, a qui ses cheveulx lui estoient revenus, qu'ilz lui avoient || coppés dès qu'il fut prins et trahis par sa femme, car en ces cheveulx estoit sa force, pria au vallet qui le gardoit qu'il le menast ung pou appuyer au maistre pillier qui celle salle soustenoit; et ainsi le fist le varlet. Et quant Sampson le senti, si trahit a lui si rudement le pillier que la salle cheit sur lui et sur les Philistiens dessus nommés. Illec fina Sampson sa vie, qui par .xl. ans avoit esté juge des Ebrieux. En celle place a une maison, laquelle est près d'une rue ou les Juifz ont leur residence⁴.

1. Le nom de la ville de Gaza est orthographié par P tantôt Gareza (§§ 173, 176, 185) et tantôt Gazera (§§ 158, 175), par M Gazara. La faute remonte donc à l'original de nos deux copies, qui aura confondu Gaza avec Gazara, Gazera ou Gazer. — 2. M ajoute : et sor sai femme. — 3. M est d'accord avec P pour élever le nombre des Philistins à quatre mille, tant hommes que femmes; cependant le texte de la Bible est formel : Circiter tria millia utriusque sexus. (Jud., xvj, 27.) — 4. M supprime tout le passage com-

174. Item, tout près d'icelle maison en une autre rue, habittent une maniere de mescreans que l'en appelle Samaritains ; et d'icelles personnes ne peulent estre au monde vivans que mille personnes, comme il nous fut dit, et ainsi le ordonna Nostre Seigneur a la priere de Moyse.

174 bis. La differance par quoy l'en congnoist toutes manieres de gens oudit pays est telle : premiers, les Sarrasins sont congneuz ad ce qu'ilz portent le faissel de linge blanc sur leurs testes ; — item, les Sarrazins arrabiens sont congneuz ad ce qu'ilz ont et portent le faissel blanc sur leur teste, mais tousjours ont le chief du cuevrechief[1], ou touaille dont le faissel est, entourteillié par dessoubz leur gorge ; — les Chrestiens de la sainctures[2] sont congneuz ad ce qu'ilz portent le faissel de touaille taincte [en collour perse ; — lez Juif se cognoise au faisoil de toille tinte[3]] en jaune couleur sur leurs testes ; — les Samaritains, icelles manieres de gens dont j'ay parlé dessus, sont congneus ad ce qu'ilz portent le faissel de linge blanc sur leurs testes de toille tainte en couleur de fleur de peschier plus clere que sanguine[4]. Et en tous les habiz et aornements de toutes

pris entre : Ces Philistiens et juge des Ebrieux. *Le nom de* Samson *prend, au sujet, la forme du nominatif* Sanse. *Le nom de la ville de* Gaza *est dit partout* Gazara. *Enfin le § se termine ainsi :* Et est laidicte maxon, on lai saule estoit don je perolle, bien avant dedant lai ville, en l'antrée d'une rue on lez Juif demorent, *leçon bien supérieure à celle de P.*

1. *D'après M, P :* creuvechief. — 2. *M omet encore (cf. § 168) de la* saincture. — 3. *Nous rétablissons entre* [ ], *d'après M, que confirme la relation italienne (voir la note suivante), un membre de phrase omis dans P, par suite d'un bourdon.* — 4. *La relation italienne mentionne aussi quatre couleurs, une pour chaque nationalité religieuse :* I Saracini portano in capo le bende bianche, e i Giudei le bende gialle, e i Cristiani di cintura le bende d'azzurre, e i Samaritani le bende rosse *(p. 19). Suivent des détails sur le costume des femmes. Il est à noter que dans le* Viaggio *ces descriptions s'appliquent, non à la population de la Palestine, mais à celle d'Alexandrie. La distribution des couleurs du* kafieh *pouvait varier suivant les localités.*

les gens dessus nommés, n'a nulle differance de façon ni d'aultre usage [1] que tel ne le puisse porter l'un comme l'autre, excepté les differances des faisseaulx dessus nommez.

175. Item, vous devés savoir que les pelerins n'ont point d'usage || d'estre logiez dedans la ville, mais sont logiez en ung haberge ad ce ordonné qui est auques tout dehors la ville, tout près d'une belle fonteine et bonne. Nous feismes audit lieu de Gaza [2] nos pourveances de toutes manieres de choses que nous saviens qui nous estoient necessaires pour passer les desers, ensemble la pourveance que nos drugemens nous firent, c'est assavoir de bescuit, d'asnes, de harnois, de chievres qui portent eaue, de paveillons. Et y sejournasmes nuef jours [3].

COMMENCEMENT DES DESERS D'ARRABE

176. Nous partismes de Gaza le dimenche .xxiiij°. jour d'octobre, et allasmes loger aux champs, assés près de la ville environ .ij^M., a tout nostre grand quariage.

177. Le lundi ensuivant partismes d'illec et allasmes [4] oultre tout le jour jusques a vespres, que nous logasmes tout près d'une petite ville, ou il y a deux fonteines, l'une d'eaue doulce et l'autre salée.

178. Le mardi ensuivant, allasmes oultre tout le jour, et fusmes logiez au soir es desers.

179. Le mercredi ensuivant, allasmes oultre tout le jour.

---

1. *Ici se termine le § 174 dans M.* — 2. *Voy. la note 1 du § 173.* — 3. *P : dix jours. M abrége légèrement et termine ainsi : Et lai sejournasme nous nuef jour, et illueque heusme nous biscot, chamois et aisne, et aultre proveance pour pacer lez desert, etc. M a raison contre P de fixer à neuf jours, au lieu de dix, la durée du séjour des pèlerins à Gaza, du samedi 16 au dimanche 24 octobre.* — 4. *Au lieu de* allasmes álasmes, *M a toujours* errasmes arasmes, *dont l'emploi paraît être un indice d'antériorité.*

180. Le jeudi ensuivant, allasmes oultre tout le jour jusques au vespre [1] que nous logasmes auques près d'une fonteine.

181. Le vendredi ensuivant, alasmes oultre tout le jour [2].

182. Le sabmedi ensuivant, alasmes oultre jusques au vespre [1] que nous logasmes sur une autre fonteine.

183. Saichiés que, par ces desers, ce ne sont pas fonteines sourdans, mais sont lieux bas entre grans roches ou l'eaue se tient et arreste apprès une grant pluye.

184. Le dimenche ensuivant, .xxxj°. jour d'octobre et vigille de Toussains, alasmes oultre tout le jour.

185. Le lundi ensuivant, jour de la Toussains, alasmes jusques environ nonne que nous venismes passer par devant la fonteine du Soudan [3], et alasmes loger ung pou oultre environ deux mille. Sy ont usage tous les pelerins de loger sur celle fonteine pour prendre rafreschissement d'eau doulce, || car depuis que l'en est partis de Gaza [4] jusques a Saincte Katherine l'en ne treuve eaue qui soit bonne ne proffitable que en cestedicte fontaine du Soudan. La cause pourquoy nous n'y peusmes estre logiez si est telle, qu'il y avoit dix mille Sarrasins logiez tout entour, qui retournoient de Mecha et illec se raffreschissoient. Encor y en avoit plus de .lx^M. darrier qui tous retournoient dudit Mecha; et y ont coustume d'aler chascun an adourer leur maistre prophete Machoumet [5] Et y a du Caire jusques a Mecha environ cinquante journées de desers. Mecha, si comme l'en dit ou pays de par dela, est moult grant ville et est ainsi comme l'entrée d'Inde.

186. Le mardi ensuivant .ij°. jour de novembre, alasmes oultre tout le jour.

187. Le mercredi et le jeudi, ainsi oultre tout le jour.

---

1. vespres. — 2. *Ce § manque dans M.* — 3. *M*: fontaine du Soldat, *ici et plus bas.* — 4. *Voy. la note 1 du § 173.* — 5. *M*: aoureir lour Mahomat, etc.; *avec ces mots s'arrête le §.*

188. Le vendredi ensuivant, alasmes oultre tout le jour jusques au vespre que nous logasmes sur une aultre fonteine.

189. Le sabmedi ensuivant, .vj^e. jour de novembre, alasmes oultre tout le jour ; et au soir, environ deux heures en la nuit, arrivasmes a Saincte Katherine [1].

SAINCTE KATHERINE

190. A Saincte Katherine a tresbelle demorance selon l'usage du pays, et est l'abbaye close de haulx murs a maniere d'une fort maison. Illec dedans entrasmes le dimenche matin [2]. Et sachiés que dedans ycelle abbaye a moult grant lieu et y pevent bien ..iiij^c. freres estre receuz et gouvernez, et y sont bien a present environ .ij^c., l'une fois plus l'autre fois moings [3], selon ce qu'ilz vont visiter leurs commandises qu'ilz ont par le monde en plusieurs lieux.

191. Dedans icelledicte abbaye a moult belle petite eglise, mais le lieu est moult bien ordonné et honneste et moult devost.

192. Il est verité que dedans celledicte eglise est le propre corps et le chef de la vierge saincte Katherine, c'est assavoir la plus grant partie enclos dedans ung vaissel de pierre de marbre qui gist a la destre partie du grant autel ; et veismes dedans icellui vaissel son chef et les os de ses bras qui sont merveilleusement gros, selon le temps present.

193. ‖ Item, tout près d'icellui vaissel de marbre, a main destre, est l'entrée d'une belle chappelle de laquelle

---

1. Bien que sa version soit identique à celle de P, M termine ce § par etc. — 2. Cette dernière phrase manque dans M. — 3. La leçon de M : et i sont aulcune foy bien demourant .ij^c., semble préférable à celle de P.

l'en entre en une autre chappelle, a senestre main, qui est moult belle, et moult y a devost lieu [1]. En cettedicte chappellette est le lieu moult treshonnestement tenus et ordonnez ouquel estoit le buisson que Moÿse, le bon prophete, vit ardoir, et point n'estoit bruslez, dont la Saincte Escripture parle en disant : *Rubum quem viderat Moises inconbustum, etc.* [2]. En cedit lieu parla Nostre Seigneur audit prophete, lui estant audit buisson, quand il lui donna la verge [3]. Il sembloit a Moÿse que ledit buisson ardist ; mais quant Nostre Seigneur se fut partis d'illec, Moÿse trouva ledit buisson tout flory, dont il fut merveilleusement esbaÿ. Moïse print d'icelles fleurs d'icellui buisson, et les ala espandre par aval la montagne de Sinaÿ ; et par tous les lieux ou il les espandit elles y sont encores aujourd'uy proprement figurées, en telle maniere que vous ne sauriés rompre la roche en tant de lieux, que tousjours vous n'y doyez veoir l'empraincte de la fleur si proprement figurée comme nul painctre la sauroit faire [4]. C'est chose moult merveilleuse, et peult legierement estre sceu par plusieurs pelerins qui vont illec apportans d'icelles roches, et par ce peut l'en veoir le miracle [5]. Cedit buisson fut significence de l'incarnacion Nostre Seigneur et de la virginité de la doulce vierge Marie, comme dit l'Escripture. Et devez savoir que en cestui propre lieu, Nostre Seigneur dist a Moÿse : *Solve calciamenta tua de pedibus tuis, quia locus iste sanctus est* [6] ; c'est a dire :

1. *M* : .... a senestre, et est droitement dairier le grant aulteit de l'esglixe, *nouvel exemple où M l'emporte sur P pour la précision topographique.* — 2. *Éxod., iij, 2, dont il convient de rétablir le texte exact :* Et videbat [Moyses] quod rubus arderet et non combureretur. — 3. vierge. — 4. *M* : si propemant que c'est une grande mervelle. — 5. *Ce passage est sensiblement modifié dans M* : Cest chose ouze je bien certifier ; car moult de pellerin aportent et ont aporteit de celle roche, on on puet veoir l'experiens de cest miraicle. — 6. *Exod., iij, 5* : S. calceamentum de p. t.; locus enim, in quo stas, terra sancta est.

« Oste tes soulliers de tes piez, car ce lieu est saint. » Et pour ce n'y entre presbtre, pelerin, ne aultre personne quelqu'il soit, qu'il ne soit deschaulx et nudz piez.

194. Encor en cedit lieu ou estoit ledit buisson, a une tablette d'argent et ung pertuis emmy, ouquel pertuis l'en boute son doy par devocion, et y a oille de quoy l'en se touche en faisant le signe de la croix, qui veult.

195. Certainement en celledicte eglise a moult devost lieu et bien honnestement gouverné, et beau service y font les freres selon leur usage [1].

196. Item, il y a une petite chappelle qui est au dehors de l'eglise, qui est belle et devoste ; et sachiés que tout devant ladite eglise et dedans ycelle abbaye a un grant muscat de Sarrazins [2].

197. Celle abbaye de Saincte Katherine siet et est entre moult tresgrandes et treshaultes montaignes, toutes de roches vives. Et tout devant ladite abbaye a ung tresbel et grant jardin, ouquel il y a moult de manieres d'arbres qui portent moult de manieres de fruiz. Cedit jardin est fait en telle maniere [3] que tous les arbres par espicial y sont norris par engin et par force ; car en tous les lieux ou les arbres sont plentés, il y a mur de pierre et de terre seiche a l'entour [4]. Et y a plusieurs des freres moignes de leans qui se congnoissent en courtillage [5], qui sont commis et ordonnés a gouverner lesdis arbres et jardin d'eaue doulce et d'aultres choses necessaires.

---

1. Ce § manque dans M. — 2. Dans M, la rédaction est considérablement amplifiée et le § 196 transporté logiquement après le § 198, ainsi : Aci devés vous savoir que devant lai fontainne (§ 198) ait .j. muscat de Sairaisin, c'est entandre .j. oratoire ; et leans demour il tous jour .j. Sairaisin pour servir Deus a l'usaige sairaisinesque. Et est celui oratoire tout devant l'esglise de Saincte Kaitherine, a senestre pairtie en entrant dedant l'aibaye. — 3. manieres. — 4 M : il i ait murs de piere seche et hault pour tenir lai terre, leçon plus plausible que celle de P.— 5. Le mot courtillage est remplacé dans M par celui de ortilaige, dérivé du lat. hortus.

198. En cedit jardin a une belle fonteine de quoy ledit jardin et arbres sont arrousés et attrempez quant mestier est ; et mesmement de coste l'eglise de Saincte Katherine dedans l'abbaye, a une moult belle fonteine et y trait on l'eaue comme a ung puis [1].

199. Item, de l'un des costés de ladite abaye, c'est assavoir a main destre en allant a Saincte Katherine, est la haulte montagne de Sinaÿ, en laquelle il y a plusieurs devostz et sains lieux.

200. Premiers, en montant ladite montaigne, si comme a la sixieme partie, a une belle fonteine merveilleuse, car elle ist de la roche. Et celle fonteine fist Moÿse, par la voulenté de Nostre Seigneur, de la verge qu'il lui donna, dont j'ay parlé devant [2] ; et fut faicte pour servir le peuple d'Israel que Moÿse avoit gecté d'Egipte, et le menoit par les desers en la sainte terre de Promission.

201. Item, en montant oultre, si comme au tiers dudit mont, a main senestre, a une chappelle fondée de Nostre Dame. En celle place s'apparut Nostre Dame aux moignes de Saincte Katherine [3], qui l'abbaye avoient laissée et n'y vouloient ne povoient plus habiter pour la multitude des mousches [5] qui la estoient. Et dont leur dist qu'il retournassent en leur abaye, car de la en avant telz vermines de mouches n'y habitteroient : et c'est chose certaine.

202. Item, en montant tousjours amont, trouvasmes deux petites portes faictes des roches mesmes en partie et d'aultres pierres taillées ; et sachiez qu'il y a moult fort pas.

203. ‖ Item, en montant tousjours amont, a deux chappelles l'une emprès l'autre, et plus grande l'une que l'au-

---

1. *M* : une tresbonne fontainne, lai quelle scirt en plussours lui, especialzmant en lai cuxine. *C'est cette fontaine même dont il est question dans la note du § 196.* — 2. *Au § 193.* — 3. *M* :... chaipelle faicte en l'onnour de lai doulce virge Mairie ; et en celle plaisse s'aipairut lai belle virge Mairie au moinne de l'aibaye de S. K. — 5. *M* : moisel[le]z, *qui, avec un autre suffixe, est le même que le messin* moixates, *dim. de* mouches, *resté dans le patois* mouhetes.

4

tre, dont la plus petite est a la main destre en montant, et est fondée de saincte Marguerite; et l'autre qui est a main senestre[1] est appellée la chappelle Helie. En cestedicte chappelle de Helie a moult digne lieu et assés bel ; il y a autel ainsi comme en trois chappelles[2] dont, en la premiere a main destre[3], est le saint lieu ou Nostre Seigneur parla audit Helie ; en la seconde, qui est la plus grande, est le saint lieu ou Nostre Seigneur envoya a menger audit Helie par ung corbeil ; et en la tierce chappelle a main senestre, est le saint lieu ou saint Alexis fist sa penitance.

204. Et quant l'en est montés jusques au plus hault de ladite monteigne, illec voit l'en et y a une belle petite eglise ainsi comme une chappelle; illec a moult bel et saint lieu. Celle chappelle est la chappelle de Moÿse. Sy devez savoir que tout au dehors de celle chappelle, tout au droit du cuer, a main senestre en montant, a une grant et grosse roche en laquelle a une place vuide si comme pour gesir une personne. Et est verité que Nostre Seigneur parloit une fois a Moÿse sans ce qu'il le veist, dont il ot si grant paour quant il oyt la voix de Nostre Seigneur qu'il recula tant qu'il pot, et en reculant se ferit en ladite roche si grant cop qu'il se fust tout deffroissés, ce ne fust que Nostre Seigneur voult que la roche fust mole comme cire a celle fois : et pour ce entra du corps Moÿse grant partie dedans ladite roche, si comme il est apparant, especiallement dès les cuisses en amont.

205. En celle place font les Chrestiens leur devocion[4], et se couche qui veult illec par devocion.

206. Item, dedans ladite chappelle de Moÿse, est le

---

1. *Le copiste de M répète indûment : a destre.* — 2. *M :* En cest saincte chaipelle a saint lui de Elie ait .iij. cuers et .iij. aulteit, de coy on premier a main destre... — 3. *P :* senestre, *qu'il faut corriger en* destre *d'après la leçon de M*, *d'accord avec le sens du contexte.* — 4 *M termine par ce mot le § 205.*

saint lieu ouquel Nostre Seigneur donna la loi a Moÿse. Ce fut proprement ou lieu ou est le grant autel †.

207. Item, dedans celledicte chappelle, a main senestre, a un autel en une || petite chappellette qui est fondée f° 47 de Sainct Michiel l'arcange. Celle eglise est bien et honnestement gouvernée [1].

208. Item, devant celledicte eglise, au get d'un pois, a un muscat de Sarrazins [2], c'est assavoir une oratoire faicte ainsi comme a la maniere d'une chappelle. Illec fistrent nos drugemens leurs oroisons, et ainsi font les autres Sarrazins qui ondit mont de Sinaÿ vont en pelerinage.

209. Item, dessoubz le mur d'icellui muscat de Sarrazins est la bosve en laquelle Moÿse jeuna .xl. jours en faisant sa penitance, et est en ung anglet a senestre main dudit muscat.

210. Item, dès devant ladite chappelle Moÿse, peut l'en veoir la Rouge mer qui est moult loing de la.

211. Nous descendismes de celle montaigne de Sinaÿ, c'est assavoir du costel devers la montaigne ou saincte Katherine fut portée par les sains Anges au commandement de Nostre Seigneur, apprès ce qu'elle fut decollée en la cité d'Alixendre en Egipte; et y a d'illec jusques en Alixendre du moings .xiiij. journées aspres tout par desers. Sur celle montaigne fust son corps plusieurs années.

212. Sur ceste montaigne qui est de trop plus haute que la montaigne de Sinaÿ devantdicte, et que les aucuns appellent la montaigne Saincte Katherine, non obstant que selon l'Escripture toutes les montaignes qui sont illec environ sont appellées le monlt de Sinaÿ [3], sur laquelle le

---

1. *Cette dernière phrase n'est pas dans M.* — 2. *Ici s'arrête le § 208 dans M.* — 3. *Tout ce commencement a été transposé à la fin du § par M, qui l'a en outre fortement abrégé*: Et devéz savoir que cest montaingne dont je pairolle est trop plus haulte que lai montaingne on Deus donnait lai loy a Moÿse, dont j'ai pairléz devant *(au § 206)*.

corps de la vierge Katherine fut longuement, sachiés qu'il n'y a nul ediffice, ne aultre apparance n'y verrez fors une pierre, qui encor y est, ainsi come de la longueur d'une personne [1]. Et illec peut on bien veoir bel miracle : sur celledicte pierre fut mis le corps de saincte Katherine par les sains Anges, et voit on que les oiseaulx esmatissent tous environ icelle pierre sur les autres, et point n'esmatissent sur ladicte pierre sur laquelle ledit corps de la saincte fut mis.

213. || Entre ces deux montaignes a une grant vallée; en descendant illec est le bel et tresnoble jardin que l'en appelle le « jardin de Moÿse », qui tant est noble et bel et long. En cedit jardin peut l'en veoir toutes manieres d'arbres tant portans fruit comme autres, lesquelz sont si tresbien gouvernez et ordonnez que l'on ne sauroit mieulx diviser [2]. Quant au courtillage dudit jardin, sachiez qu'il est bien labourez et bien ahanez tout du long, et sachiés que icellui jardin a bien de long demye lieue, et est plus large en un lieu que en ung aultre, selon que les montaignes sont ordonnées. Encor y a dedans cellui jardin fonteines bonnes et belles, par lesquelles il est arrousés et amoitiz ainsi comme par force quant besoing est, c'est a dire que l'en y fait monter l'eaue du bas on hault; et en verité le lieu est si sec et desert que c'est merveille commant il y peut rien croistre.

214. Ainssin come près du milieu de cedit jardin a une belle chappelle et maisons entour bien closes et fermées de bons murs; illec est la residence des freres de Saincte Katherine qui gouvernent icellui noble jardin. Et sachiés qu'il porte grant soustenance a l'abaye de Saincte Katherine, car il y croist grant plenté de biens [3]. Mais nul ne croiroit le tresbel et tresnoble jardin que ce peut estre et

---

1. *M* : enci comme de lai longour Maidame saincte Kaitherine. — 2. *M supprime tout ce qui suit dans ce §*. — 3. *Cette phrase ne se rencontre pas dans M.*

les belles fonteines faictes par ordonnance qui y sont, consideré le desert lieu ou il est assis.

215. Illec nous furent admenez nos asnes pour chevaulchier. Si montasmes sus et retournasmes a Saincte Katherine tout le pendant par la pleine autour de ces haultes montaignes.

216. Quant nous eusmes bien visité le sainct lieu de Saincte Katherine et d'environ, comme dit est, et nous y eusmes esté par trois jours et demy, si nous ordonnasmes de mettre a chemy pour venir en Egipte tout par desers ¹.

LE PARTEMENT DE SAINCTE KATHERINE EN ERRANT
ES DESERS EN ALANT AU CAIRE

217. Nous partismes de Saincte Katherine le mercredi ensuivant, .x⁰. jour de novembre et vigille de saint Martin, apprès la messe ², et venismes gesir ès desers.

218. ‖ Le jeudi ensuivant, passasmes oultre tout le jour. f⁰ 48

219. Le vendredi ensuivant, errasmes tout le jour.

220. Le sabmedi pareillement, alasmes oultre tout le jour, jusques aux basses vespres que nous venismes logier près d'une fonteine ou nous preismes rafreschissement d'eaue pour nous et pour nos bestes abruver.

221. Le dimenche ensuivant, environ heure de disner, repeusmes sur ung bel ruissel de fonteines courrans, et y avoit grant verdeur entour d'erbe verte ; c'est a environ iij. milles ³ près de la mer Rouge, et vat cheoir icellui ruissel dedans la mer Rouge.

222. Le lundi ensuivant, alasmes oultre tout le jour ⁴.

1. *Le § 216 manque dans M.* — 2. *M précise :* environt heure de nonne, *c'est-à-dire vers trois heures de l'après-midi.* — 3. *M :* environt une lue. *(Cf. la note 1 du § 163.)* — 4. *Tout en maintenant la distribution des jours* (dimenche *et* lundi), *M a transporté au § 222 les détails consignés par P sous le § 221, et vice versa.*

223. Le mardi, errasmes pareillement tout le jour [1].

224. Item, le mercredi ensuivant, .xvij^e. jour de novembre [2], alasmes oultre jusques a heure de midi que nous repeusmes sur une belle fonteine et noble que l'en appelle la « fonteine de Moÿse », laquelle fonteine a esté tout novellement moult noblement enmurée et faicte par la maniere que les fonteines du pays sont faictes, tant pour y prendre eaue pour boire que pour habreuver chamoix, asnes et aultres bestes ; et est chose de moult grand coust a faire, pour cause que c'est moult loing d'Egipte [3].

225. Et la cause pourquoy l'en appelle ceste fonteine la « fonteine Moÿse », si est que vous savez que l'Escripture tesmoigne que au temps de Moïse, qui estoit ebrieu, il avoit en Egipte moult grant peuple d'Ebrieux [4], qui estoient descenduz de Jacob et de Joseph qui fut venduz par ses frères et qui ot si grant povoir en Egipte au temps du roy Pharaon, roy d'Egipte, par lequel conseil de Joseph le roy Pharaon fist faire a son temps iceulx nobles gregniers que l'en dit les « gregniers Pharaon », dont nous parlerons cy apprès en Babiloine [5]. Ce peuple dont nous parlons estoit, pour le temps de Moïse, moult oppressé de servitutes en Egipte. Moÿse et Aaron son frere estoient les plus apparans de tous les Ebrieux, c'est assavoir des Juifz. A cellui Moÿse manda Nostre Seigneur par son ange qu'il gettast icellui peuple d'Egipte, et qu'il les menast trois journées avant. Ainsi fut fait par Moÿse comme Nostre Seigneur lui commanda, car il les gecta tous d'Egipte a une fois et estoient .vj^c. mil hommes sans les femmes et les petis enfans. Quant Moÿse ot mené ce grant peuple trois jours avant, sy vindrent a celle Rouge mer et ne porent plus passer avant ; ainsi ne porent ilz

---

1. *Ce § n'est pas reproduit dans M.*— 2. *Nos deux manuscrits donnent le quantième erroné* .xvj^e. *jour.*—3. *Ce dernier membre de phrase manque dans M.*— 4. *Addition de M* : Hebrius, *c'est aissavoir Juif, lesquelz depuis furent només puple de Israel.* — 5. *Au § 249.*

aler a costiere pour les treshaultes montaignes qui encores appresent y sont ; et si ne porent pas legierement retourner en arriere, car ilz n'estoient pas partis d'Egipte par le bon gré du roy. Sachiés que illec orent moult a souffrir de peine lesdis Hebrieux ; car quant le roy d'Egipte, qui estoit appellé Pharaon, oyt nouvelles que les Hebrieux s'en estoient ainsi allez de son royaume, sy assembla incontinant une grant multitude de gens armez et se mist en chemy apprès les Hebrieux. Quant Nostre Seigneur vit son peuple en si grant misere et en si grant affliction, si en ot pitié, sy commanda a Moÿse ferir de sa verge sur la mer ; et tantost que Moÿse ot feru de sa verge, la mer se aouvry et y apparut ung bel et grant chemy, Adont se mistrent les Hebrieux en cedit chemy, et fistrent aller la lignée de Juda, l'aisnel filz de Jacob, tout devant atout les os de Joseph. Sy passerent oultre les Ebrieux saulvement par celle mer parfonde, par la voulenté de Nostre Seigneur ; et quant ilz furent tous passés, si tendirent leurs tentes pour reposer en ce lieu ou est cestedite fonteine de Moÿse qui est a environ loing deux petites lieues loing de celle Rouge mer [1]. Et quant le roy Pharaon vint a la mer et il vit que les Hebrieux lui estoient eschappez s'il ne se hastoit d'aller apprès, sy vit encor le chemy tout ouvert || par ou ilz estoient passés, et fery des esperons ap- f° 49 près eulx ; et ses gens ainsi. Et quant ilz furent tous entrez en celle mer parfonde, par la voulenté de Nostre Seigneur elle se recloÿ : sy furent tous noyez sans ce qu'il en eschappast ung seul. Sy gecta la mer grant plenté des noyez devers les Hebrieux, qui armes avoient, dont ilz les despoullerent, car grant besoing en avoient. Et pour ce est appellée celle fonteine la « fonteine Moÿse », car elle fut faicte a sa priere par le vouloir de Nostre Seigneur [2], pour abeuvrer son peuple par plusieurs jours qu'ilz se-

---

1. *M* : environs demey luc de laidicte Roige mer. — 2. *M ajoute* : de lai verge dont il avoit fanduit lai marine.

journeroient illec. D'illec mena Moïse son peuple vers la saincte terre de promission [1].

226. Cedit mercredi mesmes, partismes d'icelle fonteine et venismes oultre au giste.

227. Le jeudi ensuivant, alasmes oultre tout le jour et passasmes par la fonteine du Soudan, laquelle n'est pas bonne [2]; et si y a grant hauberge.

228. Le vendredi ensuivant, errasmes oultre tout le jour.

229. Le sabmedi ensuivant, .xxe. jour de novembre, venismes au giste a la fonteine Saincte Marie lez le Caire. Celle fonteine et le lieu appellent les aucuns *Moiteria,* en langage arrabic [3].

LA FONTEINNE QUE DIEU FIST A SES TALONS

230. Vous devez savoir que ceste fonteine est a l'issue des desers et près de la cité du Caire et de Babiloine, environ deux lieues. A cestedicte fonteine s'arresta la benoiste vierge Marie quant elle s'en ala fuyant en la terre d'Egipte, pour la doubte du roy Herode qui les Innocens faisoit mettre a mort. Et est verité que quant Nostre Dame ot passé les desers atout son cher enfant, et elle vint en cedit lieu ou est a present celledicte fonteine, elle mist Nostre Seigneur a terre, et ala serchant eaue par || le desert, mais point n'en peult finer. Sy s'en retourna moult doulente a son cher enfant qui gisoit estandu sur la terre, lequel avoit feru des talons en terre, tant qu'il en sourdit

---

1. *M abrége quelque peu ce long récit qui résume Exod., xiv.* — 2. que n'est pais boine yauwe, *leçon de M qui termine le § à ces mots.* — 3. *M ne donne pas la position topographique de cette fontaine, dénommée dans P* Moneria; *mais* Molteria *est la bonne forme de ce mot que fournissent M et P lui-même au § 233.*

une fontaine d'eaue moult bonne et doulce : sy fust Nostre Dame moult joyeuse de ce, et en remercia Nostre Seigneur [1]. Illec recouscha Nostre Dame son cher enfant et lava les drappelletz de Nostre Seigneur de l'eaue d'icelle fonteine, et puis estandi iceulx drappelletz par dessus la terre pour les essuyer ; et de l'eaue qui degoutoit d'iceulx drappelletz, ainsi comme ilz essuyoient, pour chascune goute naissoit ung petit arbrisseau, lequelz arbrisseaux portent le baulme : et encor a present y a grant plenté de telz arbrisseaulx qui portent le baulme, et en aultre lieu du monde, fors que en Paradis terrestre, ne trouverés que il naisse baulme fors en cedit jardin. Celle fonteine appellent mesmes les Sarrasins la « fonteine Saincte Marie » [2]. Et si est verité que nul arbre portant baulme ne peut estre norry ne porter balme, s'il n'est norry de l'eaue de celle fonteine.

231. Sachiés que illec a tresbel lieu, c'est assavoir tresbel hostel et grant selon l'usage du pays, et y a moult grant logis. Et si comme l'en est entré ou second huis d'icelle maison, peult l'en veoir ladicte fonteine Saincte Marie. Et y a quatre grans et gros thoreaux qui aultre chose ne font fors que traire l'eaue hault d'icelle fonteine a roes pootées, et deux thoreaux a une roe [3]. Laquelle eaue se respent par plusieurs lieux par icelle maison, et especiallement par icellui jardin ou croist le baulme ; et encor s'en va icelle eau par conduit en ung beau petit lieu

1. *M* : et regraisiait Deus le Peire. — 2. *Ici encore, le translateur messin se met en scène* : Et vous certefie que lez Sairaizin apellent... *Il avait déjà usé de ce procédé au début du même* § : Et vous certefie por veriteit que, quant lai gloriouse virge Mairie et son chier filz s'en allerent fuant en Egipte...... *Et au* § *suivant M dit au singulier* : je vous certefie, *au lieu du pluriel* : vous certiffions, *de P. Nous ne relèverons plus cette particularité, pour ainsi dire habituelle dans M.* — 3. *M diffère et abrége quelque peu* : .... laidicte fontainne dont .iiij. grant toriaulz tirent hors l'iawe en doux lui, laiquelle yauwe se rapant. .,

f° 5o qui est en ladicte maison, si come || l'en y entre a main destre, lequel lieu est appellé « oratoire ». Illec se baignent moult de gens par devocion, tant chrestiens comme sarrazins.

232. Dedans cellui beau jardin ou le baulme croist, est encore le figuier de Pharaon portant fruit et feulles chascun an ; ouquel figuier, c'est assavoir en la tige qui est moult grosse et creuse [1], se caicha Nostre Dame et son cher enfant pour la doubte des gens du roy Herode qui queroient Nostre Seigneur pour occire. Et ont les pelerins tant cospé d'icellui figuier par devocion que la tige est a present partie enlevée tout oultre [2]. Le fruit que icellui arbre porte naist au contraire des autres arbres, excepté que des figuiers de Pharaon, que les figues naissent es cuisses et es branches, ainsi comme se on les y avoit fichées.

LE CAIRE

233. Le lundi ensuivant, .xxij[e]. jour de novembre, devant la minuit, partismes dudit lieu de la Moiteria pour venir au Caire. Et venismes au Caire, c'est assavoir ou hauberge qui est près de l'ostel au grant drugement, ung peu devant soleil levant, combien que dès la fonteine

---

1. *M* : dedant celui figuien, qui adont estoit ung poc bouwés, se boutait lai doulce Virge..... *Du partic.* bouwés *rapprochez le subst.* bosve *(M :* bouwe*) des §§ 209 et 244, que l'éd. moderne avait lu* bosne *et interprété par* « borne, limite, endroit ». — 2. *P semble avoir ici tronqué le texte original ; M comble ainsi la lacune :* Cest figuies que en celui temps n'estoit pais bouwéz tout oultre, est maintenant tout persiéz ; car lez crestient ent ont tant tailliéz per devolcion et taillent encor que on y puet bien paisser lairgemant. Si devés savoir que cest figuis porte frus et fulle (*au Ms.* frulle) aulci frechemant comme c'il n'eust que vingt ans qu'il fuit estés planteit. Et est veriteit que le frut....

Saincte Marie jusques a l'entrée du Caire n'a que environ deux lieues. Mais le Caire est une cité si merveilleusement grande et si merveilleusement peuplée de Sarrazins, et si y a assés d'aultres gens que nul ne le pourroit croire s'il ne l'avoit veue. Et sachiés que nous meismes le tiers de la nuit a chevaulchier sur nos asnes dès l'entrée du Caire jusques a nostredit herberge, qui est environ ou ung peu plus que my voie du Caire et de Babilonie. Et la cause pourquoy nous y entrasmes par nuit, si est pour ce que nulz‖ Sarrazins ne nous feissent empeschement, et si n'eussiens peu passer par les rues pour le grant peuple qui y est, s'a grant peine non. Et vous certiffions que, a nostre advis, se nous y eussions entré au point du jour, nous ne fussiens pas venus a nostredit hauberge qu'il n'eust esté nuit sarrée tout avant. Avec ce que celle cité est si grande et si merveilleusement peuplée, elle est tres-bien maisonnée selon l'usage du pays, et y a tresgrandes et tresbelles maisons, et n'y a toit de maison qui ne soit plat dessus sans frestes, et sont couvertures de terraces bien faictes. Au surplus elles sont bien faictes de bois, de pierres et de telz matieres ou près comme plastre ; elle est trop mieulx maisonnée que nulle aultre cité que nous ayons point veue ou chemy [1].

234. En celledicte cité a, si comme il nous fut dit pour verité, .xij^m· eglises de Sarrazins que l'en appelle « muscas [2] », esquelles ilz font et dient leurs devocions. Et sont moult nettement tenues et gouvernées et moult grandement alumées de belles lampes, non obstant que dedans

v°

---

1. *M abrége ainsi la fin du §* : .... *masonnée selong le paiis et muex que nulle citeit que nous aiens veut au chamyn.* — 2. *M* : *En cest citeit, si comme il nous fuit dit, ait* .L^m· *oratoire de Sairaisin qu'i apellent* « muscat » *on* « musquia ». *Ce nombre de* 50,000 *mosquées, ou même celui de* 12,000 *donné par P, dépasse de beaucoup la vérité ; le Viaggio est plus circonspect, se bornant à constater que* sarebbe troppo lungo a narrare le chiese de' Sarraceni, che si chiamano « moschete » (p. 27).

ycelles oratoires n'a nulles painctures ne ymagineures ne riens paint fors que tout blanc partout; et au remenant elles sont bien faictes de marbre a beaux portaulx. Et y a de telles eglises qui sont moult grandes et moult belles, et semblent estre belles eglises de chrestiens; mais toutes voyes nulz chrestiens n'y osent entrer pour la doubte des Sarrazins qui ne les y veullent souffrir [1].

235. Et sachiés que ainsi come au Caire a .xij^M. muscas, ainsi y a, si come il nous fut dit .xij^M. estuves qui servent a iceulx muscas, a chascun muscat son estuve [2]. Et dient que nul sarrazin n'ose entrer ‖ en leur horatoire puis qu'il a habité a femme charnellement, qu'il ne soit avant lavés et estuvés, car leur loy le commande a ainsi faire. Et, pour ce, les plusieurs se vont laver en icelles estuves, et especialement les riches; et les povres gens se vont laver en la riviere. Et sachiés que nous les veismes laver; mais ilz se lavent moult dehonnestement et devant les gens [3].

f° 5r

236. Item, encor nous fut certiffié que en icelle cité a bien .lx^M. cabaretz, ce sont lieux et estaux ou les viendes cuictes sont vendues.

237. C'est grant noblesse a veoir la grant quantité des belles fonteines qui sont parmy celle grant cité, et parellement des beaux jardins et des beaux arbres qui y sont.

238. Sachiés que le Soudam qui est seigneur d'Egipte,

---

1. *M abrége sensiblement la fin du §*: au remenant elle sont bien ouvrée de maibre et de plussours collour fait en plussours ouvraige que c'est mervelle; et en i ait de soulz qui a mervelle sont biaulz. Et dedant yceulx muscait n'osent entrés nulz crestiens. — 2. *Voy. la note avant-précédente*; M : .xlv. astuves, de coy lai plus grant pairtie sont joignant au muscat de Sairaisin.— 3. *P présente ici une lacune que la version messine permet de combler*: § 235. bis. Item, il nous fuit certifier per nous truchemant que en celle citeit ait per droit nombre .c^M. chamois que chescun jour ne font aultre servixe que pourteir yauwe en ostelz per lai ville, lai on il besoigne. Et en veriteit c'est chose bien et croire, car en alljant per laidicte citeit on en voit tent aller ad venir que c'est mervelle, apourtant ycelle yauwe en grant buge de queur.

LE SAINT VOYAGE DE JHERUSALEM 64

de Surie, d'Arrabe et de Mecha vers Inde et autres terres estranges, est le plus du temps en celledicte cité du Caire; et est sa demorance en ung tresgrant, tresfort et tresnoble chastel assiz en descendant des montaignes. C'est grant noblesse a veoir par semblant du beau palaix et du noble ouvrage qui est en cedit chastel. Et tout devant cellui chastel a une moult grant et belle place vuide, longue et large et unie ; et est entre le chastel et la cité.

239. Et devant cellui chastel atenant de ladicte place et ainsi dedans ladicte cité, assés près de la, sont les monumens des Soudans, qui sont fais a maniere de belles et grans chappelles ; laquelle chose est merveilleusement noble chose a veoir, mais c'est grant noblesse du muscat du Soudam qui tient a celledicte place a main senestre [1].

240. En celledicte cité veismes plusieurs bestes estranges a veoir : c'est assavoir .vj. olefans, deux mout grans, deux moyens et deux petis [2]. Et sachiés qu'il y en a ung par

1. *M amplifie et répartit d'une façon différente le détail de la description de la mosquée du Soudan, ainsi :* § 238. Et i'ait en[tre] cest dit chaistelz et lai citeit une grande plaisse longe et lairge et onnie ; et tout près d'icelle plaisse, a main senestre, est ly moscat dudit Soldant, le plus biaulz et le plus mervillous a veoir de longesse, de lairgesse et de biaulteit qui soit, en celle citeit ne nulle pairt, a l'usaige dez Sairaisin. — § 239. Item, dedant lai citeit sont lez monumant dez Soldant, qui sont fait en maniere dez belle chaipelle ; laiquelle chose est mervillousemant noble chose a veoir, ne nulz ne le croiroit et nostre usaige, se il ne le veoit. Et sont lezdit monumant en une plaisse, si comme en mey lui de lai citeit, et lai sont lez chainge de lai citeit. *Ce dernier détail, qui ne figure pas dans P, est intéressant, mais est-il bien vrai? En tout cas, il a bien le goût de terroir :* lez Chainges, as Chainges, *tel était le nom d'une place de l'ancien Metz, dite aujourd'hui place Saint-Louis.*— 2. *La version de M paraît serrer de plus près le texte original :* Item, en laidicte citeit ait pluisours estrainge beste, dezquelz il nous fuit monstrés une pairtie. Premierement nous fuit monstrés .vj. ollifant qui sont du Soldant, c'est aissavoir : .j. grant, .ij. moiens, et .iij. petit, lezquelz sont moult estrainge beste a veoir a ceulx que n'an sont usés. Et saichief que le grant oliphant ait le poils noiraistre...

especial trop plus grans que les autres ; et a le poil noir-
rastre, les oreilles ‖ larges comme ung petit van et moult
deliéez comme ung chien courrant, les yeux a merveilles
petis et rons. Il estoit moult grant et moult haut, et avoit
le col court. Sy ne pourroit advenir a terre pour manger,
pour sa grant haulteur ; mais en son groing il a maniere
d'un bouel qu'il a droictement au bout du groing ainsi
comme ung pourcel [1], qui lui pend jusque près de terre ;
a cedit grand bouel prant icellui olifant sa pasture a terre
et la porte a sa bouche. Et pareillement quant il veult
boire, il emplist cedit bouel de l'eaue que l'en met devant
lui et retourne cedit bouel a sa bouche ; et quant il a beu
a sa voulenté, il laisse cheoir le remenant a terre. Et quant
ycelluy olifant souffle, il retentist par cellui bouel plus
fort que nulle buisine du monde ne porroit faire, et est
celle voix grosse et terrible a ceulx qui n'en sont usagez.
Item, il lui sault de la gueulle deux dents a maniere d'un
sanglier, lesquelles sont tresgrandes et grosses. Et sachiés
que sa grosseur ne sa grandeur ne vous sauriens nous pas
bien proprement escripre, mais la lictiere qu'on lui fait
pour lui gesir a bien deux piez a mains [2] de hault et plus,
et si a bien .xxv. piez de long, et de large environ douze [3].
Icellui grant olifant estoit enchainez par les piez.

241. Item, en ung aultre lieu en ladicte cité nous veismes cinq autres bestes mout estranges et mout sauvages a veoir, lesquelles sont appellées « giraffa [4] ». Icelles bestes sont moult grandes et merveilleusement haultes, et le col trop grandement long, et portent la teste hault ; et nous sembloit a tous que elles eussent bien advenu a prendre

1. *Ce mot* pourcel *n'offre point de sens raisonnable ; la leçon de M* comme ung pot *se rapproche davantage de la version italienne :* un budello quasi fatto a modo d'un corno a sonare *(p. 33).* — 2. main. — 3. *Ces chiffres ne s'accordent pas avec ceux de M :* Et saichief que on lour fait litiere haulte dessus terre environ .v. piedz, dont celle pour le grant olliffant avoit .xv. piedz et plus de long. — 4. *D'après M; P :* gariffa.

leur pasture sur la plus haute lence que l'en suelt [1] porter de present, especialment les plus grandes. Elles ont les deux gembes devant trop plus haultes que celles de darrier ; le poil || ainsi comme a la maniere d'un serf, les *f*° 52 cornes a maniere d'un chevriau d'environ demy pié de long, et les piez comme un serf [2].

CY APRÈS S'ENSUIT LA SERCHE ET LES SAINS LIEUX QUE NOUS VISITASMES EN CELLEDICTE CITÉ DU CAIRE ET EN LA CITÉ DE BABILOINE QUI EST TOUT PRÈS DU CAIRE A UNG QUART DE LIEUE.

242. Premiers, a l'issir hors du Caire pour aler en Babiloine a une eglise de chrestiens d'Ermenie, en laquelle le corps de saint Martin gist, non pas icellui de saint Martin dont nous faisons feste en yver [3]. Icellui corps est assés petitement envaissellez.

243. Et sachiez que icelles deux cités sont juingnant l'une a l'autre ; et en telz lieux y a plus de demye lieue entre deux [4].

244. La cité de Babiloine est moult grant et belle cité, et moult fort peuplée de Sarrazins. En celledicte cité a une eglise en laquelle la benoiste vierge Marie avec son chier enfant Nostre Seigneur Jhesu Crist demora .vij. ans [5]. On appelle icelle eglise Saincte Marie de la Bosve

---

1. D'après *M P* : sceult. — 2. *Ce dernier mot a été raturé, et une main du xvij*e *siècle l'a remplacé par celui de bœuf; l'édition de Troyes porte cerf, qui était la leçon de l'original. M a de même cerfz.* — 3. *Au 11 novembre. M* : dont nous faisson si grant feste, *sans indication de quantième.* — 4. *M est bien plus explicite :* Et devés savoir que lai citeit don Caire et de Babillonne sont joindant ensamblez en aulcuns lui; et puet on veoir a l'antrée de Babilonne lez ancienne murelle, c'est aissavoir de l'une dez porte on il ait .ij. petite tour. — 5. *En cet endroit, M a une croix de pardon.*

pour ce que en icelluy saint lieu a une basse bosve ; et y a moult belle et devoste chappelle [1].

245. Item, tout près d'icelle eglise est le lieu ou les anges chanterent : *Gloria in excelsis Deo, etc.* [2].

246. Item, encore en la saincte cité de Babiloine a une autre eglise que l'en appelle Nostre Dame en la Coulompne, en laquelle ‖ gist le corps de madame saincte Barbe en une aulmaire faicte dedans ung mur, a senestre main en alant vers le ceur d'icelle eglise ; et a par devant icelle aulmaire ung trelis de fer pour garder ledit saint corps [3]. En celle eglise sont moingnes grecz.

247. Encor y a en Babiloine une autre petite eglise si tresdevoste et si tresbelle comme l'en pourroit penser. Et ou pourprins tout joygnant d'icelle eglise est la residance du patriarche. Icellui patriarche fut frere au roy d'Armenie qui morut en France derriennement [4]. Icellui patriarche a la gouvernance des chrestiens Yaccoppites [5] qui habittent par dela, et est moult bonne et charitable personne, si comme l'en dit et ainsi come il le demonstre en certaine maniere, car il fait donner a manger tous les jours a mille povres et plus.

248. La cité de Babiloine siet sur ung fleuve qu'on appelle le Nil, qui est moult grosse riviere et large [6]. Ce fleuve vient de Paradis terrestre, et passe par la terre Prestre Jean, et vient passer par Babiloine, et chiet en mer assés près d'Alixendre. Cedit flun vient ainsi comme d'entre orient et midi, et est trouble et blanc plus que n'est le flun Jourdain. Ainsi passe il tout par delez le

---

1. *M* : Et apelle on celui lui Nostre Damme de lai Bouwe, pour ceu que ledit saint lui est en une bouwe on il ait une moult devolte et moult belle chaipelle. — 2. *Luc. ij, 14* : *G. in altissimis D.* — 3. *M* : une trullie de fer pour gairder lou corps saint, etc., *sans plus*. — 4. Ce détail d'histoire ne se trouve pas dans *M*. — 5. *M* : dez crestient Jaicobin. — 6. *M*: moult grosse rivier et tout jours est trouble.

Caire¹. Et sachiés que cedit flun abreuve et arrouse la plus grant partie du pays d'Egipte, et, quant il est trop hault, ilz ne peulent riens ahaner.

LES GRENIERS PHARAON

249. Le mercredi ensuivant, .xxiiij^e. jour de novembre, partismes, nous quatre et non plus, du Caire, ung drugement avecques nous qui estoit appellez Cocheca²; et passasmes le flun du Nil atout .iv. asnes tondus, beaux et grans, pour aler veoir les greniers Pharaon qui sont quatre lieues oultre Babiloine d'aultre part le Nil³. Et est le chemy assez hayneux a y aler⁴, ‖ pour ce qu'il fault passer eaue a barques en plusieurs lieux. Neantmoings il semble a ceulx qui sont en Babiloine que iceulx gregniers soient tous près d'ilec, mès non sont. Et moult y a d'iceulx greniers amont et aval le Nil, que l'en peult veoir de moult loing; mais illec ou nous fusmes, n'en a que trois qui sont assés près l'un de l'autre. Verité est que quant nous feusmes venus jusques a iceulx greniers, il nous sembla estre la plus merveilleuse chose que nous eussiens encore veue en tout le voiage, pour trois choses seullement. La premiere fut pour la grant largesse qu'ilz ont par le pié de dessoubz, car ilz sont quarrez de quatre quarres; en chascune quarre peut l'en trouver .ix^c. piez mesurez et plus. La seconde, pour la grant haulteur dont ilz sont, et sont ainsi comme a la façon d'un fin diament, c'est assavoir treslarges dessoubz et tresagu[s] par des-

---

1. *La fin de ce § manque dans M, qui a, en outre, fortement réduit le commencement.* — 2. *A propos du nom du truchement, fourni par le seul ms. P, il peut être intéressant de signaler que le récit italien donne ce même détail à la même occasion :* il nostro turcimanno.... avea nome Saeto *(p. 25).* — 3. *M supprime dans cette phrase tous les détails proprement personnels. On rencontrera plus bas d'autres cas de cette omission systématique.* — 4. *M* : ennoieulx chemyn.

sus [1]; sachez que ilz sont si treshaulx que, se une personne estoit au dessus, a peine pourroit il estre apparceu : neant plus que une corneille ne sembleroit il estre gros ne grant. La tierce chose fut pour les tresnobles et gros ouvrages dont ilz sont fais de grosses et grandes pierres taillées bien ; et qui pot avoir puissance d'en tant amasser illec, veu qu'il n'en a nulles ou pays, et d'icelles pierres si noblement asseoir comme elles sont. Et veismes adont que sur l'un d'iceulx gregniers, ainsi comme ou milieu en montant, avoit certains ouvriers massons qui a force desmuroient les grosses pierres taillées qui font la couverture desdits greniers, et les laissoient devaller a val [2]. D'icelles pierres sont faitz la plus grant partie des beaux ouvrages que l'en fait au Caire et en Babiloine, et que l'en y fist de long temps : et nous fut juré et certiffié par icellui drugement qui illec estoit ‖ avec nous et par autres ainsi, que ja estoient mille ans passés que l'en avoit commencié a escorcher et descouvrir iceulx greniers, et si ne sont que a moitié descouvers : et ja pour ce ne pleut ne ne pleuvra dedans, car c'est trop noble massonnage, et fault qu'il soit moult espès [3]. Ainsi nous fut il dit que en celles pierres que l'en descent d'iceulx greniers, le Soudan y prent les deux pars du proffit qui en ist, et les massons

1. *M* : Et sont de .iiij. quairur chescune, de lai prope faisson d'ung diamant de noble taille c'est aissavoir diamant . *Le copiste a laissé ici un blanc, n'ayant sans doute pu lire cet endroit de son original.* — 2. *Tout ce passage est modifié par M qui suit un ordre un peu différent* : De lai haultour ne sairiens nous pairleir, for que tent s'i alvoit une homme tout on plus hault, a poinne sambleroit il estre une corneille et ceu quil le regairderoit de baix. Et en veisme une experiance par ouvrier maxont qui estoient enci come en mylui, qui lezdit grenier escourchoient pour panre lez noble pierre, mais a poinne lez poiens nous veoir. — 3. *M* : Et nous fuit dit et jurier en certifiant lai veriteit que jai estoit .m. ans passés que l'en ne finait d'escourchiés lezdit grenier, combien que enjusquai aultre .m. ans n'auront il mie fait. Et nous fuit dit que celle pierre que on prant en cesdit grenier, li Soldant il prant...

l'autre tiers [1]. Et sachiés que iceulx massons qui icellui grenier descouvrent et qui n'estoient que ainsi comme ou milieu en montant, que a peines les povons nous apparcevoir [2], et n'en sceusmes riens jusques nous veismes cheoir les grosses pierres comme muiz a vin que iceulx massons abatoient, non obstant que nous oyens bien les cops des marteaux, mais nous ne saviens que c'estoit [3].

250. Vous devés savoir que cesditz gregniers sont appelez les « Greniers Pharaon »; et les fist faire icellui Pharaon ou temps que Joseph, le filz de Jacob, fut tout gouverneur du royaume d'Egipte, par l'ordonnance d'icellui roy. C'estoit pour mettre et garder fromens pour ung chier temps que icellui Joseph avoit prophetizé estre a venir ou royaume d'Egipte, selon le songe d'icelluy roy Pharaon, si come il est escript plus amplement ou texte de la Saincte Escripture [4].

1. M remplace la fin du § par la phrase suivante : Et a dire voir, tuit lez boin ouvraige de piere que on fait en Babilonne et au Caire viennent de ceul grenier. — 2. Voy. ce qui est dit à la note 2 de la page précédente. — 3. Cette description des Pyramides est sensiblement différente dans M qui, indépendamment des leçons variées reproduites en note, a abrégé et condensé le tout. — 4. Contrairement à son système, le copiste de M entre ici dans un grand détail des faits (en quoi il se rencontre avec la relation italienne, p. 30), ce qui ne l'empêche pas néanmoins de renvoyer à la Bible ceux qui demanderaient un récit « plus clair ». La citation suivante permettra au lecteur d'apprécier jusqu'à quel point cette réserve est justifiée : Vous devés savoir que ces grenier dont je pairolle, que .i. roy que ot nom Pharaon les fist faire pour mettre formant et aultre bleif a gairnisson, après ceu que ledit roy Pharaon oit songier qu'il veoit en son dormant .vij. vaiche graise et .vij. maigre ; donquelz songe le boin Joseph, le boin prophette, filz de Jaicob, qui pour celui temps estoit en lai prison dondit roy san cause, li exposait celui songe, en certifiant lai veritett que lez sept vaiche graice que le roy avoit veoit en son dormant, que ce estoit signifiance qu'il seroit .vij. année, toute l'une après l'aultre, multiplieuse de tout bien ; et lez .vij. vaiche maigre signifirent qu'i seroit .vij. annéez que nul bien ne naisseroit sus lai

251. Tant qu'est a parler d'iceulx greniers par dedans, nous n'en pourriens proprement parler, car l'entrée dessus est murée et par devant sont tresgrosses tombes ; et nous fut dit que illec est le monument d'un Sarrazin. Celles entrées furent murées pour ce que l'en y avoit coustume de faire faulces monnoyes. Et tout bas sur terre a ung pertuis, ouquel nous fusmes moult avant par dessoubz icellui grenier, et n'est pas du hault d'un homme. C'est ung lieu molt obscur et mal flairant pour les bestes qui y habittent [1].

f° 54 252. ‖ Cedit mercredi mesmes partismes d'illec, et retournasmes au giste au Caire, environ souleil couchant.

253. Le jeudi ensuivant, xxv^e jour de novembre, feismes nostre pourveance pour aller a Saint Anthoine et a Saint Pol des desers d'Egipte, et avec ce loyasmes une barque pour aler dessus.

254. Le vendredi ensuivant [2], partismes de Babiloine, et entrasmes en celledicte barque pour aler oudit voiage de Saint Anthoine et Saint Pol, et alasmes au contremont dudit flun du Nil, et arrivasmes a Saint Anthoine sur le Nil le sabmedi ensuivant.

SAINT ANTHOINE SUR LE NIL

255. A Saint Anthoine sur le Nil a belle petite eglise dedans ung grant pourprins tout clos et bien fermé de murs a maniere d'une forteresse ; et si y a atenant de ladicte eglise, une tour de retrait. Sy sont leans en celle

---

terre, se bien poc nom : de coy ledit roy fist faire grenier pour amplir dez bien encontre lez .vij. malvaisse annéez ; et en fuit maistre et ordeneur le boin Josseph, ensi com li Escripture de lai Bible le tesmoigne et dit plus cleiremant. (*Gen. xlj.*)

1. *Le § 251 manque dans M.* — 2. *M donnne le quantième :* le vanredi . xxvj^e. jour dudi moys de novembre.

abbaye bien .xxx. freres demorans, faisans le service de Nostre Seigneur, et semblent estre moult bonnes et devostes personnes. Et a de Babiloine jusques illec deux bonnes journées, mesmement quant il fait bon vent [1].

256. Sachiés que illec fut la premiere habitacion de monseigneur saint Anthoine quant il fut premierement hermite. C'est mesmes cellui saint Anthoine que nous appellons saint Anthoine de Vienne, qui pendent le temps qu'il habitoit illec comme hermite, Nostre Seigneur Dieu lui demanda par ung ange qu'il alast habiter en ung autre lieu, car celle place estoit trop delectable pour fere penitance telle comme il appartient a vie d'ermite, et trop près de gens et sur la riviere. Adont se departit monseigneur saint Anthoine d'icellui lieu, et s'en ala habiter es desers loing de sa premiere habitacion environ trois bonnes journées.

257. Le lundi ensuivant, xxix° jour de novembre, partismes de Saint Anthoine sur le Nil, et montasmes tous sur chamois qui nous furent admenez et administrés par nostre drugement; || et alasmes tout cellui jour par desers jusques a la nuit [2].

258. Le mardi ensuivant, alasmes oultre tout le jour es desers.

259. Le mercredi ainsi alasmes oultre tout le jour; et cellui jour mesmes veismes en iceulx desers deux grans ottrusses trotter, et estoient de plume noire [3].

260. Le jeudi, ij° jour de decembre, venismes a l'abbaye ou fut la seconde habitacion de monseigneur saint Anthoine es desers d'Egipte.

---

1. *M intervertit l'ordre des phrases et rapporte le début du § 256 : Illueque fuit... hermite. au § 255.* — 2. *M diffère pour la fin : et montasme sor chamoix, lezquelz sont mal graicioulz, penauble et anoieux a chevalcher; et aresme tous celui jour jusquais a soloil mussant per lez desert.* — 3. *M ne fait pas mention de la rencontre des autruches.*

261. Sachés que illec a belle, bonne, forte, et grande maison, et bien close de bons murs, haulx et espès comme forteresse ; et leans a tresbelle eglise et moult devoste, et moult belle demorance pour les freres et pour loger les pelerins quant ilz viengnent la. C'est grant noblesse de veoir le beau lieu et noble qui y peult estre, et le beau jardin et la belle et bone fonteine qui est dedans et qui sort par aval ladicte maison et abbaye. Et a dire verité, le lieu y est trop plus bel et trop mieulx ordonné en toutes choses qu'il n'est a Saincte Catherine [1], excepté que l'eglise n'est pas si belle d'assés come est celle de Saincte Katherine, combien qu'elle est belle et devoste [2]. Quant au jardin c'est belle chose a veoir icellui ; et, avec tout ce, tout y est tresbien ordonné et labouré, et verdoiant d'arbres et d'erbes qui moult resjoissent quant on les voit en si desert lieu, car le lieu est aussi desert ou plus come a Saincte Katherine [3].

262. Dedans cestedicte abbaye sont residens et demorans cent freres et plus, lesquelz mainent tressaincte et tresbonne vie, car en nul temps ilz ne boivent vin ne jamais ne menguent char ne poisson, ne vestent [4] draps de lin. Et en verité ilz monstrent bien qu'ilz soient

f° 55 bonnes gens, car ilz || font tresbonne chere aux pelerins et leur donnent ce qu'ilz pevent recouvrer de vivres tresvoulentiers et sens riens demander. Iceulx freres dont nous

---

1. *M précise les termes de la comparaison* : tout y est si bien ordonnés qu'il i ait plus belz lui, .c. pour ung, qu'il n'ait a Saincte Kaitherine et plus belle abaye, excepteit que... — 2. *M ajoute des détails intéressants* : excepteit que l'esglise n'est pas si belle comme est celle de Saincte Kaitherine, ne li lui si digne; car on mon de Signaÿ et a Saincte Kaitherine et on propis fuit Deus li tout poissant devant l'Incarnation, si comme j'ait dit devant (§ 193), et anci le tesmoingne lai Saincte Escripture de lai Bibia. Mais au remenant tout li lui est plus belz, car lez gerdin de leans, c'est aissavoir de Saint Anthone, est si tresbelz et tresbien ordonnéz... — 3. *M a abrégé les détails de la description relative aux fontaines et aux jardins.* — 4. vestent *d'après* M, P *donnant à tort* vestiront.

parlons, sont chrestiens Yaccoppites[1], car ilz sont circoncis et puis sont baptisés come nous, et chantent et font le service tresdevostement en leur langage ; et ne font point le service de Nostre Seigneur selon nostre usage ne selon l'usage des Grecs, mais ont autre usage differant auques semblable aux chrestiens de la terre Prestre Jehan[2], si comme les aucuns nous distrent.

263. En cestedicte place demoura moult grant temps monseigneur saint Anthoine de Vienne, et jusques a tant qu'il lui fut revelé par l'ange Nostre Seigneur qu'il y avoit ung autre hermite en cellui pays qui avoit non Pol. Ce Pol la fut le premier hermite[3]. Adont se partit monseigneur saint Anthoine de sondit hermitage, et s'en ala par les desers serchant et querant ce preudomme saint Pol, et grant temps le quist que trouver ne le pot ; et en la fin monseigneur saint Anthoine trouva ung pourcellet, lequel le mena jusques au lieu ou icellui saint Pol faisoit sa penitance. Lequel lieu est oultre l'abbaye une grosse et penable journée ; et, a nostre advis, en toute la serche que nul pelerin face oultre mer, l'en ne trouveroit autent de chemy si desert ne si estrange come est le chemy de l'abbaye de Saint Anthoine et de Saint Pol. Et en faisant icellui chemy, fault passer une montaigne qui est plus près de Saint Pol que de Saint Anthoine, laquelle montaigne est de si grant haulteur qu'elle nous sembla estre assés et trop plus penable que la montaigne de Sinaÿ.

1. *M* : crestient Jacopin, *comme déjà § au 247.* — 2. *M mentionne tout au long l'* « usage differant » *indiqué par P comme étant propre aux* « chrestiens de la terre Prestre Jehan ». *Voici en quoi consiste cet usage d'après notre ms.* : crestient Jacopin.... on tout aultre usaige differant si come de lour servixe qui est plus long et des adornemant et langaige differans aul autres christiens ; auisi quant il font le signe de lai Croix, il le font a ung doy tant seulement, c'est aissavoir don premier doy tant soullemant de lai main destre, non pais don poichat. — 3. *M ajoute* : et pour ceus le nomme l'Escripture saint Pol premier hermite.

264. Outre celle treshaulte montaigne, grant piece tout oultre le pié de ladite montaigne d'aultre part, bien près de la Rouge mer, est l'abbaye ou monseigneur saint Pol, premier hermite, demoroit. Celle abbaye est tresbien close et bien fermée de bons murs haulx et espès, tout ainsi comme une bonne forteresse, excepté qu'il n'y a nulz fossés par dehors. Et est l'entrée d'icelle abbaye par devers icelle Rouge mer.

265. Vous devez savoir que icelle Rouge mer depart le chemy de Saincte Katherine et de Saint Anthoine et Saint Pol, car au partir du Caire en alant vers orient, a la senestre partie d'icelle Rouge mer Saincte Katherine est; et de l'autre partie de celle Rouge mer, a la main destre, sont iceulx sains lieux de Saint Anthoine et Saint Pol.

266. En celle abaye de Saint Pol sont bien soixante freres demorans, lesquelz, a nostre advis, sont tous parelz aux freres de Saint Anthoine, c'est assavoir de bonté et d'abiz; car ilz nous firent tresbonne chere, et nous receurent moult doulcement et benignement, et nous appareillerent a menger hastivement de telz biens come Dieu leur avoit prestés [1]. Et toutes voyes il estoit environ minuit quant nous entrasmes et venismes a la porte d'icelle abbaye, mais ces bons freres se leverent la plus grant partie, et estoient si diligens de nous servir, et de nous appareiller chauldes viendes comme ce chascun d'eulx deust gaengner cent ducatz [2].

267. En celle dicte abbaye a belle petite chappelle,

1. *La version messine est quelque peu abrégée* : Et auci firent ils tresbonne chiere au pellerin, a nous donnont moult liemant a maingier dez viande que Deus lour avoit donneez. Et toutefoix vous fait je aissavoir qu'il estoit environt mienuit... — 2. *M place ici la phrase* : En celle abaye demourasme nous toute la neut jusquas a l'airbe du jour, *qui fait partie, dans P, du § 271. Après quoi M reprend* : Item, je vous fait aissavoir que en cist maxon ait une tresbelle chaipelle....

laquelle est bas en devalant plusieurs degrez dessoubz une roche : illec demouroit saint Pol en faisant sa penitance, car autre habitacion n'y avoit que la roche pour cellui temps [1].

268. Quant monseigneur saint Anthoine eut trouvé a l'aide du pourcellet le bieneuré saint Pol, ne retourna mie a son devantdit hermitage, ains demora tout quoy avec saint Pol soubz celledicte roche; et illec leur envoyoit Nostre Seigneur chascun jour le pain du ciel par ung corbeil, dont ilz estoient eulx deux repeuz. Ainsi demorerent ces deux sains hermites moult longuement, et tant que saint Pol morut [2]. Si l'ensevelit saint Anthoine a l'ayde d'un lion qui illec vint pour lui aidier a enterrer et a fere ||la fosse du benoist saint Pol [3]; et est la sepulture en icelle chappelle soubz ladicte roche, a la senestre partie du grant autel, en ung anglet.

f° 56

269. En celledite abaye a tresbel jardin et tresbelle fonteine, et beau lieu et bien ordonné nettement.

270. Et vous faisons savoir que icelles trois abbayes, c'est assavoir de Saint Anthoine sur le Nil, de Saint Anthoine des Desers, et de Saint Pol et Saint Anthoine dont nous parlons, sont toutes trois obeissans a ung seul abbé, et semblent estre tout ung. Et quant iceulx freres sont a l'eglise, ung chascun d'eulx porte une potence en sa main, ainssin bien les jeunes que les vieulx ; et ainsi le font icelles trois abbayes en faisant le service de Nostre Seigneur [4].

1. *M est plus explicite* : ... penitance; ne al celui temps n'avoit en celui lui nulle habitacion, ains demouroit le boin saint sans maxon et sans grainge desous celledicte rouche. Aulci vous fait je assaivoir que quant le benoit saint Anthonne olt trouvés... —
2. *M* : Et demourait celle compaingnie de ces deux saint long temps ensamble, jusque tant que lai mort lez depertit. Si morut saint Polz devant, et l'ansevelit saint Anthone... — 3. *M ajoute* : et aidait ledit lion a faire lai fosse et a mettre le corps saint en terre. —
4. *Après ces mots* : et anci en toute lez .iij. esglise, *qui ré-*

271. Apprès que nous eusmes visité icellui saint lieu et que nous y eusmes esté depuis la mienuit jusques au matin a heure de prime, apprès le service [1], si partismes d'illec, cedit vendredi, iij⁰ jour de decembre [2], et repassasmes la montaigne, et montasmes sur nos chamoix qui nous attendoient, et retournasmes au giste à Saint Anthoine des Desers.

272. Le sabmedi ensuivant .iiij⁰. jour de decembre [2], apprès ce que nous eusmes bien visité le saint lieu de l'abbaye de monseigneur Saint Anthoine des Desers et que la messe fut celebrée, nous partismes d'illec et venismes gesir es desers [3].

273. Le dimenche ensuivant .v⁰. jour de decembre [2], alasmes tout oultre tout le jour par desers.

274. Le lundi ensuivant, jour de feste saint Nicolas, alasmes oultre tout le jour par desers jusques a environ heure de vespres que nous venismes arriver a Saint Anthoine sur le flun du Nil. Et cellui soir mesmes rentrasmes en nostre barque qui illec près nous avoit attendus, pour retourner en Babiloine.

275. Sachiés que ce voyage dont nous parlons n'est pas si seur come est le voyage de Saincte Katherine, car il y a a present par celledicte riviere du Nil tant d'Arrabois robeurs qu'a peine y peult nul passer qu'il ne soit desrobés. Et advint que le temps pendent que nous estions alez par les desers ou saint voyage dessusdit, comme dit

---

pondent à la phrase finale de P, M ajoute le commentaire suivant : de coy celle potence represant lai mort auci tost au jonne comme au viez.

1. *Voy. la note 2 du § 266.* — 2. *Nous rectifions l'erreur du quantième, qui revient pour trois jours successifs dans le ms. P, lequel donne respectivement au vendredi, au samedi et au dimanche la date du 2, du 3 et du 4 décembre. M n'a pas commis cette erreur; voy. à la note suivante.* — 3. *M resserre en deux lignes les §§ 271 et 272* : Vanredi, tierc jour de descembre, pertisme de Saint Polz et venisme au giete a Saint Anthone dez Desers.

LE SAINT VOYAGE DE JHERUSALEM   75

est dessus, il y ot unze barques, c'est assavoir vaisseaulx de Sarrazins[1], prins et desrobez par les mains d'iceulx Arrabois robeurs, et y ot plusieurs Sarrazins occis[2]. Par espicial il y ot occis ung des plus grans admiraux que le Soudan eut a sa court, lequel admiral avoit esté envoyez par le Soudam, lui cinquantiesme de chevalliers, pour iceulx robeurs prendre et destruire et en faire justice, mais icellui admiral et sa compagnie furent tous taillés en pieces sans ung seul en eschapper.

276. Et a nous advint que, a la seconde nuit apprès ce que nous fusmes entrés en nostre barque pour retourner en Babiloine, nous fusmes assaillis d'une barque de Sarrazins, ainsi comme ung peu apprès menuit. Et y ot des gens de nostre barque blecés de trait, et par espicial ung chevallier de Picardie, qui estoit nommés messire Pierre de Morqueline[3], ot d'une sayette parmy la teste dont il ot depuis du mal assés ; et d'autres y ot il blecés des marigniers. Et fut adventure que nous ne fusmes fort dommagez, car quant le jour vint qui nous departy, nous veismes nostre barque tresbien lardée de belles flesches en telz lieux y avoit[4].

277. En cedit flun du Nil ou nous estions nagens, habittent plusieurs serpens que l'en appelle « coquatrix », desquelz entre les autres nous en veismes ung tresgrant et hideux, gros comme ung mastin, et long de demie lance ou environ. Ceste beste estoit en une petite islette, tout

1. *M* : lai somme de .ix. vaixiault. *Le chiffre « 11 » étant écrit en toutes lettres dans P, c'est une forte présomption contre la leçon de M.* — 2. *M* : et dont les plussours dezdit vaisselz, barque on gerines, furent ossis. — 3. *P* : de Nébrelines. *Nous adoptons la leçon de M, qui ajoute :* jone homme, qui fuit a celle foy villainnemant blaissiét, car il ot d'une saiete une tienne en lai teste, de coy il ot depuet, advis, malz assés. — 4. *La fin de ce § se lit ainsi dans M* : Et dez aultre en i ot dez blessés assés et duremant, et par especial de nous bairques rués ; mais il nen an chault, car encor en i ait il assés. Et fuit grant avanture que nous n'i eussiens grand damaige, mais li jour vint que nous despertit.

enmy le flun ; et quant nous approchasmes d'elle, elle se bouta en l'eaue ¹. Ceste beste a la bouche plus large la moitié et plus longue que son corps n'est gros ², et porte f⁰ 57 grant dommage aux bestes des Sarrazins, car quant ‖ il peut advenir jusques aux bufles ou aux beufz et vaches sans faillir, il les occist. Le bufle est ainsi gros et grant comme ung beuf ou une vache, et y a pou de differance entre eulx, excepté que le bufle e[s]t communement noir et a cornes en la teste, courtes, grosses et bossues ³.

278. Nous arrivasmes en Babiloine au retour du voyage de Saint Anthoine et Saint Pol, le mercredi jour de la Conception Nostre Dame, .viijᵉ. jour de decembre ; et illec preismes rafreschissement pour avaler en Alixendre ⁴. Et si repreismes illec aucunes de nos choses que

---

1. *M a maintenu le récit plus détaillé de l'original* : En celledicte rivier don Nil on nous estient, habitant plussours serpant que on appelle « cocatrix ». Dont il avint que en retournant, après ceu que nous eussient esteit essaillit per lai maniere devant dicte, que desdit serpant nous veisme plussours et en plussours plaisse. Et en veisme ung, lequel estoit, a nostre avis de tout ceulz que le porent aparsevoir, per especial plus grant que une demye lance et plus gros que ung gros maistin ; layquelle beste don je pairolle, quant nous l'aiparsume, elle estoit sor .j. monciaulz de terre en manier d'une jonchier en celle rivier. Et fyme tiréz lai bairque près, et quant nous fume près d'icelui lui anci comme au giet d'une feme *(sic)*, celle beste se plonjait dedant l'iawe. *Le mot orthographié ici* feme *est une corruption de* fienne *(page 75, note 3). L'un et l'autre sont pour* fenne, *qui se rencontre dans des documents messins avec le sens de « fourche en fer, les branches de cette fourche ». Dans notre texte, le sens de* fienne *s'étend à celui de « carreau, flèche, trait »*. — 2. *M renchérit* : Si devés savor que cest cerpant ait lai bouche plus lairge assés et plus .iij. foy que sont corps n'es de gros. — 3. *M* : Toute foy que il est veriteit que cest buffle ou bufero est ausi grant et ausi gros et plus que une grosse vaiche de nostre paiis ; a poc ait differance d'une vaiche et d'ung bufle, car il sont aiques d'ung grant, et ait (corne) en lai teste cornes plaitez et bossus. — 4. *M arrête ici le § 278.*

nous aviens laissées en garde chex les marchans genevoix en Babiloine.

279. Cedit soir mesmes partismes de Babiloine en nostredicte barque pour venir en Alixandre aval le flun du Nil, et avalasmes tout par devant une partie du Caire sur cedit flun. En venant le chemy du Caire en Alixandre, a si tresbel pays que c'est merveille, plentureux et plain de beaux jardins et d'arbres; et moult y a de village et de grosses villes come Foua, ou nous fusmes le sabmedi ensuivant, xj^e jour de decembre, et puis passasmes par une autre ville que l'en appelle Corion.

280. Nous arrivasmes près de la cité d'Alixandre en Egipte le lundi ensuivant, .xiij^e. jour de decembre, a ung petit village qui est près d'Alixendre environ deux petites lieues françoises. Illec fut chargié tout nostre cariage sur les chamoix du Soudam pour le porter jusques a la cité. Si entrasmes avec les chamoix cedit jour mesmes a heure [1], et fusmes tresbien serchés a entrer dedans a la porte, pour savoir combien nous portiens d'argent et d'aultres choses.

281. ‖ Dedans la cité d'Alixendre est le lieu ouquel la vierge saincte Katherine ot la teste coppée, et de celle place elle fut portée par les sains anges au commendement de Nostre Seigneur ou hault de la montaigne de Sinaÿ [2], comme dit est devant.

282. Dedans celledicte cité d'Alixendre a une grande rue, la plus belle rue et la plus large de toute la cité, laquelle est appelée la rue Saint Marc, car en icelle rue fut martiriziés saint Marc, le glorieux patron des Veniciens.

---

1. *M* remplace par : etc. etc. *la fin de ce* §. — 2. *M rappelle ici un détail de topographie...* : jusquais ou hault de lai haulte montaigne ou il ait pour le moin .xiij. journée, ausi comme j'ait dit devant. (§ 211.)

283. En celle mesmes rue est le lieu ou la chartre estoit en laquelle madame saincte Katherine estoit mise en prison.

284. En celle mesmes rue est le lieu et la place ou les roes furent drecées pour detranchier le corps de la vierge saincte Katherine, et illec sont encor les .iiij. pilliers de pierre de marbre sur quoy lesdictes roes furent drecées.

285. Item, sachiés que en celledicte cité d'Alixendre a plusieurs belles demorances pour les chrestiens estranges, c'est assavoir pour les marchands et pour les pelerins, lesquelles demorances sont appellées « fondiques ». Et y a grant quantité d'icelles demorances, comme le fondique de France, le fondique des Veniciens, le fondique des Genevoix, le fondique de[s] Castellains ou Arragonnois, le fondique des Chippriens, des Napolitains, des Enconnitains, des Marciliains ou Marcelle, des Candiens et des Nerbonnois [1]. Et en icellui fondique de Nerbonne fusmes nous haubergez nous tous pelerins; et en nul des autres fondiques ne peulent estre herbergez les pelerins, pour ce que en icellui fondique a official de par le Soudan, lequel est chrestien, et scet combien il doit rendre au Soudan de treu pour chascun an, et scet combien il doit avoir de chascun chrestian qui entre en Alixendre puisqu'il soit pelerin. Et est appelez icellui official « consulle [2], f° 58 de ‖ Nerbonne et des pelerins. »

286. De l'un des costés d'Alixendre sont les plus beaux et les plus grans jardins que l'en puist veoir, et de l'autre part est la marine [3].

287. Alixendre est grande et belle cité, et si est tres-

---

1. *M diffère quelque peu dans l'ordre et le nombre de ces hôtelleries* : telz comme le fondigo de Venise, dez Genevois, de Caistelain, dez Cipriains, des Napolitant, dez Anconitain, des Marcilizien, dez Condroite, des Marbonoix *(sic)* et des Fransoit. — 2. *M* : consulo *comme* fondigo *ci-dessus; le § 170 présentait déjà* consulo. — 3. *Ce § manque dans M, qui s'est sans doute fait scrupule de répéter le passage identique du § 279. Voy. la note suivante.*

bien fermée de bons et haulx murs et de tresgrosses tours bien defenssables, et belles portes et fortes. On y fine bien de bon vin es fondiques dessus dits [1].

288. Nous partismes d'Alixendre en Egipte la bonne cité, et entrasmes en une nafve pour retorner en nostre pays, le mardi devant Noel, le .xxj^e. jour de decembre.

289. Dont il advint que cedit mardi environ mienuit partismes du port d'Alixendre qu'il faisoit bon temps et bon vent, mais nous ne fusmes mie .vj.^M en sus dudit port que une si grande et horrible fortune se leva soudainement [2], laquelle nous dura le mercredi, le jeudi et le vendredi, vigille de Noel, et jusques au sabmedi jour de Noel qu'i fut jour. En celle malle fortune perdy nostre nafve l'un de ses tymons dont elle estoit gouvernée en partie, et fut renversée [3] nostre voille par plusieurs fois en la marine malgré tous les mariniers. Et quant ce vint le soir de Noel, ung petit apprés mienuit [4], celle fortune nous doubla, et fist si obscur que l'un ne povoit veoir l'autre sur la nafve. Si estiens a celle heure aucques près de terre, c'est assavoir des roches de Chippre environ .xl. milles, qui estoit la chose qui plus nous desconfortoit et les marigniers ainsi. Et en verité il n'y avoit nul qui fist autre semblant fors que si comme celluy qui bien voit devant lui qu'il le || fault morir [5]. Ainsi nous jecta v°

---

1. *Cette dernière phrase n'a pas été reproduite par M, qui a d'ailleurs transporté ce § 287 entre les §§ 280 et 281.* — 2. *P indique la distance, M le temps....* Après mienuit, deux ou trois heure après ceu que lai naive ot faite voile, si grantde et si horible fortune se levait soudennemant que Deus le sceit. *Les deux versions se complètent l'une par l'autre.* — 3. renversse. — 4. *M*: lai neut de Noelz, .ij. reloge passés après mienuit. *Rem. l'emploi du mot* reloge *par synecdoque.* — 5. *M* : por laiquelle chose nulz n'avoit esperance for que de morir, aulci bien et plus lez maronnier comme les pellerin ; car s'il fuist jour, lez plussours se heusse en aulcunes manier reconfortéz.

celle horrible fortune hors de nostre chemy, qui tendiens venir en Rodes, et nous nous trouvasmes près du royaume de Chippre, come dit est [1]. Sy nous advint adont droit au point du jour, dont Nostre Seigneur soit loez et beneiz, qu'il nous saillit un vent de costiere qui nous eslargit ung peu enssus de ladicte terre et roches [2]. Adont le jour se esclarcy, sy congneurent appertement nos marigniers que ils estoient devant l'isle de Chippre, et que illec avoit une grosse ville ou il avoit ung port ou couverte que on appeloit Limesso en Chippre. Et si comme il plut a Nostre Seigneur [3], nous arrivasmes devant icelle ville de Limesso, non pas tout près mais plus bas, environ heure de tierce, le jour de la Nativité Nostre Seigneur, dont un chascun de nous fut moult joyeux et regracia Nostre Seigneur de bon cœur. Et sachez que nous vous certiffions que nous oismes jurer a plusieurs, que par plusieurs fois avoient esté en plusieurs et diversses fortunes sur mer, sur la dampnacion de leurs ames, que onques en nulle fortune qu'ilz eussent eue n'orent si grant paour d'estre periz comme a ceste fois [4]. Or en soit Nostre Sei-

---

1. *Cette phrase manque dans M.* — 2. *M précise davantage* : devers le jour, enci comme environt une heure, il nous saillit ung vant de costier que nous alaijait ung pot de lai terre et nous recullait une grande piece bien environ .xx. M. — 3. *M* : Et lai, per lai graice de Nostre Signour et dont vant, nous arivasme on port de laidicte citeit. — 4. *C'est ici le passage le plus intéressant de la version messine* : Et tant come a moy, JE QUI ESCRIPTS CESTUIT LIVRE, je vous jure que, se mon arme ne soit dampnéez, que je n'ot onque telle paour, combien que aultre foy per lai graice Nostre Signour suis je eschaipés de plus de .xl. fortune orible et espoentauble ; mais en mon esperit ne fuit onke teil paour comme a celle foy dont vous oés raconteit. *On saisit ici sur le vif le procédé par lequel le translateur messin a dramatisé et marqué à son cachet personnel la version originale du pèlerinage du seigneur d'Anglure. Ni dans les pages précédentes ni dans les suivantes ne s'étale en aussi beau jour la naïve impudence du rifattore. Après quoi il reprend le texte* : Or en soit Deus por .c. foy regraiciés, et aulci lai gloriouse virge Nostre Dame saincte Marie, que ung chescuns crestient veulle garder..., Amen.

gneur par cent^m fois louez et regraciés quant il nous delivra de tel peril, et vueille garder et saulver les corps et les ames de tous bons chrestiens par mer et par terre de la main et puissance du Deable d'enfer! Amen.

LIMESO

290. Nous descendimes a terre, c'est assavoir en ladicte ville de Limeso, qui fut jadis moult bonne cité, le dimenche ensuivant, jour de feste de saint Estienne premier martyr, .xxvj^e. jour de decembre. Et sachiés que celle cité de Limeso, qui est la pluspart deshabitée, fut jadis ainsi destruicte par les Genevois pour le temps qu'ilz firent guerre au || roy de Chippre [1], et encore en tiennent f° 59 une moult fort cité et bon port qui est appellée Famagost en Chippre. Au surplus le roy de Chippre joyst paisiblement de toute l'isle de Chippre qui a .vij^c mille de tour.

291. En cette cité de Limeso sejournasmes nous depuis cedit dimenche jusques au sabmedi ensuivant, jour du nouvel an, que a cedit jour le roy de Chippre nous avoit envoyé ung de ses escuiers et avec lui mules [2], chevaux et sommiers pour porter nostre cariage jusques en la cité de Nicossie.

NICOSSIE

292. Celui jour du novel an fut chargez nostre cariage, et montasmes a cheval pour aler en ladicte cité de Nicossie ou le roy estoit. Et adressasmes nostre chemy

---

1. *M modifie et abrège ainsi* : Et fuit cest citeit deserte en cest manier pour le temps de lai guere don roy de Cipre et des Genevoix, et lai destruont lez Genevoix. *Le § s'arrête à ces mots.* —
2. *D'après M* : mule ; *P* : mille.

pour aler en pelerinage droit a Saincte Croix qui est en Chippre, et est la croix ou le bon Larron fut pendus a la destre de Nostre Seigneur Jhesu Crist [1]. Icelle saincte croix est de moult grant vertus, et est merveilleuse chose a veoir.

293. Sachiés que icelle saincte croix en laquelle le bon Larron fût pendus, madame saincte Helene, mere de Constantin [2], apporta et mist en la plus haulte montaigne de tout le royaume de Chippre, laquelle montaigne pour verité est moult haulte et penable a monter.

294. Au plus haut d'icelledicte montaigne a une belle eglise et belles demorances entour. En celle eglise a deux aultelz, c'est assavoir le grant autel de l'eglise et ung autre autel en une chappelle qui est darrier le grant autel [3]. Illec ou cuer d'icelle eglise nous fut monstrez ung des clos dont Nostre Seigneur Jhesu Crist fut cloffichez [4] en la vraye Croix.

295. Darrier ladicte chappelle a une aultre petite chappelle, en laquelle est ladicte saincte croix du bon Larron. Et sachiés que c'est grant merveille que de veoir icelle saincte || croix, car elle est grande et grosse et si se soustient en l'air, sans ce que l'en puisse appercevoir que aucune chose la soustienne, et quant l'en y touche elle bransle fort. C'est merveilleuse chose et belle a veoir.

296. Et si fait moult de beaux miracles dont il nous fut dit, en la cité de Nicossie, d'un chevalier françois demorant a la court du roy de Chippre, qui estoit appelez messire Durant, que lui mesmes l'an mil .iij^c iiij xx et xiij. se partit et print congié du roy de Chippre pour venir en France devers ses amis, et s'en ala icellui chevalier en pelerinage a icelle saincte croix de Chippre. Sy

---

1. *M ajoute la date :* le jour du Boin Vanredi. — 2. *M :* Celle damme sainte Eslainne, empererixe et meir de saint Constantin empereour de Consta[n]tinople, et pourtait et posait en lai plus haulte.... — 3. *Les mots :* c'est assavoir.... grant autel *manquent dans M.* — 4. *M :* closechief.

pourpensa, en faisant sa devocion, de tailler une piece d'icelle croix, et icelle piece mist en sa bource secrettement que nul ne s'en print garde, et entra en une nafve. Dont il advint que quant icelle nafve partit par bon temps et bel, une si grande fortune se leva en mer soudainement qu'il convint retourner icelle nafve au port dont elle estoit partie; et par ainsi advint a icelle nafve par trois ou par quatre fois, et ne savoit icelle nafve partir du port par si bon temps ne par si bon vent que tantost ne se levast une fortune en mer pour laquelle il la failloit retourner au port. Pour laquelle chose ung chascun estoit esmerveillez et esbaÿ que ce povoit estre, et mesmement iceluy chevalier en estoit tresesbaÿ. Si se advisa de la piece de ladicte saincte croix qu'il avoit emblée et adont se fist mettre en la barque de la nafve et voguer a terre, et retourna en l'eglise de Saincte Croix en la montaigne dessus dicte, et illec laissa sa bource de soye et la piece de ladite saincte croix, et s'en retourna a ladicte nafve au plus tost qu'il pot, et entra dedans : et de la en avant se party la nafve d'icellui lieu et port sans fortune ne sans encombrier, et vint en France. Et depuis s'en est retournez en Chippre, et y estoit encor au jour d'uy demorant. De ladicte offense il || demanda pardon au Roy qui lui f° 60 pardonna ; mais le Roy fist adont faire ung gros trelis de fer [1], a quoy l'en ne peult approcher ladicte croix si comme l'en faisoit devant; et si n'est ouvert icellui trelis s'il n'y a aucun de par le Roy. Sy aviens avec nous ung escuier du Roy qui icellui trelis nous fist ouvrir par les freres [2].

297. Emmy icelle croix a une petite croix empée, de la vraye croix Nostre Seigneur Jhesu Crist, sur laquelle

---

1. *M* : trulliez, *comme déjà au § 246*. — 2. *D'après M cet écuyer serait le même que celui qui est mentionné au § 291* : ung dez escuier de pairt le roy que nous guidoit a que nous avoit ameneit lez cheval et lez solmier dessus escrips.

croisette l'en fait certaines bulettes qui portent moult grans vertus par mer et par terre [1].

NISSA

298. Apprès ce nous partismes d'illec environ heure de midi, et alasmes au giste en une ville que l'en appelle Nissa. Illec geusmes en une maison qui est au roy [2].

NICOSSIE
OU EST LA DEMORANCE DU ROY DE CHIPPRE

299. Le mardi ensuivant, .iiij^e. jour de janvier, environ heure de midi, entrasmes en la cité de Nicossie, laquelle est tresbonne et belle cité et grande : et en icelle cité demeure le roy de Chippre plus souvent que en nulle autre bonne ville ne forteresse de son pays.

300. Le roy de Chippre estoit assès bel homme et enlangagiez assés bon françois; sy fist moult grant chiere, et demonstra grant signe d'amour aux pelerins. Car, ainsi come dit est devant [3], tantost qu'il sceut que nous fusmes arrivez a Limeso et que nous aviens desir de le veoir, il nous envoya chevaulx et sommiers pour aller a

---

1. *En tête de ce* §, *M revient sur une des particularités précédemment exprimés* : Si vous fait assaivoir que, ensi come j'ai dit per avant (§ 295), c'est ung biaulz miraicle a veoir comant celle saincte croix, si est grande et grosse, se tient en airs sans ayde de nulle chose que l'an puist apairsevoir. Et ait tout en meylui.... — 2. *M est plus explicite que P* : Illueque ait une maxon et une grande court en l'entréez qui est au roy, et leans gesyme nous, etc. etc. *On a remarqué déjà que P n'indique jamais les suppressions qu'il a pu opérer sur le texte original.* — 3. *Au* § *291*.

Nicossie, c'est assavoir aux Freres mineurs cordelliers [1]; et leans nous fist il apporter des propres litz de son hostel; c'est assavoir des materas de laine pour gesir sus et des tappiz pour mettre entour nos chambres.

301. Le mercredi, .v^e. jour de janvier, lequel estoit le soir des Roys [2], le roi de Chippre nous envoya a tous les pelerins ensemble de present cent pieces de poulailles, vint moutons, deux beufz, quatre ordrix plaines de tres bon vin vermeil, et || quatre chievres plaines de tresbon vin de Marboa, et tresgrant plenté de tresbon pain blanc [3].

302. Le dimenche ensuivant, .ixe. jour de janvier, nous renvoya le roy presens, c'est assavoir cent perdriz, .lx. lievres et .v. moustons sauvages qui estoit moult belle chose a veoir [4].

303. C'estoit ung prince qui moult amoit la chasse, et avoit une petite beste non mye si grande comme ung regnart. Icelle beste est appellée « carable », et n'y a beste sauvage que icelle petite beste ne preigne, espicialment des bestes dessusdictes [5].

304. Au surplus le roy nous fist tresbonne chiere, et nous envoya de ses plus beaux courciers pour aler a sa court devers luy. Et quant nous fusmes tous venus devers luy, il nous receut moult grandement a lie chere, et quant il ot une piece parlé a nous il manda a la royne qu'elle venist en sale. Adont vint la royne en la sale moult noblement et gracieusement acompagnée, c'est assavoir de

---

1. *M ajoute encore ici quelques détails intéressants, omis par P* : Aussy tantost qu'il sot que nous fusme venus en lai citeit de Nichossie, il nous fit baillier logemant a Saint Franssoy a Nichossie, c'est assaivoir au Frere menour. — 2. *M avance la date d'un jour* : Item, le juedi ensuiant, le jour de lai Parucion.... — 3. *M* : san piece de pellaillez, .xx. montont, .ij. bovet, .iiij. chuevre, c'on apelle « cedry », plainne de vin Maruwa, et dont pain blans. — 4. *M ajoute, non sans quelque naïveté* : moult biaul a veoir a ceulx que n'an avoie onque nul veut. — 5. *Le § 303 manque dans M.*

quatre de ses filz et de cinq de ses filles, de chevaliers, de seigneurs et de dames et de damoiselles, et nous salua tous moult gracieusement. La royne de Chippre estoit adont moult honorablement parée, et avoit ung moult noble et riche chappel d'or, de pierres et de perles sur son chief. Ses quatre filz estoient moult gracieusement atournez et habituez. Les cinq filles estoient bien ordonnées, et avoient chascune ung chappel d'or, de pierres et de perles sur leurs testes. Apprès s'en retourna la royne et salua tous les pelerins au departir. Et apprès ce nous mena le roy esbattre aux champs en gibier, et puis retournasmes en nostre logis au giste.

305. Verité est que icellui royaume de Chippre, qui est une isle, est une terre tresmalseine et enferme a gens qui n'y ont || acoustumé d'habiter [1] ; car une maniere de fievres y court qui voulentiers acqueillent les gens, dont l'en ne se peut respasser, se grant adventure n'est.

306. Dont il advint que monseigneur Simon de Salebruche, qui par tous les lieux et voyages dessus diz avoit esté sain et haittiez, fort et viste, et encor estoit depuis qu'il fut retournez de devers le roy de Chippre, comme dit est, une petite fievre le print apprès ce qu'il eut digné en la compagnie et a la table de tous les seigneurs pelerins, le sabmedy .xve. jour de janvier; qui lui durerent trois accès tierces, et au quart luy changerent, et cuidoit estre tout guery. Non obstant il estoit gouverné par le conseil des phisiciens de la cité qui disoient a tous les seigneurs pelerins qui bien le visitoient en celle maladie que mondit seigneur n'avoit nul mal dont mort se deust ensuyr ; et mesmement disoit mondit seigneur aux dessusdiz et a ses gens qu'il ne sentoit de mal se petit non, fors tant qu'il ne pouvoit dormir a son aise. Et le dimen-

---

1. *M ajoute ce détail particulier* : et plus en l'ung dez lui que en l'autre.

che ensuivant .xvj^e. jour de janvier, il fut en trop meilleur point par semblant que encor n'avoit il esté de celle maladie, et ordonna emprunter une littiere pour venir a Limeso avec les autres pelerins qui se devoient partir bien tost, et reposa assés bien icelle nuit. Et quant ce vint le lundi matin ensuivant, le roy de Chippre lui envoia son ordre par ses chevaliers, et il receut l'ordre et les chevaliers moult gracieusement et sagement, et pria aux chevaliers qu'ilz le recommandassent au roy et le merciassent pour lui de son ordre qu'il lui avoit envoyée, après mercia les chevaliers de ce qu'ilz estoient illec venus. Ne demora pas granment après ce que les chevaliers se furent partis d'avec mondit seigneur, que il lui saillit soudainement une douleur en la teste et une challeur si grande que, le mardi environ midi, mondit seigneur rendit l'ame a Nostre Seigneur Jhesu Crist moult debonnairement et doulcement par semblant. Sy prie a Nostre Seigneur qu'il lui face pardon de ses pechés et qu'il reçoive son âme en paradis. Il est mis en terre en l'eglise de Saint François aux Cordelliers de Nicossie bien honnestement, et y a une tombe bien faicte et bien escripte dessus lui, et ainsi ses armes et lui sont painctes ou mur dessus lui, et sa baniere en une lance avec sa cotte d'armes. A son service furent plus de cinquante chevaliers et escuiers tant des seigneurs pelerins comme des gens du roy qui tous l'avoient visité en sa maladie, et mesmement monseigneur l'arcevesque de Terso qui moult debonnairement l'avoit visité et conforté en toute sa maladie. Cellui chanta la grant messe au service de mondit seigneur, duquel Nostre Seigneur Jhesu Crist reçoive l'ame et mette en la compagnie des sains Anges, en laquelle compagnie nous puissiens tous parvenir. Amen [1].

[1]. D'après ce qui a été dit sur l'origine et l'esprit de la version messine, il est naturel d'y voir ce § considérablement abrégé, sans

88   LE SAINT VOYAGE DE JHERUSALEM

307. Nous, les serviteurs dudit feu monseigneur de Salebruche, auquel Dieu pardoint, partismes de Nicossie avec les autres pelerins moult doulens et moult courroucez, comme ceulx qui avoient perdu leur seigneur et leur maistre, le sabmedi ensuivant .xxij°. jour de janvier, et retournasmes au devant dit Limeso pour monter sur une grosse nafve genevoise qui illec estoit au port ; et eusmes tousjours conduit d'un escuyer de par le roi jusques audit Limeso [1].

LE CHEMY POUR VENIR A RODES

308. Nous montasmes sur celledicte nafve pour venir en Rodes, le dimenche matin ensuivant, .xxiij°. jour de

aucun des détails qui lui donnent son caractère propre et un intérêt tout personnel. L'adaptateur mentionne simplement le nom du défunt, comme il eût fait de l'un de ses compagnons de pélerinage, et tourne au plus court pour arriver au récit des obsèques. Il avait ses raisons pour ne pas s'attendrir à la relation émue des serviteurs du comte de Sarrebruck. Voici son texte, dans lequel on relèvera une grossière erreur de date (8 janvier au lieu de 15) : Dont il avint que messire Symon de Sarebruche qui, par tout le voiaige dessus dit, avoit esteit proulz et haistiet et estoit encor quant nous fume dever le roy, tantost le samedi après, .viij°. jour de janvier, le mal dez fuevre le prist, dont il randist l'arme a Deus le merdi .xviij°. jour dondit moy. Prion a Deus que li faice perdont, amen. Le quelz mezsire Symon fuit ensepvelit dedant l'esglise dez Frere menour, et une tombe sor sont mon[u]mant bien faicte et bien escripte, et sez arme a baniere pandue desour: Et a son servixe furent plus de .l. chevaillier et escuier, que de nous pellerin que des gent de lai court du roy, que tu l'avoie moult doulcement visiteir en say mallaidie ; se il fuit ausy l'ercheevesque de Terso qui an semblant maniere l'avoit en sai mallaidie visiteir et amenéz lez phisisien du roy. Si prie a Deus qu'i ait son arme, amen ! *Le détail des médecins du roi amenés par l'archevêque semble appartenir en propre à la version messine.*

1. *Notre adaptateur reste conséquent avec son système de transcription, alors qu'il supprime ici tout ce qui a trait à la per-*

janvier [1], et tantost icelle nafve fist voille, et partismes du port dudit Limeso.

309. Si nous advint que, quant nous eusmes passé le gouffre de Sathalie, nous eusmes vent si contraire que par force il nous convint aler prendre le port du Chastel Rouge, lequel est ou plus hault d'une petite isle qui est près de la Turquie a demye lieue. Et est celle isle et ledit Chastel Rouge de la seigneurie de Rodes.

LE PORT DU CHASTEL ROUGE

310. Et fusmes en cedit port .viij. jours, et au .ix⁰. jour nous en partismes par bon temps. Mais || quant nous fusmes hors d'icellui lieu environ .vj. milles, le temps se rechanga, et cuidasmes retourner cudit port du Chastel Rouge qui est a cent milles de Rodes. Mais le vent contraire ne nous laissa; sy en alasmes au large de la marine, et voltisasmes par trois jours, et au quart nous alasmes a ung port en Turquie qui est appelez l'isle de la Courrans, et n'y habite nully.

311. Illec fusmes nous jusques au xx⁰ de fevrier [2], auquel jour, si comme il plut a Nostre Seigneur, une petite barquette du Chastel Rouge passoit par illec et

fo 62

---

sonalité du véritable auteur de la relation. Il dit donc sans plus : Nous pertisme de Nichossie le samedi...., et retournasme en lai citeit de Lymisso pour monteir...

1. *M indique pour l'embarquement la date du dimange maitin .xxx⁰. jour de janvier, prolongeant à tort d'une semaine le séjour des pèlerins à Limisso.* — 2. *M fait encore ici erreur dans la date, qui donne celle du 24 février. Cette erreur est démontrée par la précaution même du copiste qui identifie le .xxiiij⁰. jour de fevrier avec le jour dez Bure. En 1396, la fête de Pâques s'étant célébrée le 2 avril, le premier dimanche de carême est tombé le 20 février et non le 24.*

menoit sel en la Turquie. Sy feismes tant a iceulx que icelle barque menoient qu'ilz alerent descharger leur sel et retournerent devers nous; sy entrasmes nous dix pelerins en icelle barque et nostre cariage, et nous porta jusques au Chastel Rouge ou il avoit bien douze mille [1].

312. Sachiés que quant icelle barque nous vint a ladicte grosse nafve, nous n'aviens pas tous nos aises, car nous aviens esté trois jours et plus sans boire vin, et si estoient failliz tous nos vivres, passés .iiij. jours, ne nostre patron n'avoit vivres dont il nous peust aidier fors que d'un petit d'eau toute punaise et d'un petit de gravain bescuit plain de vers [2]. Celledicte barque nous vint de grant secours et ayde; sy issismes de celledicte nafve qui estoit de deux couvertes et alasmes en icelle barquette au Chastel Rouge, comme dit est.

313. Illec audit Chastel Rouge nous fist le chastellain, qui est ung des freres de Rodes, tresbonne chere; illec nous rafreschismes de pain et de vin qui nous fist grant confort. Et ainsi comme dit est devant, le Chastel Rouge est ung tresfort chastel, bel et bien assis sur une haulte montagne de roche, toute environnée de la marine; et est a cent milles près de Rodes du costel devers orient. Et sont demorans en icellui chastel bien .lx. conduits de Gregeois qui labeurent et ahanent autour d'icellui chastel, et font le sel rouge sur la marine.

314. Nous partismes d'icellui Chastel nous dix, et en-

---

1. *M abrége la fin de ce §* : en Turquie. Si luasme entre nous .x. celle barquete petite pour nous pourteir a Chaistiaulz Rouge... *Le nombre des pèlerins n'avait pas encore été mentionné dans le cours du récit. Voyez cependant au § 249.* — 2. *M appuie davantage* : aidier de nulle vitaille for que d'iauwe toute punaixe et puant come chairoigne, et de tresmalvais et grevain biscot plain de vers : enci est il et fuit en veretet. *Cette affirmation concorde avec l'expression des doléances qu'un autre pèlerin, de Metz cette fois, devait consigner, quelques années plus tard, dans la « Ballade » publiée à la suite de la présente relation.*

trasmes en ladicte barquette que nous loyasmes pour nous mener à Rodes, le lundi .xxjᵉ. jour dudit mois¹, et passasmes assés près d'illec par une isle que l'en appelle l'Isle de la Pucelle. Illec arrivasmes nous, et y trouvasmes une belle chappellette de Nostre Dame, qui est appellée Saincte Marie de la Pucelle ².

315. Item, d'illec nous venismes en ung autre lieu en Turquie, qui est appellez le Gouffre de Macry ; illec preismes nous eaue doulce.

316. Et après d'illec venismes nous en ung autre lieu en Turquie que l'en appelle la Amasse greique ³, et après d'illec entrasmes ou pelaige pour passer en Rodes.

RODES

317. Ainssin arrivasmes nous en Rodes sur celledicte barquette le mercredi après les Brandons, jour des .iiij. temps et .xxiijᵉ. jour du mois de fevrier ⁴, et y sejournasmes toute la karesme en attendent vaisseil chascun jour ⁵.

318. Tout près de Rodes, a environ deux lieues, a ung tresbel et digne pelerinage, en ung lieu qui est appellé Nostre Dame de Philermes. Ce lieu est en une treshaulte montagne et forte, ou il avoit une tresforte et belle cité ou temps que l'isle de Rodes estoit au gouvernement de

---

1. *M* : Le samedi .xxiᵉ j., *à tort*. — 2. *M* : l'ille du Porcel.... Saincte Marie du Porcelz. — 3. *M* : ung aultre lui que on apelle le cawe Amasse greique. — 4. *M rectifie ici l'erreur de date du § 311* : le mercredi après lez Bure .xxiiiᵉ. jour don moy de fevrier. — 5. *Par contre, M est ici plus véridique que P* : et lai sajournasme nous enjusques au octaive de Paisque, .ixᵉ. jour don moix d'avril. *En effet, cette date, donnée par M, est confirmée par P au § 324. Pour les §§ qui suivent, voy. la fin de la note au § 321.*

l'empereur de Constantinoble, contre lequel les habitans de l'isle se rebellerent contre lui ; et pour ceste rebellion l'empereur donna aux seigneurs, Freres de Rodes, celle *f° 63* isle, s'ilz la povoient conquerre. Lesquelz Freres ‖ demoroient pour icellui temps en l'isle de Chippre, et y estoient venus de la cité d'Acre en Sirie, apprés ce qu'ilz furent dechassés de Saint Jehan de Jherusalem.

319. Quant iceulx Freres vindrent de Chippre en l'isle de Rodes, si l'eurent assés tost conquise par grant traveil qu'ilz y orent, excepté celle forte cité qui estoit en icelle montaigne de Philermes. Devant celledicte cité, furent lesdiz Freres .vij. ans a sieige, et prendre ne la povoient par engins ne par assaulx, par iceulx .vij. ans. En la fin les Freres penserent ung grant malice contre icelle cité ; sy firent tant qu'ilz orent a leur accord ung pastre de grosses bestes et menues [1], qui chascun jour issoient d'icelle cité et rentroient, pour paistre. Sy advint qu'un jour ilz tuerent et escorcherent plusieurs d'icelles bestes, et des cuirs d'icelles bestes se affublerent plusieurs d'iceulx Freres ; et quant les bestes rentrerent en la cité sur le tart, lesdiz Freres, qui estoient affublez d'iceulx cuirs de bestes et meslés entre elles, entrerent en icelle forte cité avecques icelles bestes que nul ne s'en advisa devant qu'ilz furent maistres des portes [2]. Ainsi fut prinse celle forte cité, ou le siege avoit esté .vij. ans devant. Sy la deshabiterent les Freres, pour le grant traveil qu'elle leur avoit

---

1. *Ici encore le traducteur donne à sa version un caractère local et personnel ; après avoir transcrit les mots :* le pestour dez grosse beste [et] menue, *il ajoute le commentaire suivant :* c'est aissavoir le herdey de lai ville, *qui sent bien son crû messin.* — 2. *Le détail de cette ruse de guerre est plus développé dans M, qui suit ici l'original de plus près que P. Nous donnons les passages de M qui servent à combler les lacunes de P....* le herdey de lai ville ; car chescun jour sor le tairt lai herde issoit de lai citeit et poioit rantrés dedant laidicte citeit [li herdeis] san dongier, après ceu que toute lez beste estoient passée. Si avint ung jour, après ceu que le

fait et pour ce que jamais ne fust rebelle; neantmoings encor y a il ung bon et fort chastel [1].

320. Et ainsi comme ou milieu d'icelle cité a une petite eglise bien belle, ou il a deux hermites [2]. Illec en icelle eglise y a une image de Nostre Dame, belle et moult vertueuse, et qui fait moult de beaux miracles, et moult y ont parfaictement grant fience tous les habitans de l'isle, tant les Freres de Rodes comme les Gregois et autres marchans. Aultre habitacion n'a sur celle montagne, fors que encor y a de vielz murs de la cité, et n'a mye si long temps que encor ne veissiens nous, a Rodes, ung homme qui fut au siege devant ladicte cité avec les Freres, et fut nez en ladicte isle [3].

321. ‖ Le jour du Grant Vendredi que nous estiens en l'eglise monseigneur Saint Jehan de Rodes, veismes nous plusieurs belles et sainctes reliques, entre lesquelles nous fut monstrée une espine de la digne Couronne dont Notre Seigneur Jhesu Crist fut couronnez a sa Passion. Sachiés que illec veismes nous appertement bel miracle, car environ midi quant le service fut fait, nous veismes icelle digne espine toute florie de petites florettes blanches, et nous fut juré et certiffié, par gens dignes et de foy, que autresfois avoient veue icelle espine en ung autre jour, laquelle n'estoit point florie, mais estoit noire; et nous

---

pastour fuit acordéz au Frere de Rode, que lezdit Frere si firent tuer et escorchiés plussour des grosse beste; si se firent afubler dez pialz, et quant il furent affubler au muel qu'il porent, il se mirent sor lour palme et entrerent avec lez bestre de laidicte herde....

1. *M ajoute :* et i est demourant pour chaistelain ung des Freres de Rode. — 2. P est encore tronqué en cet endroit, car M ajoute après : on il est .II. hermite, cette glosse : « calogero » greque ; « calogero » valt autant a dire en nostre langaige comme « moinne », *et reprend le récit en ces termes :* Et ses .II. boin homs sont leans demorant en faissant le servixe de Nostre Signour. Illueque en celle eglixe.... — 3. *M ajoute :* et est gentis homme.

affermerent les seigneurs Freres ainsi que ainsi florist elle chascun an au jour du Grant Vendredi [1].

322. Moult y ot ce jour sur l'autel d'autres sainctes et belles reliques et bien envaissellées [2].

[1]. *Ce passage est encore l'un de ceux où le translateur a substitué sans vergogne sa personnalité à celle de l'auteur véritable. Il mérite d'être reproduit, ne fût-ce que pour ses affirmations réitérées, destinées à en imposer dans la suite sur la nationalité des pèlerins. Le voici en entier* : Si vous fais assavoir et vous certefie que le jour du Grant Vanredi nous veysme en l'esglise de Saint Jehan plusour noble relique et preciouse, dezquelle nous veisme, de l'une dez relique et jualz, noble, excellant et delitauble miraicle ; car je vous certefie en dissant veriteit que depuès l'office de lai Messe fait ledit jour, c'est assavoir a droite houre de midi, qu'il nous fuit mostrés li une dez espine de lai saincte Coronne don Nostre Signour Jhesu Cris fuit coronnéz le saint jour de son Crucifiemant. Laiquelle noble et saincte Espine estoit et poioit on veoir toute florie, dont moult de parsone se mervilloie et estoient joieulx de veoir cest noble et notauble miraicle ; car tout ceulx qui lai estoie l'avoie aultre foy veue en aultre maniere, c'est assavoir lai plus grant pertie. Car il est vray que celle saincte Espine est en tout temps de collour noire ensi comme est .t. rainsialz qui est copéz d'ung airbe et guerdéz plussour moy, qui pert sai collour : ainsi est celle saincte Espine, ET ANSI L'AIT JE VEUE AULTRE FOY PER PLUSSOUR VOIE. Mais a celle heure devant escripte, estoit elle tresvirtuousemant florie, dont ce estoit tresrejoïssant miraicle a veoir. Et devéz savoir que per le tesmoignaige dez noble chevaillier, Frere de l'Ospitaulz de Roide, que laidicte sainte Espine dont je pairolle florist tous lez ans et porte flour a heure de mydi le jour don Grant Vanredi, en la maniere si comme devant est dit. *Au reste, tout cet endroit de la relation originale diffère considérablement pour l'ordre suivi dans nos deux mss. M dispose le récit selon les n*^{os} *317, 321, 322 bis (voy. à la note suivante), 318, 319, 320, 324.* — 2. *Sur l'une de ces reliques, M donne les détails suivants, qui comblent une lacune évidente de P (§ 222 bis)* : Item, en laidicte esglise de Saint Jehan nous fuit montrés ung dez denier d'ors l'amperise saincte Eslainne, qui est aissis en ung pomelz de laiton et soldéz di plont, car aultrement ne se lait ledit denier asseoir ne solder. Sor lequelz denier on fait chescun ans plussour bullete de virge sire, c'est aissavoir le jour don Saint Vanredi, en tant que on dit l'office en l'esglise ; lezquelle bullete porteet on plussour vertus belle et noble.

323. A Rodes a bel et notable port, et tout sur cedit port a seize molins a vent qui sont tous d'une route et tous près l'un de l'autre, et ont les plusieurs .vj. volans [1].

LE CHEMY DE RODES JUSQUES A VENISE [2]

324. Nous partismes du port de Rodes pour retourner a Venise le dimenche apprès Pasques communians, .ixe. jour d'avril, l'an mil .iij ^{c} iiij^{xx} et xvj., sur une nafve gouvernée de Grecz, que tous les pelerins avoient louée ensemble sans autre chose y mettre sus que leur voulenté.

325. Sy feismes voille et costeasmes la Turquie grant temps a la main destre, et laissasmes l'isle de Quandie a la senestre : celle isle a .vij^u. de tour, et en sont seigneurs les Venitiens.

326. Apprès passasmes par delez le Taut Saint Ange qui siet en la Morée, et le laissasmes a main destre. Et près d'illec, a deux mille en tournant vers la Turquie, est la bouche de Remotine, ou est ung estroit passage en mer par ou les vaisseaux vont en Rommenie que l'en souloit appeller Grecce. Et près d'illec a vj^c milles fut la cité de Constantinoble ou l'empereur demeure a present. Apprès y est ‖ Pera une forte cité tout devant Constantinoble, f° 64 que les Genevoix y ont fait par force et la tiennent en leur main. D'illec peult on aler, et tout par mer, en Caffa, qui est ung pays ou il fait merveilleusement tresgrant froid en l'iver, si comme il nous fut dit et certiffié par marigniers et marchans qui plusieurs fois avoient esté es

---

1. *Ce § manque dans M.* — 2. *A partir d'ici, le translateur messin, considérant le pèlerinage comme terminé, coupe au plus court, mentionne à peine quelques-uns des ports touchés par les pèlerins depuis leur départ de Rhodes, et arrete brusquement sa copie au passage correspondant au § 338. Nous reproduisons cette relation écourtée à l'appendice II.*

lieux dessusdits, esquelz nous ne fusmes mye, c'est assavoir oultre la dicte bouche de Rommenie.

327. Assés près d'icellui Tau Saint Ange est une montaigne sur mer ou il y a ung hermitage et ung hermite. A environ xx milles près fut jadis la noble cité de Athenes qui est a present toute destruicte, et siet en la Morée. La Morée est ainsi comme une isle de .vij. c mille de tour, environnée de mer excepté environ .v. milles de terre qu'il faudroit cosper, et puis seroit la mer tout autour d'icelle terre. De la Morée est seigneur le Depost qui est frere de l'empereur de Constantinoble, et sont tous chrestiens grecs.

328. Apprès ce que nous eusmes passé ledit Tau Saint Ange et que nous fusmes tout près de Choron, une bonne ville fermée qui est aux Veniciens, le vent nous fut si contraire par .xv. jours entiers que onques ne peusmes passer icelle bonne ville, mais retournasmes arrier jusques a ung port en la Morée ou il a un chastel appellé Vitulo, et illec preismes raffreschissement de vivres.

329. Apprès ce, au chief de .xv. jours refist bon vent pour nous. Si passasmes oultre, et passasmes par près de Modon, une cité devant escripte [1] qui est aux Veniciens.

330. Et tousjours fusmes sur mer sans prendre port jusques au .vj^e. jour de may que, par le vent qui nous fut contraire, nous arrivasmes a une petite isle appellée l'isle de la Monte, qui est a .vj. mille près de la cité de Raguise en Esclavonie. Et d'icelle isle entrasmes les aucuns en une barque, et entrasmes en la cité de Raguise pour avoir raffreschissement de vivres.

331. La cité de Raguise est belle petite cité, les deux pars sur mer ; mais elle est merveilleusement et forment fermée de treshaulx murs, de treshaultes tours, de fossez murez, de marine.

---

1. *C'est-à-dire mentionnée au § 28, où le nom de cette ville est écrit : Modin, comme ci-dessous au § 341.*

332. Et en celledicte cité, en l'eglise de monseigneur Saint Blaise, nous furent monstrées les dignes reliques qui s'ensuivent :

Premiers, en l'eglise de monseigneur Saint Blaise, le chef d'icellui moult noblement envaissellé d'argent. Item, son bras destre avecques sa main, laquelle est encores entiere atout les ongles.

Avec ce y avoit tout près d'illec une huche plaine d'autres reliques toutes envaissellées d'argent moult noblement, desquelles nous obliasmes les noms.

Item, avec ce y veismes cellui digne drap ou touaille sur lequel le bon saint Simeon receut Nostre Seigneur Jhesu Crist entre ses bras, au Temple, le jour de la Purification, quant ledit saint Simeon dist : *Nunc dimitis, etc.* [1]. Et est icellui digne drap moult noblement envaissellé en ung coffre frestré de fin cristal, parmy lequel l'en peult veoir icellui drap tresclerement, et est tresblanc et espès, velus comme sont les ouvrages tissus a haulte lisse en la maniere de Frise qui seroit bien' deliée. Sachiés que ceulx de la cité le tiennent moult chier, et ilz ont bonne cause selon les miracles qu'ilz en avoient veuz appertement, comme ilz disoient, et plusieurs fois, lesquelz seroient trop longs a escripre.

333. Item, en l'eglise des Jacobins de Raguise nous fut montré l'un des dois de monseigneur saint Estienne, et de la vraye Croix || de Nostre Seigneur Jhesu Crist, et plusieurs f° 65 autres reliques de sains et de sainctes, qui estoient tresbien envaissellées en argent.

334. Celledicte cité de Raguise devroit estre subgecte du tout au roy de Hongrie, mais les habitans d'icelle ce sont rebellés contre lui ; si lui payent ses droictures, et sont seigneurs et gouvernent la cité.

335. A Raguise a bel petit port, bien fermé de grosses chaynes de fer. Et tout devant Raguise a un tresfort

---

1. *Luc. ij, 29. Voyez ci-dessus, au § 153.*

chastel sur une haute roche assise joignant a la mer, duquel yceulx citoyens ont la seigneurie.

336. Oultre Raguise a grans montaignes, outre lesquelles est le royaume de Bossene ou il a tresmauvais chrestiens, si comme il nous fut dit, et d'aultre part la mer a senestre main.

337. En venant de Rodes a Venise, laissasmes nous illec environ le royaume de Puille et bien en veismes le territoire ; et apprès y est Enconne.

338. Nous partismes de l'isle de la Monte devant Raguise le mardi .ixe. jour de may, et tousjours fusmes en mer sans prandre port jusques au mardi apprès Penthecouste, .xxiij^e. jour de may, que a cedit jour nous arrivasmes au port de Venise.

339. Et y sejournasmes .vj. jours entiers, et y acchetasmes des chevaulx ; et pendant iceux .vj. jours vindrent audit Venise monseigneur messire Henri de Bar et monseigneur de Coucy, qui s'en alerent en Hongrie, pour aller oultre ensemble monseigneur le conte de Nevers [1], contre les Turcs. Et nous baillerent lesdiz monseigneur Henry de Bar et monseigneur de Coucy leurs lettres de passage pour retourner en France.

340. A Venise a ung grant lieu clos et bien fermé de murs et de mer, que l'en appelle « l'Archenal » ; c'est le lieu ou l'en fait les ouvrages de la cité, c'est assavoir les galées dont il y en auroit bien .iiij^{xx}. et dix, que vielz que neufves, a terre seiche et a tois couverts. Apprès y fait on les cordes des vaisseaulx, et Dieu scet se les maisons ou l'en les fait sont longues. Apprès y sont les forges ou l'en fait les anchres tant des galées comme des nafves. Apprès y fait on les rames et l'artillerie pour armer iceulx vaisseaulx. Et sachiés certainement que toutes ces choses sont de moult grant coust ; et tout ce fournist la cité de Venise.

1. *Jean de Bourgogne, comte de Nevers.* (Note à la marge.)

341. De droicte ordonnance les Veniciens envoyent chascun an .v. galées en la Terre Saincte, et arrivent toutes a Barust. qui est le port de Damas en Surie ; et d'illec se partent les deux qni menent les pelerins au port de Jasfe qui est le port de Jherusalem et de Rames. Item, ilz en envoient chascun an .iiij. en Flandres. Item, ilz en envoient .iiij. en Constantinoble. Item, il y en a .viij. qui gardent le gouffre de Venise jusques vers Modin, pour les robeurs desur mer. Assés envoient d'aultres vaisseaux par mer comme nafves, coques, paufriers, mairans, destrieres, grippories, et aultres vaisseaulx.

342. Nous partismes de Venise pour venir en France le lundy .xxixe. jour de may, et venismes au giste a Padua la cité.

343. Le mardy ensuivant venismes au giste, depuis le disner, a Vincence qui est une belle et grande cité et est au duc de Milan.

344. Le mercredy ensuivant, venismes au disner a Villenove, et au giste a Veronne, qui est une belle et grande cité et est au duc de Milan ; et si disnasmes illec le jeudi ensuivant, qui estoit le jour du Saint Sacrement. Et y veismes ledit jeudi plus de .vj ^{c}. personnes de route, deux a deux, qui se alloient batant d'escorgées, de chaynes de fer, parmy ladicte cité, en faisant procession avec les croix et les prebstres revestus, et en faisant leurs penitances en portant le corps Nostre Seigneur parmy icelle cité. Et avoient iceulx batans chascuns vestu une cotte de toille, les visages couvers fors que tant que en droit leurs yeulx avoit pertuis pour veoir a eux conduire, et se batoient d'icelles escourgées a nu entre les espaulles, et chantoient en eux batant ‖ tous ensemble ung chant f° 66 pareil : et estoit merveilleuse chose et piteuse a veoir.

345. Cedit jeudi venismes au giste a Picquiere, sur un lac.

346. Et le vendredy ensuivant venismes a disner au

Pont Neuf, et au giste a Bresse, une cité de Lombardie.

347. Le sabmedi ensuivant, venismes a Palisseulle, et au disner et au giste a Vaubery ; et illec passasmes une riviere fort courrant a barc.

348. Le dimenche ensuivant, .iiij°. jour de juing, venismes au disner a Milan, qui est tresbelle cité et bonne; et y faict l'en une belle et grosse eglise. Illec audit Milan sejournasmes nous deux jours et demy, en reposant nos chevaulx.

349. Le mardi ensuivant .vj°. jour de juing, partismes de Milan, et venismes au giste a Karonne, une bonne cité.

350. Le mercredi ensuivant, venismes au disner a Varaise, et au giste a Lavain sur le lac.

351. Le jeudi ensuivant nous entrasmes et nos chevaulx en deux barques pour passer ledit lac Majour ; et venismes .ix. milles d'eaue au digner a Mergousse sur ledit lac devers France, et au giste cedit jour a Divoire qui est au pié du mont de Brique ; et illec loyasmes chevaulx pour porter nos cariages oultre le mont en alegant les nostres.

352. Le vendredi ensuivant venismes au disgner a Sainct Pion en la montaigne, et au giste a Brique qui est au pié du mont de Brique par devers France.

353. Le sabmedi ensuivant, au digner a Soute et au giste a Syon.

354. Le dimenche ensuivant, au digner a Merteny[1], et au giste a Saint Moris en Chambely sur le Rosne. En l'eglise de Saint Moris en Chambely a de moult dignes reliques et belles, entre lesquelles nous fut monstrée grant partie du corps de monseigneur saint Morise noblement envaisssellé. Et si nous furent monstrées deux dignes empoles plaines du sang de .vi ᴍ. chevaliers, qui furent occis illec près pour maintenir nostre foy, et eulx combatant contre les mescreans ; desquelz chevaliers les anges

---

1. Merceny.

receurent partie de leur sang, et en emplirent icelles deux empoles que ilz mesmes apporterent de Paradis. Et peult on bien assés congnoistre qu'elles ne furent onques faictes par mains d'omme terrien, et si ne scet on de quoy elles sont, mais tresbelles sont; et icelles empolles scella monseigneur saint Martin de son grant seel, et en sont encor seellées. Assés y a d'aultres corps sains et dignes sans nombre.

355. Le lundi ensuivant, .xij^e. jour de juing, partismes d'illec apprès digner, pour ce que nous y eusmes destorbe d'un de nos chevaulx qui morut illec, et passasmes le Rosne au port de Saint Moris, et venismes au giste a Viviers sur le lac de Lozanne.

356. Le mardi ensuivant venismes digner a Lozanne, qui est une bonne cité assise sur icelui lac[1], et illec geusmes.

357. Et le mercredi ensuivant venismes a disner a l'Esclées, et au giste a Voa.

358. Le jeudi ensuivant venismes au disner a Salins, qui est bonne et grosse ville fermée, et au giste a Fontenay.

359. Le vendredy ensuivant, .xvj^e. jour de juing, passasmes la ripviere du Doulx a barc, et venismes disner a Saint Jehan sur la Sosne. Et illec passasmes la Sosne a barc et venismes au giste a Dijon ; et illec sejournasmes le sabmedi tout le jour.

360. Le dimenche ensuivant partismes de Dijon, et venismes digner a Saint Saine, et au giste a Chansiaux.

361. Le lundi ensuivant venismes au digner a Chastillon sur Seine, et au giste a Gié sur Seine.

362. Le mardi ensuivant, .xxe. jour de juing, venismes au disner et au giste a Troyes en Champaigne.

363. Et le mercredi ensuivant venismes au giste a Meiry sur Seine.

---

1. *Le ms. porte, par suite d'une erreur évidente :* sur icelle cité.

364. Et le jeudi ensuivant, .xxij^e. jour de juing et surveille de feste saint Jehan Baptiste, l'an de grace de Nostre Seigneur .iij^c iiij^{xx}. et seize, refeusmes au disner a Englure.

365. La grace a Nostre Seigneur Jhesu Crist, qui soit garde de tous chrestiens qui font et feront cedit saint voyage et qui l'ont fait, et nous doint a tous Paradis. *Amen.*

FIN

APPENDICES.

APPENDICES

I

ITINÉRAIRE DE METZ A VENISE

(Voy. la note de la page 3.)

1-2. *In nomine Domini. Amen.*

*Nous pertisme de Mets le .xvj*e*. jour don moix de* f° 104 *jullet, l'an mille .iij. sens quaitre ving et quinze pour alleir on voiasge don Saint Sepulcre en lai sainte citeit de Jherusalem, et pour alleir on saint voiaige don mon de Sinaÿ en desert d'Arrable : c'est aissaivoir lai on une pertie don corps de lai virge saincte Katherine gist, et pour alleir a Saint Anthonne et a Saint Polz premiert hermite en desert d'Esgipte.*

3-5. *Premier, de Mets a Toul; de Toul au Nuefchaistel; don Nuefchaistelz a Langre; de Langre a Diyons; de Diyons a Chaullons; de Challon a Bourch en Bresse; de Bourch a Roussillons; de Roussillons a Chamberi en Savoie; de Chamberi a lai Gabelle; de lai Gabelle a Saint Jullien; de Saint Jullien a Landebourch; de Landebourch en passant oultre lai montaigne et allasme de Siz a Suze; de Suze a Villainne; de Villainne a*

Queir ; de Queir en Ast en Pimon ; d'Ast en Alixandre lai Paille, et lai covient panre bullettez pour passés per le terrain don duc de Miellans que premier fut conte de Vertus [1]. De Allixandre a Bassignanne ; de Bassignanne et [2] Paive ; de Paive a Loide ; de Loide a Bresse ; de Bresse a Veronne ; de Veronne a Vinsense ; de Vincensse et [2] Padowa. De Paudouwa et *(sic)*, montaisme en barcque pour allés et [2] Venise, et y arivesme le .iiij[e]. jour d'aost, que est tresbelle et notauble citeit ; et mon i ait de belle esglixe, en quelle nous furent monstrés plussours saincte relique, dé quelle lez nons s'ansuie ci après.

6. Premier, an l'esglisse de Saint George . . . . .

Nous transcrivons à la suite de cet appendice le passage correspondant du texte modernisé, publié en 1838 dans l'*Austrasie*, sous le titre prétendûment historique de : *Relation d'un voyage de Metz à Jérusalem, entrepris en 1395 par quatre chevaliers messins*. On lira, à la fin de l'appendice II, les noms de ces quatre pèlerins, inventés pour les besoins de la cause, et parmi lesquels la piété filiale de l'éditeur a introduit l'un de ses ancêtres.

In nomine Domini. Amen [3].

1-2. Nous partîmes de Metz le .xvie. jour de juillet de l'an 1395 pour aller en pélerinage au saint sépulcre de Jérusalem, au mont Sinaï, où gît une partie du corps de madame sainte Catherine, vierge, et visiter les monastères de saint Paul et de saint Antoine, ermites, au désert d'Egypte.

---

1. *Ce détail historique n'est pas reproduit dans le ms.* P. — 2. *La leçon et, résolution du sigle &, équivaut à ai, notation locale de la préposition à.* — 3. *Ce voyage est extrait des manuscrits de la bibliothèque de Metz. Pour le faire connaître à nos lecteurs, il a bien fallu nous résoudre à le franciser ; mais nous nous sommes efforcé de lui conserver sa naïveté première, ses constructions de phrases et bon nombre de ses vieux mots. (Note de l'éditeur.)*

3-5. Nous nous rendîmes par terre à Alexandrie-la-Paille, où nous prîmes un bulletin pour traverser les terres du duc de Milan, comte de Vertus. D'Alexandrie, nous allâmes à Padoue, où nous nous embarquâmes pour Venise. Nous arrivâmes le .iiij^e. jour d'août dans cette belle et notable cité qui est remplie de somptueuses églises, en lesquelles il nous fut montré maintes précieuses reliques.

18. Le vendredi 13e. d'août, nous allâmes à Padoue...

(*Austrasie*, t. III, p. 149-150.)

II

RETOUR DES PÈLERINS PAR RHODES, RAGUSE, ETC.

(Voy. la note de la page 95.)

324. Item, le .ixe. jour d'avril, octave de Paisque *f° 148* devant escris, pertisme de Roide suis une naive de Greqz.

328. Si arivasme a .j. por en lai Morée près de Couron xxx. mille per meir, le quelz chaistelz et ville ait non Vitilo, le .xxix ^e. jour dondit moy.

330. Et pertisme dudit lui per force de vent contraire, et allame a .j. port en Esclavoine en une ille près de Raguse, environt .v.^xmille don coustelz dever Venixe, lai quelle ille on apelle la Mote; et i arivasme le vanredi

.v°. jour de may [1], et allasme panre refrechemant a Raguse.

331. Vous devés savoir que cest citeit Raguse don je perolle est lai plus jollie et lai mµelz fermée que soit en tout le chamyn on nous avons éstés devant.

334. Et de raison devroit estre soubgiste et gouvernée de pairt le roy de Hungrie ; mais a present || elle est rebelle, et est gouverné en lai subjection du peuple comung de lai dicte citeit.

332. Cest citeit est tresbien maxonnée et y ait de belle esglixe : petite sont, mais de noble et riche ouvraige sont faitez, et per especialz lai Grant Esglixe en laiquelle nous fuit moustrés le corps don bieneuroulz saint Blaise, lequelz est patron de cest citeit, et plussour aultre relique nos furent moustrés don j'ait obliéz lez nons.

331 bis. Cest citeit est petite, mais elle est si notauble que c'est grant mervelle a veoir, et est plantenouse de tout bien, etc.

338. Nous pertisme de celle ille devant dicte le merdi devant l'Assencion Nostre Signour, .ix e. jour dudit moix etc.

VERSION MODERNE

Le 9 e. jour d'Avril, octave de Pâques, nous quittâmes Rhodes sur un navire grec, et arrivâmes à un port de Morée nommé *Vitilo* ; nous en repartîmes le 19 [2], et, par

---

1. Cette date du « vendredi 5 mai » est la bonne ; elle doit être substituée, dans le texte, à celle du « .vj°. jour de may », donnée par le ms. P. — 2. Le chiffre « 19 » est dû sans doute à une faute d'impression. La copie de Huguenin (que l'éditeur avait sous les yeux) et l'original portent « .xxix. » qui est la bonne date.

force de vents contraires, il nous fallut relâcher en une île d'Esclavonie appelée l'ile de *la Motte,* d'où nous vînmes prendre rafraîchissement à Raguse.

Sachez, pour conclusion, que Raguse est la cité la mieux bâtie, la mieux fermée et la plus jolie que nous ayons rencontrée en tous nos voyages. Elle est petite, à la vérité, mais si notable et si plantureuse de tous biens, que c'est merveille. Elle faisait jadis partie de la seigneurie du roi de Hongrie, mais elle s'est rebellée contre son autorité, a conquis l'indépendance, et aujourd'hui est en gouvernance du commun peuple. Elle renferme de belles églises, ornées de nobles peintures et de riches ouvrages. Sa cathédrale possède le corps du bienheureux saint Blaise, son patron.

Nous en partîmes pour Venise le mardi devant l'ascension de N. S. J. C., d'où, par spéciale protection de la doulce Vierge Marie et de son glorieux fils, nous, messires Jehan de Raigecourt, Rémion de Mitry, Poince Le Gournaix et Nicolle Louve (l'escripvain d'icelles) [1], tous quatre chevelliers et citains, revînmes sains et saufs en nostre bonne, notable et impériale cité de Mets, sans avoir éprouvé de rechef mal-encombre ni mauvaise for-

---

1. *Les noms de ces quatre « pèlerins » ont été choisis avec intention parmi les plus illustres maisons paraigiales de la cité messine. Mais où l'éditeur n'a pas eu la main aussi heureuse, c'est dans l'attribution du prénom respectif de ces personnages. Sur les quatre, en effet, le seul* Jehan de Raigecourt, *dit* Xaippey, *mort avant 1423, eût pu, à la rigueur, visiter les Lieux-Saints en 1395. Pour les trois autres, ou bien les documents historiques sont muets à leur égard (on ne rencontre, dans aucune branche de la nombreuse lignée des Gournaix, aucun personnage du nom de* Poince *ou* Poincignon *figurant à la date de notre texte), ou bien ils étaient morts depuis longtemps* (Rémion de Mitry *fut tué au siége du château de Sampigny en 1372), ou enfin ils étaient à peine sortis de l'enfance (c'est le cas de* Nicolle Louve, *sur lequel on consultera l'Appendice suivant). Pour plus de détails, consulter les historiens de Metz, et spéciclement l'ouvrage du président d'Hannoncelles* : Metz ancien, 2 vol. in-fol. Metz, *1856.*

tune, dont soit cent mille fois regracié le Seigneur nostre Dieu.

In nomine Domini. Amen.

(*Austrasie,* t. III, p. 235-6.)

III

BALLADE

D'UN PÈLERIN AU RETOUR DE LA TERRE-SAINTE

(Voy. la note 2 de la page 90.)

A vrai dire, cette ballade n'a aucun rapport avec le texte du pèlerinage, soit primitif, soit adapté. La date seule suffit pour le démontrer, celui-ci ayant eu lieu en 1395-6, celle-là ayant été composée en 1428. Dans le ms. d'Epinal, la ballade est copiée d'une main bien postérieure à l'époque où le pèlerinage a été transcrit. L'écriture en est très négligée et l'orthographe tout à fait irrégulière, double motif pour rendre le déchiffrement de certains mots assez difficile, et pour expliquer quelques divergences de lecture entre notre leçon et celle de M. Prost [1].

Dans la copie de Huguenin, la ballade suit immédiatement la relation du pèlerinage. C'est ce qui a déterminé feu le baron d'Huart à joindre le nom de Nicolle Louve, auteur de ce morceau poétique, aux noms des trois autres gentilshommes messins, créés de toute pièces, pour bonnes et certaines

---

[1]. « Une ballade messine du xve siècle » *(pp. 407-416 du Recueil intitulé :* « Metz littéraire en 1854 »).

causes, pèlerins à leur insu. Par une conséquence voulue, Nicolle Louve a été présenté comme l'auteur de la relation elle-même : *l'escripvain d'icelles (chroniques)*, bien que ces deux productions fussent respectivement datées à plus de 30 ans d'intervalle l'une de l'autre. D'ailleurs, en 1395, Nicolle Louve, le futur maître-échevin, n'avait guère que neuf ans. Et c'est à quarante ans passés qu'il entreprit son voyage aux Lieux-Saints, où il fut créé chevalier. Les chroniqueurs messins font mention de son retour à Metz dans les termes suivants :

« Item en l'an dessus dit (1428), le .x^e. jour de décembre sires Nicolle Lowe, chevalier, et Mertin George, l'amant, et citains de Metz, retornoient de Jherusalem et rappourtont deulx papegay [1] ».

Nous transcrivons la ballade telle que la donne le ms. d'Epinal, sans essayer d'en ramener le texte à une orthographe plus orthodoxe. Il y aurait trop à faire, et d'ailleurs bon nombre de ces licences ont reçu droit de cité dans le patois actuel qu'elles nous montrent déjà constitué dans ses traits les plus caractéristiques.

Sy après est une ballaide que signour Nicole Louve, chivaillier, f° 89 *fy suis mer en revenan don Saint-Sepulcre l'an. xiiij^e. et .xxviij.*

       Qui en gallye vuelt entrer
       De bien souffrir et endurer
       Pringnet en luy le reconfort
4   Dès qu'il partét du premier port.

       Doingereus estre n'y covient
       Sur les vivre, car il avient
       Que plussour foy et tressouvant
8   Mangier y fault vivre puyant.

1. « Chronique du doyen de Saint-Thiébaut » *dans* « Metz ancien », I, 79. *Philippe de Vigneulles donne la date du 11 décembre, et ajoute que Nicolle avait été créé chevalier du Saint-Sépulcre. Voyez encore Huguenin* : « Chroniques messines », p. 155 et 166, *et l'étude de M. A. Prost. l. l.*

Mal couvreir, du solioil rotis,
Maingiéz des mahes presques poris,
Vin espès de male saveurs
12 Y boinent soyant les pluseurs.

Et pour confermer l'apetit
Quant on sont a la tauble essis,
Près de la, a moins de .vj. piex
16 Vient chescun son vantre purgier.

Pour veriteit vous dy aussy
Que entendre y fault la mercy
Du vent, maistre de la galie
20 San aultre homme qui ait signorie.

Il l'arest quant il ly plait,
Et quant il vuelt coure la fait;
Patron, coimetre ne paron
24 Ne doubtes, ne les esperons;

San menestreit la fait dancier.
La voriés plussour grimachier
Et teilemant hochier lours teste
28 Que de lour bouche son deshonestre.

Quant sa maistrie moustrer vuelt,
Aultre remedier ny peult
For que Dieu, ausquel chescun prie
32 Que lez gairde de celle maistrie.

Chose y ait encor mervilleuse,
Tresdesplaisant et perileuse :
Que, pour vent contrayre tresfort,
6   Covient sejorner près d'un port

Sy longuement, je vous adfie,
Que vivrez faillant en galie
Et covient per nessecitéz
40 Prandre terre et a pied aler.

Et que on couchier vuelt savoir,
A painne y puelt nulluy avoir
Pacience ne bon repoz,
44   Pour tant que dormir fault enclo

En lieu on ait tant de puour
Et vent de savaige savour
Que des condut des hommes yssent,
48   Que tous les cuer en effleblissent.

De pusse y ait grant quantitéz,
Les pus n'y puet nulluy nombréz,
Que de mordre ung chescun s'aforcent
52   Quant il dorment on se reposent.

Et por conclure en la matier,
Ne s'y doit nuluy oblygier
C'il n'ait en luy condition
56   Dont oréz desclarecion :

S'il n'est plain de grande liesse
Que ces doulours portey ly faissent,
On soit joune on de sent petit
60   Que ly fasse mestre en oblit ;

On, comme escript est sy dessus,
Que le reconfort ait en luy
De perilz, dongier endurer,
64   Poinne, pueurs, flareur asséz.

Niant moinx pour finable fin,
Que a veoir a cuer enclin
Le Sepulcre et la Terre Sainte
68   Aler y doit sen nule fainte.

L'an .iiije. mil et .xxviij. [1]
Fuit cest rime fayte et conclute

1. Vint hute, *patois*.

En galie, on plus de .iij:
Estiens tous compaignon aidant ;
Maix por vin vendier de boutaile
74 De Guilorey n'y ot perelle.
Etc., etc.

Cette énumération, en termes pittoresques, des inconvénients de tout genre, inséparables d'une expédition aussi longue que celle de Metz à Jérusalem pour cette époque, n'est sans doute pas un témoignage isolé. Mais il n'y a pas lieu de rechercher la trace de compositions poétiques du même genre ; nous citerons seulement ici, à titre de rapprochement, le quatrain qui termine un volume très-rare, imprimé dans le premier quart du xvie siècle [1].

Che present livre a faict ung nomé Jacque Le Saige,
Lequel est bien sarpilit de languaige,
Grant crocheteur de boutelles et de flacquon.
Je prie a Dieu qu'y luy fache pardon !
Amen.

1. *En voici le titre complet d'après l'exemplaire de la Bibl. nat. coté, au fonds de la réserve, O² f. 33* : Chy sensuyent / Les gistes repais-/-tres & despens : que / moy Jasques le / Saige marchant de drapz de soye demourant a Douay / ai faict. De douay a Hierusalem / Uenise Rhodes Rome Nostre Da-/-me de le Lorete. Avec la description des / lieux : portz : cites : villes : et aultres passai-/-ges. Que moy Jasques le saige ay faict la / mil chincq cens. xviij. Auec mon retour.
Imprime Nouuellement a Cambray Par Bonauetu-/ re Brassart. Au despens dudict Jacques.
Sans date; vers 1524. Petit in-4° gothique, très rare. On n'en connaît que trois ou quatre exemplaires, dont l'un a passé en vente publique — avec le titre un peu modifié — le 22 mars, à Paris (Catal. Potier). Réédité par Duthillœul, à Douay, en 1852 et tiré à 120 exemplaires, avec planches. Dans sa Bibliographie cambrésienne, A. Dinaux avance à tort que le « Pélerinage » de Jacques Le Saige est la première production des presses de Cambrai (Mém. de la Soc. d'émulation de Cambrai, année 1822, pp. 225-6 et 233) : *les* Rudimenta Grammatices *imprimés en cette ville portent la date de 1518, et il est matériellement impossible que le « Pélerinage » leur dispute la priorité.*

IV

CI SUNT LI SAINT LEU DE JERUSALEM

(Voy. la note la page xiv.)

Cette nomenclature des Lieux saints de Jérusalem et des environs occupe les feuillets 128 b-129 c du ms. de l'Arsenal 4797 (anciennement 677 Hist. fr.). C'est un des nombreux mss. qui nous ont transmis la chronique dite d'Ernoul, écuyer de Balian, seigneur d'Ibelin. Décrit sous la lettre A par M. de Mas Latrie, dans la liste des sources auxquelles il a puisé pour établir le texte critique de la *Chronique d'Ernoul* [1], le ms. de l'Arsenal est l'un de ceux qui contiennent les additions faites, au début et à la fin du récit primitif, par Bernard, trésorier de l'abbaye de Corbie [2]. Des 134 feuillets de ce ms., écrit à deux colonnes par page, la *Chronique* remplit les 127 premiers et se termine au f° 128 a par cet « explicit » :

Ceste conte de la terre d'Outre Mer fist faire li tresoriers Bernars de Saint Pierre de Corbie en la carnacion (sic) *millesimo .CC. XXXII.*

La *Chronique d'Ernoul*, ainsi amplifiée par Bernard de Corbie, se divise en quarante-et-un chapitres dont le dix-septième offre une description, intéressante et souvent citée, de la ville de Jérusalem lors de sa prise par Saladin en 1187.

Au f° 128 b commence l'itinéraire des Lieux Saints de Jérusalem et de ses alentours, que nous reproduisons plus

---

1. *Publiée par la* Société de l'Histoire de France, *1871; et antérieurement dans le vol. II des* Historiens occidentaux des Croisades, *pp. 490 et ss.* — 2. *Voy. pages xxxvj-xliv de l'*Avertissement *de l'éd. Mas Latrie.*

bas. Le volume se termine par un extrait en français de la notice de Jacques de Vitry sur l'état de l'Orient au temps de Saladin *(De statu Saracenorum)*. Comme ce morceau se rattache par quelques détails au fond même de la présente publication, nous en dirons quelques mots.

Après la prise de Jérusalem par Saladin, il y eut grand émoi par toute la chrétienté. Le pape Innocent III convoqua, en 1215, au Latran un concile général pour aviser aux moyens de recouvrer la possession des Lieux saints. Dans ce but, il aurait demandé au patriarche de Jérusalem une sorte de rapport sur la situation politique et sur les forces militaires des princes sarrazins contre lesquels les chrétiens s'apprêtaient à reprendre la lutte. C'est au f° 129 ᶜ que commence la réponse du patriarche, en tête de laquelle on lit ce préambule :

Papes Innocens vout savoir les us et les costumes et les constrées et la force et li lingnage Saladins et des autres (et) Païens encontre cui les os des Crestiens s'apar[i]lloient. Si manda au Patriarche de Jerusalem que il enquesist la verité del païs et des hauʒ homes (et) del païs sarrasins qui tenoient les terres, et les mons (sic) des terres; si li mandast a l'Apostoille et a l'Eglise de Rome.

Li Patriarches fist inquisition, et le mist en parchemin, et le manda a l'Eglise de Rome au Concile que Papes Innocens fist. Or porreʒ hoïr la verité de l'inquisition :

« *Dui haut home frere Sarrasin furent; li uns ot o non* « *Saleadins, et li autres Saphadins....* »

Cette enquête remplit les quatre derniers feuillets du volume (f°ˢ 129 ᶜ-133 ᶜ). Nous n'avons pas à toucher ici aux faits d'ordre politique et historique qui y sont énumérés; mais nous pouvons signaler certains détails de topographie et de pratiques religieuses qui concordent — très-brièvement — avec les informations recueillies par nos pèlerins français. Après la description de la Judée, des villes de Damas et de Jérusalem, vient celle de l'Egypte et du mont Synaï avec son abbaye de Sainte-Catherine (§§ 190 et ss. de la présente édition), celle du Nil avec ses *cocadris* (§ 277). Relevons encore la mention des arbres à baume, de la fontaine où la Vierge lava les langes de son divin Fils (§ 230). La légende du dattier auquel la Vierge cueillit une datte lors de sa fuite en Egypte, et qui, abattu par les Sarrazins, aurait immédiatement repoussé avec toutes ses feuilles et ses fruits, peut être rapprochée de celle du figuier de Pharaon, ou plutôt de Notre-Dame (§ 232 et la variante 2, et surtout la relation italienne, p. 83). Il y aurait encore à relever certains points de concordance, mais nous avons hâte d'arriver à l'objet principal de cette note.

La nomenclature des Lieux saints de Jérusalem s'étend, comme il a été dit, du f° 128 b au f° 129 c. Transcrite de la même main que le volume tout entier, elle a été exécutée, au commencement du XIVe siècle, d'après un original français, (bourguignon ou lorrain), par un scribe méridional. Indépendamment des preuves intrinsèques, tirées de la forme de l'écriture et du style de l'ornementation, certaines particularités phonétiques ne permettent pas de douter que ce ms. n'ait été exécuté dans le midi de la France : tels les parfaits *recʒut, comenʒa* (p. 118, lignes 30, 31), et d'autres formes analogues qui se trouvent çà et là dans le volume : *drecʒa, enchaʒa*, l'infinitif *recʒoivre*, etc.

CI SUNT LI SAINT LEU DE JERUSALEM [1]   f° 128 a

‖ Ci poez vos savoir les sains leus de la terre de Jerusa-   b
lem [2].

En Jerusalem a .I. saint leu covert d'une pierre ou Sa-
5   lemons escrist le livre de Sapience.

Et iluec meïsmes, entre le temple Salemon et l'autel, el
marbre devant fu li sains Zacharias espandus.

Iluec près est la pierre ou li Jui venoient chascun an,
et oignoient d'oile d'olive, et ploroient, et faisoient granz
10   lamentations, et si s'en reparoient plorant et lamentant.

---

1. *Le numéro enfermé entre parenthèses à la fin de certains articles indique la concordance avec la présente édition.* — 2. *Au ms.* Jerlm *partout.*

Iluec est la maison Ezechie le roi de Jude, cui Nostres Sires alonja sa vie de .xv. anz.

Après est la maison Chaïfas, et la colonne ou Nostres Sires [1] fu loiez et batus a l'estache de plaiez de corgies.

A la porte Pilates est le pretoires Pilate ou Jhesuz Criz fu gugiez des princes de la loi et des prestres (61).

Ne gaires loin de la est Golgotha, li monz de Calvaire ou li Fiz Deu fu crucifiez et Adans li premiers i fu enfoïz (115, 116, 119, 122).

Et iluec pri- -mes sacrefia Abraham a Damedeu.

Iluec vers Occident le get d'une pierre est li leus ou Josep d'Arimathie enseveli le cors Nostre Signor (124).

Et illuec est l'iglise [2] que Constentins, li empereres de Rome et de Constentinoble, fist faire mout richement.

Del mont de Calvaire si a .xiii. piez sanz plus dusques la ou li moilons del monde est vers Orient (125).

Par devers senestre si est la chartre ou l'en dist que [3] Dex fu mis (129).

En la destre partie près del Sepulcre est le moustier latins en l'enor madame sainte Marie, la ou sa maisons meïsmes fu.

En cel moustiers meïmes a .i. autel : illuec s'estut madame sainte Marie et Marie Cleophe et Marie Salome, ses serors, plorans et dolentes qu'il veoient Nostre Seignor souffrir passion en la Croiz quant il dist a sa mere : « Feme, vois ci ton fil! » Et puis a saint Jehan et au pueple : « Vois ci ta mere ! » (135)

De cel leu tant com uns ars porroit giter une saiete a .ii. foiz vers Orient, si est li temples Deu que Salemons fist, la ou saint Symeons dist et quant il reçut et presenta Jhesus Crist sor l'autel a offrende, et comenza : *Nunc dimittis* (86).

En la destre partie de cel temple fist Salemons le suen

---

1. *Le ms. répète* et sires. — 2. *Ms.* E. i. et en liglise. — 3. *Le ms. répète* qc.

temple, et entre ces .ii. temples fist il faire une porte mout belle et riche de colombes de marbre.

A senestre de la si est *probatica piscina* (64).

D'iluec vers Orient ansi comme demie liue, si est li mons Olivete ou Dex ora a son Pere et dist : *Pater noster*, etc. *Si fieri potest* (68).

Et illuec escrist il en la pierre la Paternoster.

Et d'iluec monta il es ciex quant il dit a ses Apostres : « Alez et enseigniez a totes gens, etc. » (80).

Entre le Temple et le mont d'Olivete si est li vaus de Josaphas; illuec fu Nostre Dame ensevelie des Apostres. En celle vallée vendra Nostres Sires jugier tot le mont au jor del juise (66, 67).

Et près de la est [la] ville de Jessemani (70).

Et près de la est li cortis com l'om apele *trans torrem Cedron*, la ou Judas fist la traïson (70).

Près d'ilec est li sepulcres Ysaïe le prophete (89 ?).

A une liue près si est Bethanie, || ou Dex resuscita Lazarum, le frere Marie Magdolaine, qi .iiii. jors avoit jut en terre morz et enfoïz (163). f° *129 a*

Celle meïsmes part vers Jericho, a .xxiiii. liues près [1], est li sicamors ou Zacheus monta por veoir Nostre Seignor.

D'iluec a .i. liue de Jerico si est la fontaine Helizée li prophete, qu'il beneïst et mist sel en senefiance de l'eve beneoite com l'en fait [2] ores.

D'iluec a une liue [3] si est li flun Jordan ou sains Jehans baptiza Nostre Seignor, .viii. liues ja de Jerusalem (157).

Près d'iluec est [li] leus ou Helies fu ravis es ciex.

Del flun Jordan si a .xviii. jornées dusques au mont de Synaï ou Dex aparrut a Moïses en .i. buison ardant, et si li dona la loy (193).

Illuec est li vaissiaus c'om appelle *ydria*, qi toudis est plaine d'oile d'olive ja tant n'en prendra on (194).

---

1. *Erreur grossière du scribe.* — 2. *Ms.* faite. — 3. *Ms.* liues.

Mons Thabor si est loing de Jerusalem trois jornées : la se transfigura Nostres Sires devant .iii. de ses desciples.

Au pié del mont est Galilée et la mer de Taberie, qui n'est pas mers mais estans, donc li fluns || Jordans est.

A destre de Jerusalem, tant com uns ars porroit traire, si est li mons de Syon (92).

La est l'eglise que Salemons fist.

La menja Nostres Sires avec ses Apostres devant sa Passion (103).

La descendi li Saint Esperiz sor aus (107).

La transi Nostre Dame sainte Marie, et d'iluec enporterent li Apostre son precious cors en Josaphat (99, 67).

Au pié del mont est la fontaine de Syloe, et sort de terre (88).

Près est li leus c'om apelle Sichen : la vint Joseph qerant ses frere[s] de la valée de Ebron[1]. La est la ville que Jacob dona Joseph son fil, et la est il enfoïz.

D'iluec a une liue si est Sichaï ou Dex parla a la feme samaritane.

Près de la est li leus ou li angles luita a Jacob.

La est Bethleem, la cité David, ou Dex fu nez, loing de Jerusalem .iiii. liues vers midi (137).

La est une glise faite[2] de colonbes de marbre, ou li leus est ou Dex fu nez (138).

A dextre près d'iluec est la guerbe Nostre Seignor (139).

D'iluec a .xii. liues est li chastiaus Abraham, || Ysaac et Jacob, enseveli avec lor femes.

A senestre est li mons c'om apelle *Dominus vidit*[3] : la vout Abraham sacrifier Ysaac son fil a Deu, et Dex parla a Abraham et dist qu'il nen sacrefiast mie.

---

1. *Genes.*, *xxxvij*, *14*.— 2. *Ms.* faites.— 3. *Genes.*, *xxij*, *14* : *Appellavitque nomen loci illus « Dominus videt ». Unde usque hodie dicitur « In monte Dominus videbit. »*

Ce morceau ne se trouve, ainsi que l'extrait de Jacques de Vitry, que dans les deux seuls mss. Arsenal 4797 et Berne 340, parmi ceux que cite M. de Mas-Latrie. Mais l'un et l'autre de ces morceaux sont reproduits dans un grand nombre de mss., dont l'énumération et l'étude comparée ne seraient pas en leur place ici. Une note de la p. 210 de la *Chronique d'Ernoul* semble indiquer que cette nomenclature des Lieux Saints a été publiée par M. de Vogüé dans son ouvrage intitulé *Les Eglises de Terre-Sainte*. Il n'en est rien. Les extraits du ms. de la Bibliothèque nationale FR. 9082 (ancien suppl. fr. 104), donnés par M. de Vogüé, sont très-différents de la pièce qu'on vient de lire, pour la forme, pour le fond et surtout pour l'étendue : ils n'occupent pas moins de 15 pages in-4º (pp. 436-451). Selon toute probabilité, cet itinéraire est donc resté jusqu'à présent inédit.

En terminant, il convient de noter, à titre de particularité de l'histoire locale, qu'en 1860, au retour d'un pèlerinage au Saint-Sépulcre, un chanoine de la cathédrale de Metz prit l'initiative de l'érection d'un calvaire sur le mont Saint-Quentin, la plus élevée des collines qui ferment l'horizon de la cité messine. La configuration topographique des lieux se prêtait assez heureusement, paraît-il, à la reproduction géométrale des « stations de la Voie de la Captivité et de la Voie douloureuse », pour que l'auteur du projet, alors en cours d'exécution, ait pu affirmer que « dans aucune contrée catholique, à Rome même, on n'aura vu jusqu'ici une reproduction aussi scrupuleusement exacte des *Saints-Lieux* de Jérusalem. » Et quelques lignes plus bas, il constate, « la ressemblance parfaite qui existe entre le *Calvaire* de Metz et celui de la ville de Jérusalem... »[1]

1. Le Calvaire du Mont Saint-Quentin, près la ville de Metz (Moselle), *p. 30, 31 (sans date : 1860)*. — Le Calvaire..., le tout

On ne sait que trop la suite des évènements qui vinrent d'abord ajourner, puis interrompre définitivement l'érection de ce mémorial religieux ; on sait aussi quelles constructions dominent actuellement le mont Saint-Quentin !

orné de plans exacts et de gravures. *Metz, Rousseau-Pallez,* 1859, *in-12.* — *Le premier de ces ouvrages donne (pp. 6 et ss.) quelques détails sur un calvaire élevé au* xvi*e siècle au lieu dit la* Belle-Croix, *autre colline de Metz.*

FIN DES APPENDICES

GLOSSAIRE

GLOSSAIRE

Les mots « chefs d'article » imprimés en petite capitale appartiennent à la leçon P; imprimés en italique, ils reproduisent les variantes de M. — Le numéro qui suit immédiatement chacun de ces mots est celui du § de la présente édition. La lettre B accompagnée d'un chiffre indique que l'exemple est tiré de la « Ballade de Nicole Louve ».

A

1. A, prép., « avec », passim.

2. *A*, fréquent pour « et », conj., 133, 266, 277, 296. Plus rarement *ad* : *aller ad venir*, 235 *bis*. — Par contre, la prép. *a*, prononcée dialectalement *ai*, est souvent notée par le sigle *&*, abréviatif de la conj. « et », ainsi: *et nostre usaige*, 239, *et ceu* « à ceux », 249. Voy. la note 2 de la page 100.

Adornemant, 263, ornements pour le service du culte.

Aiques, 277, AUCQUES, 289, AUQUES, 175, 180, 262, quelque peu, environ : *aucques près*, assez près ; *aiques d'ung grant*, presque aussi grand. — Patois messin actuel : *ac, iaque*.

Airbe du jour, 266, « aube ».
Airque, 160, « arc ».

[Amoitir] un jardin, l'arroser. Part. pas. masc. sg. suj. *amoitiz*, 213.

Amperise, 322 *bis*, forme réduite de *empererixe*, 293, l'« impératrice » sainte Hélène, mère de Constantin.

Angleit, ANGLET, 92, 209, 268, l'espace compris dans l'angle de deux murs. — Dim. *anglisson*, qui, dans *M* 95, répond à TOURNELETTE.

-*ant*, désin. de la 3ᵉ ps. pl. du présent, formée par analogie sur la 1ʳᵉ : *habitant*, 277. *faillant*, B 38. (Voy. sous -*ont*.)

ARVIAL, pl. *arvos*, 37, voûte, arceau, arcvolte.

AULMAIRE, 246, « armoire », niche pratiquée dans l'épaisseur du mur.

B

Biscot, 175, 312, correspond à BESCUIT, 312, « biscuit. »

[*Besoigner*], v. neut., « être de besoin, faire besoin », Ind. 3ᵉ ps. sg. *besoigne*, 235 *bis*.

Bibia (lai), 261 (et de même dans le *Viaggio, la Bibbia*, p. 83), est proprement le lat. *Biblia*, neutre pluriel, passé au féminin singulier.

BISME, 158, est aphérésé de « abîme ».

[*Boivre*]. Ind. 3ᵉ ps. pl. *boinent*, B 12. — Cette désinence est passée en règle dans le patois messin pour les verbes forts : *creune*, « croient »; *deune*, « doivent »; *mone*, « mettent »; *pieune*, « peuvent »; *séne*, savent », etc. Et même pour la 1ʳᵉ conjugaison : *lâne*, « laissent ».

BOSVE, *bouwe*, 209, 244, cavité, grotte, crypte; excavation dans le tronc d'un arbre. — Dér. *bouwés*, 232, « évidé, creusé. »

BOUEL, 240, boyau; dans l'espèce : « trompe d'éléphant ».

Bovet, 301, dim. hypocoristique de « bœuf ».

Bufero, buffle, BUFLE, 277, « buffle. ».

Buge de queur, 235 *bis*, outre en peau de bouc. — *Buge, bouge*, est le primitif de *bougette*, « petit sac de cuir ».

BULETES de dévotion, 297, BULLETTES, 4, 33, *bulletiez*, 3-5, *bullete*, 322 *bis*; aussi lettres de sauf-conduit (voy. PAST). Les bullettes de Rhodes étaient scellées de cire vierge.

C

CAILLIOS, 17, CAILLOTZ, 13, « cailloux », pierres.

Caistelain, CASTELLAINS, 285, « Castillans, de la Castille. »

CARABLE, 303, fouine, belette.

Calogero, 320, « caloyer », littéralement en grec, « bon vieillard », est commenté par *moinne*.

CARIAGE, 280, 291, 292, 311, 351; QUARIAGE, 176 (M : *cariaige, cairiaige*), chargement, hardes et bagues.

Cawe (le), 316, semble traduire le terme grec *Amasse*.

Cazale, 167, traduit HAUBERGE.

Cedry, 301. Voy. *chuevre*, ORDRIX.

Chainge (lez) de lai citeit, 239, la place au Change, les boutiques des changeurs. Voy. la note 1 de la p. 61.

CHARREY, 19, mâchoire, os maxillaire supérieur.

CHERE (recevoir quelqu'un *a liey*), 304, avec un abord gracieux, des manières affables.

CHIEVRES *qui portent eaue*, 175, CHIEVRES, *chuevre*, 301, « chèvres », dans l'espèce : outres en

GLOSSAIRE 127

peau de bouc : .iiij. chuevre c'on apelle cedry, *plainne de vin*. — Pour la forme, cp. *fuevre*, 306 (et *luevre*, 302).

CLOFFICHEZ, *closechief*, 294, crucifié.

Cocadris, p. 116, *cocatrix*, CO-QUATRIX, 277, nom vulgaire du « crocodile ».

Coimetre, B 23, anc. fr. *comistre*, « comite, come », officier préposé à la chiourme d'une galère. — « Comite » (ital. *comito*, esp. *comitre*), est un doublet technique de « comte ».

CONDÉE, 145 (*M : tanre*), terre tendre, spongieuse, de consistance molle.

Condut, B 47, pour « conduits », dans l'espèce : intestins.

CONSUILLE, CONSULLE, *consulo*, 170, 285, « consul ou official » chargé de pourvoir à la subsistance et au logement des pèlerins, et de prélever le tribut que chaque pèlerin chrétien devait payer au Soudan.

COPPON, COSPON, 162, « coupon », morceau, quartier de fruit ; partie d'un tout. — Et de même [*copper*], *cosper*, 327, « couper ». Part. *cospé*, masc., 232, — *coppée*, fém., 281. Pf. 3ᵉ ps. sg. *cospa*, 71.

COQUE, 341, nom d'un vaisseau des Vénitiens.

Corgies, voy. ESCORGÉES.

COSTIERE, *costier (aler a)*, 225, suivre les côtes, le rivage de la mer ; *vent de costiere*, 289, brise de côte.

1. COUVERTE *(port ou)*, 289, baie, rade.

2. COUVERTE, 312, *nafve... de deux couvertes*, à deux ponts.

1. *Crote*, CROTTE, 132, 133, « grotte », plus spécialement « crypte ».

2. *Crote*, 160, pour *croist*, 3ᵉ ps. sg. ind. de *croistre*, « croître ». — Sur la désin. voy -*e* final.

CUISSES (*M : cusses*), 232, en parlant d'un arbre, « fourchon ».

Cuxeniere, 165, « cuisinière » ; le sens exact est « qui fait le service de la table ».

D

DAMOISELLE *(Tabita la)*. *des Apostres*, 44. Traduction du passage des *Actes des Apôtres*, IX, 36 : *quædam discipula nomine Tabitha*. — Le ms. *M* a maintenu la forme propre du régime aux noms féminins : *Tabitain, lai domiselle des Apostre*.

DANT, DENT, du genre masc. : *un de ses gros dans*, 7, 17 ; *un de ses dens*, 9 ; *icellui dent*, 17, *tous les dens*, 19. Cependant au fém. *icelle dent*, 17.

DESTORBE, 355, contre-temps, empêchement.

DESTRIERE, 341, nom d'un vaisseau des Vénitiens.

Di, prép., « de », 322 bis.

Doingercus, B 5, délicat.

Domiselle, répond à DAMOISELLE. — Patois : *damejalle, dieumehole*.

Doubte, « doute », crainte, est du genre fém. 230, 232, 234.

Druchement-s, 78, 86, drugement-s, 233, 249, 257; trucqemant, 86, truchemant, 233, 235 bis, « truchement, drogman ». L'ital. turcimanno (voy. la note 2 de la p. 65) donne l'étymologie du mot.

E

- e final atone est supprimé par M d'une façon systématique : manier, 160, 161, 277, 289; experiens, 193; rivier, 248, 277; quairur, 249; represant, 270; jonchier, 277; costier, 289; meir, 293; cest (adj. fém.), 331, 332, B 70. — Cette apocope n'est pas un fait particulier à notre texte; elle est, au contraire, de règle dans tous les documents messins du xv⁰ siècle, et se présente en rime : matier, oblygier, B 53; (voy. les variantes aux couplets 13, 22, 33..... de notre édition de la Guerre de Metz.) Tous ces mots sont, en français, de désinence féminine, et l'apocope e témoigne de la sonorité de la consonne précédente. Le même fait de prononciation est attesté a contrario dans les mots à désinence masculine, c'est-à-dire par la paragoge de la même voyelle e : psaltiere, 98; diste, « dit », 125; airque, 160; crote, « croît », 160; et plusieurs autres.

Empée (croix), 297, hampée.

Empererixe, 293, forme plus explicite de amperise (v. c. m.).

Escorgées, Escourgées, 344, corgies, p. 118, ligne 4, fouet à plusieurs lanières de cuir, à l'usage des Flagellants.

— Patois bourguignon, córgie.

[Esmatir], fienter, en parlant des oiseaux. Ind. 3ᵉ ps. pl. esmatissent, 212.

Et, not. dialectale de la prép. ai, voy. A 2.

F

Faissel (pl. faisseaulx), faissoil, faisoil, faisoit, 174 bis « kafieh » ou mouchoir dont se coiffent les Orientaux. — La relation italienne dit simplement le bende, ce qui répond de plus près à l'expression toille, toualle, touaille, de notre texte (v. c. m.). — Pour la lettre, faissoil reproduit l'ital. fazzuolo (Viaggio, p. 28).

Fienne, 276, et par corruption feme, 277; voy. la note 1 de la page 76.

Figuien, figuies, figuis, 232, diverses notations phonétiques de figuier.

Fonde, 17, anc. forme de « fronde ».

Fondigo, Fondique, 285, 287, caravansérail, bureau de douane.

Frenestre pour « fenestre », 91, 126, 150, baie, ouverture en général, le plus souvent grillagée; soupirail de grotte.— Pierres a frenestres par dessus, P 168, est commenté par M : larmiéz.

Freste, 233, « faîte » : toit de maison plat dessus sans frestes, construit en terrasse. — Cet exemple de freste, répondant au prov. fresta et au romand frête, comble une lacune dans la succession des formes étymologiques de « faîte », étudiées par M. G. Paris, dans la *Romania*, I, 96 et ss. — La forme moins congruente *frestre*, révoquée en doute par M. Paris (p. 100, note 2), est assurée par le participe *frestré*, 332 : *coffre frestré de fin cristail*, dont la partie supérieure (en forme de faîte) est en cristal, permettant ainsi de voir l'intérieur de la châsse.

G

Gairnisson, 250, « garnison »; *mettre..... a gairnisson*, en magasin. Il s'agit des Pyramides considérées comme des greniers à blé, et dites pour cela les *greniers Pharaon*.

Genevois-x, 21, 278, 285, 290, 326, « Génois », habitants, négociants, ou partisans de Gênes.

Giet, 277, reproduit GET, passim, « jet », la portée d'un trait.

Giete, 272, répond à GISTE, passim, le « gîte » pour la nuit, la couchée.

Gnutez, 159, mot altéré par le copiste et dont le sens nous échappe. Le contexte demanderait « caché, retiré », pour répondre à *hermite* de *P*. L'original portait probablement *giectez*.

Gravain, *grevain*, 312, de mauvaise qualité, nuisible à la santé (en parlant d'un aliment).

Grecz, 134, 159, 246; autres formes : GREGOIS, 320; GRIS, 122, 159. — *M : greique*, 122, 170. *grèque*, 320, *greqz*, 324, *grijois*, 159, « grecs », de la confession grecque, *a l'usaige greique (M)*. Ce ms. remplace quelquefois la qualification de *crestiens de la saincture* par celle de *crestiens greique*, 170.

Gripporie, 341, « griperie », brigantin, nom d'un vaisseau des Vénitiens.

Guerbe p. 120, ligne 27, répond à CRAICHE, *(M : croiche)*, 139.— *Guerbe*, garbe est une métathèse pour *grebe, grepe*, italien *greppia*, patois de Metz *crap'*, au sens de « mangeoire ». C'est donc un doublet de « crèche ».

H

Haberge, 175, hauberge, 155, 160, 163, 227, 233, herberge, 233, toujours du genre masc. dans *P*, tandis que *haiberge, haberge*, 160, 227 de *M*, est du genre fém. — Dér. : *harberger, hauberger*, 155, 160, 285.

Hayneux *(M : ennoieulx)*, 249, difficile, pénible (en parlant d'un chemin, d'une montagne à gravir).

Herde, 319, bétail, troupeau de bêtes domestiques. Patois actuel : *haite*. — Le mot *harde* est resté avec le sens de « troupe de bêtes fauves ». — Dér. *herdey*, 319, « pâtre, bouvier »; à Metz, *haitier, haiti*.

Hermins, 110, 134, « Arméniens ».

I

Iawe. Voy. Yauwe.

J

Jacopin, Jaicobin, 247, 262, traduit YACCOPPITES. — Mais au § 333, les *Jacobins* de Raguse ne sont autres que les moines de l'Ordre de Saint-Dominique.

Juquay, 158, *jusquais*, 257, 281, *jusquas*, 266 (comp. *enjusquay*, 249), not. diverses de l'adv. « jusques »; *jusquais a..., jusquas a l'airbe*, 266, *jusques a...*, jusqu'à l'aube.

Jut, p. 119, ligne 19, part. pas. de *jesir, gesir*, « être couché ».

L

1. *Lic*, 158, pron. 3ᵉ ps. fém. sg. rég. Les patois de l'Est disent encore *lei, layc*.

2. *Lie*, adj., voy. CHERE.

1. [LOYER], doublet dialectàl de « lier ». — Part. pas. masc. sg. s. *loycz*, 95.

2. [LOYER], forme variée de *loer*, « louer », lat. *locare*. — Pf. 1ᵉ ps. pl. *loyasmes*, 253, 314, 351, *M* : *luasmes*, 311.

M

Mahes, B 10, « mets », subst.; patois actuel, *môhh*.

MAIRAN, 341, ital. *marano*, nom d'un vaisseau des Vénitiens.

MALICE, 319, est du genre masc. dans notre texte, ainsi que dans beaucoup d'autres monuments de l'ancien français.

Marciliains, Marcilizien, 285, « Marseillais, de Marseille ».

MARINE, le bord de la mer, 21; la mer elle-même, 44, 225, 286, 289, etc.

MATERAS, 300, forme antérieure de « matelas ».

Menevelle, 7, « manivelle »; dans l'espèce, anse : la *cruche a deux menevelles...*, en laquelle N. S. J. C. mua l'eau en vin, l'une des urnes des noces de Cana.

MEULENT, 3ᵉ ps. pl. ind. de « moudre », formée par anologie d'après les deux premières personnes « moulons, moulez ».

Moilons (li) del monde, p. 118, ligne 16, le milieu (*M* : *meylui*, 125), le centre de la terre.

Moiselz, 201, « mouches », proprement « petites mouches »; voy. la note 5 de la p. 49. C'est un diminutif hypocoristique comme *bovet, poichat*.

Mon, 3-5, pour MOULT (alias : *molt* et *moult*, passim dans le texte); cp. *or, don, lou*, fr. « ou, dou, lou ».

MONUMENT, au sens restreint de « sépulcre, tombeau », 122, 251; pl. *monumens*, 239.

Moscat, 238, *muscait*, 234, *muscat*, 196, 234, 235, *musquia*, 234, sg. et pl.; MUSCAT, sg., 62, 196, 208, 209, 234, 239; *muscas*, pl., 234, 235, « mosquée », est commenté par « oratoire ». — Il est à remarquer que, sous ces différentes formes, *muscat* est du genre masc., tandis que le mot français « mosquée » est du fém., comme aussi l'ital. qui donne au pl. *moschete* (*Viaggio*, p. 59, note 2).

Muse, 162, « bananier », *musa paradisiaca*, ou figuier d'Adam. Conformément à cette légende, notre texte dit : *arbre portant fruit de paradis terrestre*, et la relation italienne : *pomo di paradiso*, p. 17. — Le mot est arabe *(mûza)*.

Mussica, 138, « mosaïque ».

N

Natatoire Siloë *(M : Silot)*, reproduit littéralement le *natatoria* de l'Évangile (*Joan.*, IX, 7, 11).

None, none, passim, heure canonique, désigne, dans notre texte, « l'heure de midi ». C'est en ce sens qu'il convient de corriger la note 2 de la page 53. Voyez, pour les diverses acceptions de ce mot, le glossaire de la *Guerre de Metz*.

O

Olefant, olifant, *oliphant, ollifant, olliffant*, 240, « éléphant ».

1. On, pron., gouverne, par syllepse, le verbe au pluriel : *on vont*, 168 ; *on sont*, B 14.

2. On, 114 et passim, très fréquent, « où » adv. De même *lon, don*, pour *lou, dou*, « le, du ».

— *ont*, désin. de la 3ᵉ ps. pl., forme du présent avec le sens du parfait : *donnont*, 266, *destruont*, 290, *rappourtont*, p. 111. Voy. ce qui en est dit *Guerre de Metz*, p. 456, et au glossaire. — La désinence du présent est -*ant* : *habitant*, 277 ; *faillant*, B. 38.

— *or*, désin. de l'infinitif, est réduit de -*oir*, accentué primitivement - *óir* : *savor*, 277. Voy. d'autres exemples dans *Romania*, II, 257.

Oratoire, 208 et ailleurs, commente *muscat* ; — est du genre fém., 208, 234.

Ordennement, 151, adv. dér. de *ord*, « sale ». P : *deshonnestement*, « malproprement ».

Ordre de chevalerie, du genre fém., 306.

Ordrix... et chievres plaines de tresbon vin ; *M : chuevre*, c'on apelle *cedry*..., 301, « outres de peau de bouc ».— Syn. *buge de queur*.— De ces deux formes *ordrix* et *cedry*, il y en a au moins une qui est altérée.

Ortilaige, traduit courtillage, 197, 213, culture du jardin potager.

Ottrusses, 259, « autruches ».

Oult, 168, adv., « où ».

P

Palme, 319, « paume » de la main : *il se mirent sor lour palme*, ils marchèrent à quatre pattes.

Paron, B 23, argousin de galère ; ital. *parone*, qui est altéré de *padrone*. Paron serait donc le doublet de « patron », de même que *comite*, *coïmetre* (v. c. m.) est le doublet de « comte ».

[*Partir*]. Pf. 3ᵉ ps. sg. *partét*, B 4. Sur la désin. voyez *Guerre de Metz*, p. 356-7.

Past, 4, aussi passage, 339 (lettres de), sauf-conduit, passeport. — *Past* est le subst. verbal de « passer ».

Paufrier, 341, nom d'un vaisseau des Vénitiens.

Paveillons, 175, « pavillons », tentes.

Pelaige, *(M : pelaigue)*, 316, la mer, proprement : l'Archipel.

Pelaillez, 301, forme altérée de poulailles.

Pellés, 132, « pilier ».

Pennetiere, 17, dim. de « panier ».

Poichat, 263, « pouce »; litt. « poucet ». C'est un diminutif hypocoristique, comme *bovet*, *moiselz*.

Pootées (roes), 231, roues d'un manége servant à élever l'eau.

Porte dorée (la) de Jérusalem, par où N. S. J. C. fit son entrée triomphale le jour des Rameaux; plus anciennement les *Portes oires* », en latin *portæ aureæ* (voy. les citations de ce mot données par M. G. Paris, dans la *vie de saint Alexis*, p. 194).

Potence, 270, sorte de crosse en forme de T.

Pourveance-s, 25, 253, *proveance*, 175, provisions de bouche, victuailles.

Prestre Jehan *(chrestiens de la terre)*, ou Jacobites, 134, 136, 248, 262, de l'Ethiopie, de l'Abyssinie. Voy. la note 2 de la p. 71, les chrétiens Coptes.

Propis, 261, répond à proprins- 255, *(M : proprice)*, « pour, pris », enclos, enceinte.

Prous (les), 91, les Neuf Preux dans le « dit » de ce nom.

Pus, B 50, « poux ».

Q

Quainne, canne, 133, le roseau de la Passion.

Quariage, 176, autre notation de cariage.

Quarre, *quairur*, 249, l'une des faces d'un carré.

Queur, 235 bis, « cuir »; *buge de queur*, outre en peau de bouc. Voy. *Chievres*.

R

Reloge, 289, prononciation populaire encore en usage dans les patois, pour « horloge »; dans l'espèce, *reloge* a pris par synecdoque le sens de « heure ».

[*Rescrier*], appeler en criant. Ind. 3ᵉ ps. pl. *rescrient*, 169.

Respasser *(se)*, 305, se guérir.

Rote, ruste, 161, pénible, difficile à gravir.

Route *(d'une)*, 323, à la suite l'un de l'autre, d'affilée.

S

Saincture (*chrestiens de la*), 134, 168, 170, 174 *bis*, de la confession de saint Thomas, apôtre des Indes. Dans le *Viaggio* : *I cristiani della cintura sono... massimamente in India* (p. 98). — *M* supprime la qualification « de la ceinture », 168, ou la remplace à tort par celle de « greique », 170. — Cette appellation provient de ce que saint Thomas reçut la ceinture que la Vierge laissa tomber en son Assomption, 73, et *Viaggio*, p. 98.

Sains, page 117, ligne 7, est une faute du scribe pour *sans* « sang ». Toutefois la notation *sainc* n'est pas inconnue : dans le *Livre des mestiers*, boudins de *sainc*.

San, 301, sens, 1-2, notation phonétique de « cent », au pl. *cens*, « cents », nom de nombre.

Sarrée, dans la loc. *nuit sarrée tout avant* (*M* : *neut fermée*). Nous dirions auj. : « en pleine nuit, nuit noire ».

Saule, 173, « salle ». — De même *Chaullons*, *Paudouva* (p. 105, 106), « Chalon, Padoue ».

Sens, 1-2. Voy. *san*.

Serche, *sairche*, *sarche*, voyage, pérégrination ; plus spécialement : *la saincte serche*, la visite de dévotion aux Lieux Saints, 52, 72, 133, 242, 263. — C'est le subst. verbal de *serchier*, pour *cerchier*, « chercher » : part. prés. *serchant*, 230, 263 ; part. pas. *serchés*, 280, au sens de « inspectés, visités à la douane ».

Sicamors, p. 119, ligne 22, sg. suj. « sycomore ».

[**Singler,**] « cingler », terme de navigation ; plus anciennement, *sigler*. — Pf. 1ᵉ ps. pl. *singlasmes*, 29.

Sire (*virge*), 322 *bis*, cire vierge.

Soldat, 185, corruption de *soldant*, 238, 239, 240 ; (ital. *soldano*), le soudam, soudan d'Egypte.

Soulz, 234, *ceu*, *ceul*, 249, adj., « ceux, ceux-là, ces ».

Suis, p. 111, prononc. atténuée de *sus*, « sur », prép. — Par contre, *condut* pour « conduit », *cusses* pour « cuisses ».

T

Terne, 108, adj., « triple ».

Test, 119, « têt », crâne, le crâne d'Adam. C'est proprement le masc. de teste, 122, « tête ». *M* donne au fém. *une teste*, *lai test*, (Voy. *-e* final).

1. **Toille**, 344, toile.

2. **Toille**, 174 *bis*, touaille, touaille, 174 *bis*, 332, serviette, mouchoir qui forme la coiffure des Orientaux. Voy. faissel.

Tournelette, 95 ; (*M* : *anglisson*, dim. de *angleit* (v. c. m.) semble moins bon), dim. de « tournelle », sorte de cage en maçonnerie ou en bois entourant un pilier.

Tournoyement, 21, emplacement pour un tournoi.

Traire le lait, 145 ; impf. *trayhoit*, 145. Mais le pf. *trahit*, 173, a le sens étymologique de « tirer, attirer, entraîner ». — En plusieurs provinces, on dit communément : « tirer le lait ».

Tramelz, *tramès*, 152, 162, traduit TRAVERS. — L'orthographe de *tramelz* est altérée de *tramei*, lat. *trans medium*.

TRELIS de fer, 126, 246, 296, *trullie-z*, 246, 296, « treillis » pour garantir du contact des pèlerins certains objets de dévotion particulièrement précieux.

Trullie, fém., répond à TRELIS.

Tu, 306, est réduit de *tuit*, « tous ».

V

Vanredi (le boin), 292, le Vendredi Saint.

[*Veoir*] « voir ». — Part. pas. *veoit*, 250, forme particulière aux dialectes de la région nord-orientale. Impf. 3ᵉ ps. sing. *veoit*, 250. Cond. 2ᵉ ps. pl. *voriés*, B 26.

VILLE CHAMPESTRE, et dim. VILLETTE, 46, 160, 163, bourg rural, non enclos de murs ; *ville*, page 119, ligne 14, domaine rural, maison de plaisance.

Virge, « vierge » : 1° absolument, subst., la sainte Vierge, 289 ; 2° adj. : *bullete de virge sire*, 322 bis, de cire vierge.

[*Voloir*] « youloir ». Pf. 3 ps. pl. *vostrent*, 100, forme gâtée de *vodrent* (M : *vorent*) d'après l'analogie de *mistrent*, *fistrent*, 225 et ailleurs.

[VOLTISER], ital. *volteggiare*, courir des bordées, louvoyer. Pf. 1ᵉ ps. pl. *voltisames* (M : *votisame*), 310.

Voriés, B 26, pour *veriés*, « verriez », 2ᵉ ps. pl. cond. de *veoir*.

Y

YACCOPPITES, *Jaicobin*, *Jacopin*, 247, 262, chrétiens de la confession de saint Jacques, les Coptes.

Yauwe, *iawe*, *iauwe*, 230, 231, 235 bis, « eau ».

YMAGINEURES *(painctures ne)*, 234 *(M : ymaige)*, représentation des traits de la figure humaine par la peinture ou la sculpture. Dans le v. fr. *image* a le sens de « statue » : *imagiers*, *tailleurs d'images*, dans le *Livre des Mestiers*.

FIN DU GLOSSAIRE

INDEX

DES NOMS PROPRES DE PERSONNES ET DE LIEUX

INDEX

DES NOMS PROPRES

DE PERSONNES ET DE LIEUX

A

ABSALLONT, fils de David; son tombeau, 83. — Le ms. de Paris et les éditions qui en dérivent attribuent à « Salo- « mon, fils du roi David, qui « estoit en son vivant le plus « bel homme de son temps », le tombeau connu de nos jours pour le tombeau d'Absalon, mais cette attribution résulte évidemment d'une faute de copiste, comme on peut le déduire des trois raisons qui suivent : 1º le sépulcre de Salomon se montrait dès lors, suivant nos pèlerins, dans une chapelle attenant à l'église Notre-Dame du Mont-de-Sion; 2º ce n'est pas à Salomon que se rapportent les mots « qui « estoit en son vivant le plus « bel homme de son temps », mais bien à Absalon, témoin ce verset du second livre des Rois (c. XIV, v. 25) : « Porro « sicut Absalom, vir non erat « pulcher in omni Israel, et « decorus nimis : a vestigio « pedis usque ad verticem non « erat in eo ulla macula »; 3º le ms. d'Épinal remplace précisément, au § 83, le nom « Salomon » par celui d' « Absalon ». — Le « tombeau d'Absalon », le monument funéraire le plus remarquable de la vallée de Josaphat, est monolithe, taillé dans le roc, et son architecture ne permet pas de le croire antérieur à l'époque des Asmonéens. C'est certainement lui que le pèlerin de Bordeaux désigne en 333 comme le tombeau du prophète Isaïe (p. 18 du tome Ier des *Itinera latina* publiés par la Société de l'Orient latin), et son nom actuel, qui ne remonte peut-être pas plus haut que la domination franque en Palestine, se fonde sans doute sur ce qui est dit au ch. XVIII, v. 18, du livre II des Rois au sujet du monument qu'Absalon s'était fait construire, de son vivant, dans la vallée royale : « Porro Absalom erexerat sibi, « cum adhuc viveret, titulum « qui est in Valle Regis... « Vocavitque titulum nomine « suo, et appellatur Manus « Absalom, usque ad hanc « diem. » Au reste, c'est près de Segor et de la côte méridionale de la mer Morte qu'on montrait au VIe siècle, suivant Antonin de Plaisance, le tombeau du fils rebelle de David (*Itinera latina*, t. Ier, p. 97, 129, 136).

Acre, 318. — Acre ou Saint-Jean-d'Acre, en latin *Acco*. Voy. *Dyacre*.

Adalia. Voy. *Sathalie*.

Adam, 119, 122.

Aigue-Belle, lai Gabelle, 3 et App. — Aiguebelle, en France (Savoie, arr. de Saint-Jean-de-Maurienne, chef-lieu de canton).

Alexandria, ville détruite dans l'île de Chifornia, 25. — Il ne semble pas qu'on ait encore signalé l'existence d'une ville antique de ce nom, dans l'île de Céphalonie, que l'auteur de cette relation appelle à tort *Chifornia*. Cependant, Bellin dans sa *Description géographique du golfe de Venise*, publiée en 1771, indique (planche 35) P[ort] *Alexandre* sur la côte orientale de l'île.

Alexendrie. Voy. *Alixandre*.

Alexis (saint), 203.

Alixandre, Alixendre, Alexendrie, 3 et App. — Alexandrie, en Italie, dans les anciens Etats Sardes ; cette ville doit son nom au pape Alexandre III en l'honneur de qui elle fut fondée en 1168.

Alixendre, en Egipte, 211, 248, 278-289 ; la rue Saint-Marc, 282. — Alexandrie, ville d'Egypte, fondée par Alexandre le Grand, en l'an 332 avant l'ère chrétienne.

Amasse greique (la), en Turquie, 316. — Selon M. Olivier Rayet, qui veut bien nous faire part de son opinion, ce lieu que nos pèlerins rencontrèrent sur la côte asiatique en se rendant du golfe de Makri à l'île de Rhodes, pourrait être reconnu dans une petite crique située entre le cap Aspro-Miti et le cap Pernari, « c'est-« à-dire au point où un ba-« teau, cabotant le long des « côtes, doit forcément prendre « le large et piquer droit au « sud pour aller au port de « Rhodes ». Cette crique porte en turc le nom d'*Arabah* qui lui est commun avec un village voisin. « Ne peut-on sup-« poser, — nous dit M. Rayet, — « que *Arabah*, mot employé « communément non - seule-« ment par les Turcs, mais « aussi par les Grecs de l'Ana-« tolie au sens de *chariot*, est « simplement la traduction en « dialecte moderne d'un nom « plus ancien ἄμαξα ? » Nous admettons complètement l'hypothèse du savant professeur.

Ancone. Voy. *Enconne*.

Angleure ou Englube, 2, 3, 364. — Anglure (Marne, arr. Epernay, chef-lieu de canton). — *Angleure* était au xive siècle la forme la plus correcte du nom de cette localité qu'on voit écrit *Anglitura* dans une charte de 1131 *(Gallia christiana*, t. X, instr., col. 165).

— (Monseigneur d'), 1, Oger VIII, seigneur d'Anglure. — Sur ce personnage, voir la Notice historique placée en suite de la Préface.

Annas, évesque de Jerusalem, 95. — Annas, grand-prêtre des Juifs et beau-père de Caïphe.

Anne (sainte), mère de la Vierge, 62.

Anthoine (saint), frère mineur, honoré à Padoue, 19.

Anthoine de Vienne (saint), 256, 260, 263-8. — C'est le même que saint Antoine le Grand, le fameux solitaire de la Haute-Égypte, dont les reliques furent transportées de Constantinople en Viennois, où elles donnèrent naissance, au xie siècle, à une congrégation de religieux.

ARABES. Voy. *Arrabois*.

ARABIE. Voy. *Arrabe*.

ARCADIA. Voy. *Licardia*.

ARCHELDEMACH, 91. — L'évangile cité par le pèlerin à l'occasion de ce lieu est celui de saint Mathieu où on lit, en effet, les paroles suivantes : « Consilio autem inito, [principes « sacerdotum] emerunt ex illis « [argenteis] agrum figuli, in se- « pulturam peregrinorum. Prop- « ter hoc vocatus est ager ille « Haceldama, hoc est ager san- « guinis, usque in hodiernam « diem » c. XXVII, v. 7-8). — La terre de poterie et les fragments de vases antiques qu'on trouve encore au champ d'Haceldama rappellent sa destination primitive. Ce champ appartint, sous la domination franque, aux chevaliers de l'hôpital de Saint-Jean de Jérusalem qui y avaient un oratoire et y ensevelissaient, à l'exemple des Juifs du Ier siècle, les pèlerins morts chez eux. La tradition rapportée par l'auteur de notre relation — « et « dit on que les os des Ma- « chabées y sont » — se rattache probablement au tombeau hébraïque que recouvre le charnier des Hospitaliers (Liévin, *Guide indicateur des sanctuaires de la Terre-Sainte*, publié en 1869, p. 201; Michon, édition du Voyage du seigneur d'Anglure, donnée en 1859, p. 81). La chronique d'Ernoul (édit. Mas Latrie, p. 203), qui rappelle la destination de ce lieu à l'époque des croisades, le nomme *Caudemar* ou *Chaudemar*, forme romane de l'hébreu Haceldama.

AREMATHIE. Voy. *Barimathie*.

ARMÉNIE, 246. Voy. *Ermenie*.

— (le roi d'), mort en France, 247. — Léon VI, de la famille de Lusignan, monta sur le trône d'Arménie vers 1365, et eut à défendre son royaume contre le Sultan d'Égypte qui le fit prisonnier en 1375. Il ne recouvra sa liberté qu'en 1381, passa successivement en Chypre, en Italie, en Espagne et en France, et mourut enfin à Paris le 29 novembre 1393. Son tombeau, qu'on vit jusqu'à la Révolution dans l'église des Célestins, fit partie, pendant vingt années, du Musée des monuments français et fut ensuite transporté à Saint-Denis (G. Rey, *Les familles d'Outremer de Du Cange*, p. 151-153).

ARRABE, ARRABLE, 2, 238; 1-2 App. — L'Arabie.

ARRABOIS, 275. — Les Arabes.

ARRAGONNOIS (les), 285. — Les habitants du royaume d'Aragon.

AST, 3 et App. — Asti (Italie, prov. d'Alexandrie).

ATHENES (la noble cité d'), « qui est a present toute destruicte », 326.

ATHLIT. Voy. *Chastel-Pellerin*.

ATTALIA. Voy. *Sathalie*.

AUBE (l'), rivière, 2. — L'Aube, affluent de la Seine qu'elle joint à deux lieues au-dessous d'Anglure.

AVIGLIANA. Voy. *Villaines*.

B

BABILOINE, 225, 230, 233, 242-249, 254, 255, 274, 276, 278, 279. — Le Vieux-Caire, en Égypte.

— « Eglise Sainte-Marie de la « Bosve », où la Vierge demeura durant sept années avec son fils, 244. — C'est évidemment dans la « bove » et non dans l'église même que séjourna la Vierge. Quant au sanctuaire, il subsiste encore au Vieux-Caire et est en très grande vénération chez les Coptes chrétiens qui considèrent toujours la grotte comme une des stations de la Vierge, lors de la fuite en Egypte (Linant-Bey, *Mém. sur les principaux travaux d'utilité publique exécutés en Egypte*, p. 137).

— Eglise de Nostre-Dame en la Coulompne, 245.

— (Le patriarche de), frère du roi d'Arménie, 247. — Ce patriarche de Babylone d'Égypte, frère de Léon VI, dernier roi d'Arménie, est resté inconnu de Du Cange (*Les Familles d'Outremer*, p. 151 et ss.), aussi bien que de Le Quien (*Oriens christianus*, t. II, col. 560), qui ne sait rien de l'histoire des « évêques de Babylone » durant les derniers siècles du moyen âge. Les auteurs de l'*Art de vérifier les dates* (chronol. des rois d'Arménie, t. I, p. 467-468) ne l'ont pas non plus signalé.

BALÉES, 3. — Le ms. et les éditions portent à tort *Valées*, comme le prouve l'examen de la route suivie par nos pèlerins car il s'agit ici de la ville épiscopale de Belley (Ain, chef-lieu d'arrond.), que nous trouvons nommée *Belloes* (ou peut-être plutôt *Bellées*) dans les statuts de l'ordre du Collier de Savoie donné en 1409 à Châtillon-les-Dombes, par Amé VIII, comte de Savoie (Cibrario et Promis, *Sigilli de' principi di Savoia*, p. 77).

BAR (messire Henri de), 339. — Henri de Bar, fils aîné de Robert, duc de Bar et de Marie de France, sœur du roi Charles V, épousa Marie, fille aînée d'Enguerrand VII, sire de Coucy, et d'Isabeau d'Angleterre, qui lui apporta en dot la seigneurie d'Oisy. Héritier présomptif du duché de Bar, son mariage l'appelait, en outre, à recueillir la meilleure partie de la riche succession de Coucy; mais la maladie l'enleva en 1397 à Trévise, au retour de la funeste expédition de Nicopolis (Duchesne, *Hist. gén. de la maison de Bar*, p. 61, 62; — *Livre des faiz de Jean Bouciquaut*, l. I, c. XXVII).

BARBE (sainte). — Ses reliques à Venise, 9. — Lieu de son martyre et église à Beyrouth, 38.

BARIMATHIE (Joseph de), 49, 124. — La localité dont Joseph d'Arimathie tirait son surnom a été identifiée par Eusèbe avec Ramathaïm-Sophim, et par saint Jérôme avec le lieu où s'élève aujourd'hui la ville de Ramleh, construite dans la première moitié du VIIIe siècle par les musulmans qui avaient ruiné Lydda. Cette dernière opinion est loin d'avoir un caractère absolu de certitude; mais, ainsi que le remarque M. Victor Guérin, qui a consacré plusieurs pages à son examen, elle repose sur de grandes probabilités (*Judée*, p. 1,

p. 55). — *Barimathie* est la forme populaire au moyen âge; elle se retrouve dans tous les mystères du xv⁰ siècle. Aujourd'hui même, cette appellation qui provient d'une erreur de copiste (*Joseph a Barimathia*), est la seule en usage chez les Bas-Bretons.

BARUTH OU BARUST, 35, 36, 37, 38, 39, 40, 41, 341; l'église de Saint-Georges, 138; l'église de Sainte-Barbe, 38. — Les « deux grans arvos fais a voste « tournée », sous lesquels était une sorte de terrasse que la tradition du xiv⁰ siècle indiquait comme la demeure de la jeune fille que saint Georges sauva du dragon, ces deux « arvos », disons-nous, se voient encore aujourd'hui à vingt-cinq minutes de marche, hors de Beyrouth, vers l'est, sur la route de Tripoli, ce qui concorde parfaitement avec le dire de notre pèlerin. Le frère Liévin rapporte que ces deux constructions, qui semblent être de brique, sont en pierre ordinaire du pays; il a remarqué dans chacune d'elles deux loges funéraires (p. 685).— L'auteur que nous venons de citer ne parle pas de la chapelle qui s'élevait au xv⁰ siècle au lieu même de la défaite du dragon par saint Georges et qui, cependant, a été vue par l'abbé Michon. « Elle paraît complètement « abandonnée, » dit ce dernier voyageur, « mais son architec- « ture est ancienne, et c'est « certainement la chapelle qui « a été visitée par notre pèle- « rin » (p. 46).

BASSEGUENIGNE, BASSIGNANNE, 3 et App. — Bassignana (Italie, prov. et arrondiss. d'Alexandrie).

BAUDOUYN [I⁽ʳ⁾], roi de Jérusalem; son tombeau, 122. — Baudouin I⁽ʳ⁾ succéda à son frère Godefroy de Bouillon sur le trône de Jérusalem qu'il occupa de 1100 à 1119.

BEAUNE, 3. — Beaune (Côte-d'Or, chef-l. d'arr.).

BERTHOLOMI (saint), 33. — Saint Barthélemy, apôtre.

BÉTHANIE, 163-167. — Béthanie est aujourd'hui désignée par les Arabes sous le nom El-Azarîeh, sans doute parce que l'église élevée au commencement du iv⁰ siècle par sainte Hélène, en l'honneur de saint Lazare, aura fini par substituer son vocable à l'ancienne appellation hébraïque.— L'auteur de la relation que nous publions paraît avoir commis une légère inexactitude en disant (§ 163) que le tombeau d'où le Christ tira Lazare se voyait dans la maison même qu'avait habitée celui-ci : les voyageurs modernes visitent la demeure de Lazare et de ses sœurs, Marie-Madeleine et Marthe, à 40 mètres environ au sud du tombeau. Les musulmans qui montrent aujourd'hui la sépulture de Lazare aux pèlerins chrétiens en ont, paraît-il, le plus grand soin, car ils sont persuadés que la conservation de leur progéniture est attachée à leur respect pour ce monument (Liévin, p. 392-393).

BETHFAGÉ, 86, 87. — Bethphagé, village au pied du mont des Oliviers, entre Jérusalem et Béthanie, célèbre dans la tradition chrétienne pour avoir été le lieu où Jésus envoya deux de ses disciples prendre l'ânon sur lequel il devait faire son entrée à Jérusalem (Matth. xxi). Il était à peu près complètement ruiné lors de la première croisade. Sæwulf parlant de Bethphagé, écrit, en effet :

« Betphage, ubi Dominus pre-
« misit discipulos ad civitatem
« est in Monte Oliveti, sed fere
« nusquam apparet » (édit. d'A-
vezac, p. 36); ces paroles sont
à rapprocher de celles d'un
de nos contemporains, le frère
Liévin, qui s'exprime ainsi :
« Jusqu'aux ruines mêmes,
tout a disparu » (p. 166). Plusieurs témoignages du XIIe
siècles attestent cependant que
Bethphagé possédait une église
au temps de la domination
des croisés, et les restes de cet
édifice ont même été recon-
nus en 1877 par le frère Liévin et le capitaine Guillemot
(voir à ce sujet un mémoire
publié dans la *Revue archéo-
logique*, t. II de 1877, p. 366-
388, sous le titre: « *La pierre
« de Bethphagé*, fresques et
« inscriptions des Croisés, ré-
« cemment découvertes auprès
« de Jérusalem »).

BETHLEEM, 137, 145, 147, 170.

— Eglise [de Notre-Dame], 137,
145.—De bonne heure, le lieu
de la naissance du Christ, Bethléem, fut l'objet de la vénération des fidèles qui y cons-
truisirent un oratoire, lequel
fut détruit en l'an 135 par
l'empereur Adrien; le culte
d'Adonis et de Vénus fut alors
substitué à celui du Christ et
de sa mère (saint Jérôme, lettre à Paulin). Deux siècles
plus tard, en l'an 327, une
magnifique basilique y fut
commencée par sainte Hé-
lène ; elle fut achevée par l'empereur Constantin, en 333, et
le pèlerin de Bordeaux la vit à
cette dernière date. Cette
église, dédiée à la Vierge, est
encore en fort grande partie
du IVe siècle.

— Eglise de Saint-Nicolas et
grotte du Lait ou de la Vierge,
145. — L'église de Saint-Ni-
colas fut construite au IVe siècle sur la grotte du Lait par
sainte Paule; il n'en subsiste
plus qu'une partie du pavé
en mosaïque (Liévin, p. 313).
Sur l'état actuel de la grotte
du Lait, on peut aussi consulter la *Description de la Judée*,
de M. Guérin (t. I, p. 186-
189).

— Le tombeau des Innocents,
143.— Voy. Guérin, *Description de la Judée*, t. I, p. 160-
164.

— Le tombeau de saint Jérôme,
143. — Saint Jérôme mourut
en 420, à Bethléem, où l'on
voit encore son tombeau ;
mais les restes du célèbre docteur de l'Eglise sont maintenant conservés à Rome dans
l'église de Sainte-Marie-Ma-
jeure.

BETHPHAGÉ. Voy. *Bethfagé*.

BETHZEL, 170-172. — Ce village
situé « assés près de Bethleem, environ une lieue »,
doit être certainement reconnu
dans le Beit-Jâla, à 2,500 mètres
au N.-O. de la ville natale du
Christ.

BEYROUTH. Voy. *Baruth*.

BLAISE (saint), 332 et App. —
Sur l'histoire des reliques de
saint Blaise à Raguse, voy.
[Appendini] : *Notizie istorico-
critiche sulle antichità, storia
e letteratura de' Ragusci* (Ra-
gusa, 1802, in-4°), t. I, p. 177.

BON LARRON (le), 293, 295.

BORGOFORTE. Voy. *Briguefort*.

BOSNIE. Voy. *Bossene*.

BOSSENE (le royaume de), 336.
— La Bosnie. — Bertrandon
de la Broquière, qui visitait
l'Orient en 1432 et 1433, parle
aussi du « royaume de Bos-

sene » comme d'un royaume tributaire des Turcs, et vit à Andrinople le compétiteur du roi de Bosnie qui venait en faire hommage au sultan (mss. 5993 du fonds français de la Bibl. nat., f⁰ˢ 219 v⁰ et 222 v⁰).

Bouciquault (messire), 18. — Jean le Meingre, dit Boucicaüt, maréchal de France depuis l'année 1391, faisait partie de l'expédition dirigée contre les Turcs, en 1395, par Jean de Bourgogne, comte de Nevers, et dont le passage en Lorraine eut lieu, selon Froissart (l. IV, c. XLVIII de l'édition Buchon), vers le 20 mai 1395, c'est-à-dire moins de trois mois avant l'époque où notre pèlerin était à Boucicaut prêt à soutenir à Padoue un combat singulier contre Galéas de Mantoue. Cet événement de la vie du chevaleresque maréchal n'a été consigné ni par l'auteur du *Livre des faiz de Jean Bouciquaut* ni par Froissart; bien plus, rien dans le récit de l'un ni de l'autre de ces chroniqueurs ne donne à penser que Boucicaut se soit écarté un moment des pays arrosés par le Danube en marchant contre les Turcs qui devaient infliger, le 20 octobre 1396, à l'armée chrétienne, le sanglant échec de Nicopolis. — Sur les rapports de Boucicaut et de Galéas de Mantoue, voir l'article consacré à ce dernier personnage.

Bouillon (Godefroy de). Voy. *Buillon*.

Bourc en Bresse, 3 et App. — Bourg-en-Bresse (Ain, chef-lieu du dép.).

Bourg-en-Bresse. Voy. *Bourc*.

Brescia. Voy. *Bresse*.

Bresse, « une cité de Lombardie, » 346, et 3 App. — Brescia (Italie).

Brieg. Voy. *Brigue*.

Brigue, 352. — Brieg, en français « Brigue », bourg de Suisse situé sur la rive gauche du Rhône, à 50 kilom. environ à l'est de Sion (Valais, chef-lieu de district).

Brigue (le mont de), 354, 352. Le mont Simplon, dans la chaîne des Alpes Lépontiennes, entre le Valais et le Piémont.

Briguefort, 4. — Borgoforte, ville d'Italie, située sur la rive gauche de Pô, à 15 kilom. au sud de Mantoue de la province et l'arrondissement duquel elle fait partie.

Buillon (Godefroy de), son tombeau, 122. — Godefroy de Bouillon, le premier prince latin qui régna à Jérusalem, mourut au mois de juillet de l'an 1100 et fut enseveli dans l'église du Saint-Sépulcre. Son tombeau et celui de Baudouin V, son successeur, furent détruits en 1808 par les Grecs lors de la restauration du Saint-Sépulcre et remplacés par deux bancs de pierre (Liévin, p. 507).

C

Caffa, 326. — Caffa, la *Theodosia* des anciens, ville de Crimée. En 1266, elle fut prise sur les Tartares par les Génois qui y établirent le centre de leur commerce dans l'Orient; aussi l'auteur de l'Atlas catalan, qui dessinait ses cartes en 1375, fait-il flotter le pavillon génois à Caffa, comme à Gênes et à Péra (voir l'édition de l'Atlas catalan donnée par Buchon et Tastu dans le tome XIV (2ᵉ partie) des *Notices et extraits des manuscrits*.

Caïpha ou Haïpha. Voy. *Chastel-Carmelin.*

Caire (le), 185, 233-241, 242, 243, 248, 249, 252, 279. — Le Caire (Egypte). — Voy. aussi *Babiloine.*

Calvaire (Le mont du) ou d'Escalon, 114 et ss.

Candie. Voy. *Quandie.*

Candiens (les) ou Condroites, 285. — Les habitants de l'île de Candie, l'ancienne Crète, qui fut au pouvoir des Vénitiens de 1204 à 1669.

Caronno. Voy. *Karonne.*

Castellains (les), 285. — Les habitants de la Castille.

Cau, Caut-Saint-Ange, 326-328. Voy. *Tau.*

Caudemar. Voy. *Archeldemach.*

Cazopoly, île déserte entre Pola et Corfou, 24; chapelle de N.-D. de Cazopoly, 24. — L'île de Saseno, dans la mer Ionienne, près de la côte albanaise, vis-à-vis de Valona; c'est l'*insula Saso* ou *Sasonis* de l'Itinéraire d'Antonin. Notre pèlerin n'est pas le seul auteur du xivᵉ siècle qui lui attribue le nom inscrit en tête de cet article; on trouve, en effet, le vocable *Cazopoli* appliqué à l'île située en face de Valona par l'Atlas catalan de 1375, mais les éditeurs de ce précieux document, ne connaissant pas la relation de voyage dont nous donnons une édition, ont cru que le nom de Cazopoli s'appliquait au « cap de Pollina, près du cap Valona » (p. 88).

Cedron, ruisseau, 66. — Le torrent de Cédron coule dans la vallée de Josaphat, à l'est de Jérusalem, entre cette ville et la montagne des Oliviers; il se jette dans la mer Morte.

Cène, Sene (la sainte), 92, 103.

Cenis (mont). Voy. *Seny.*

Céphalonie. Voy. *Chifornia.*

Cermeu, 4. — Sermide, petite ville sur la rive droite du Pô, à 8 l. n.-o. de Ferrare; c'est aujourd'hui un chef-lieu de mandement dans la province et l'arrondissement de Mantoue (Italie).

Chablais. Voy. *Chambely.*

Chalon sur la Sone, Challon, Chaullons, 3 et App. — Chalon-sur-Saône, ancienne ville épiscopale (Saône-et-Loire, chef-lieu d'arrond.).

Chambely, 354. — Le Chablais. Voy. *Saint-Moris.*

Chambery. Voy. *Chambry.*

Chambre (la), 3. — La Chambre (Savoie, ar. de Saint-Jean-de-Maurienne, chef-lieu de canton.)

Chambry, Chamberi en Savoie, 3 et App. — Chambéry (Savoie, chef-lieu du département).

Chansiaux, 360. — Chanceaux, village (Côte-d'Or, arr. de Semur, canton de Flavigny).

Chastellion. Voy. *Chastillon.*

Chastel-Carmelin, 42. — Ce château, qui prenait son nom du mont Carmel, pourrait être identifié avec Haïfa ou Calpha, ville située sur le golfe d'Acre, au pied oriental du mont Carmel, entre le cap Carmel et Césarée.

CHASTEL-DAVID (le), 50.—C'est la citadelle de Jérusalem, construction féodale du XIIe siècle, attenante à la ville, contrairement à ce qu'on pourrait induire du texte de notre pèlerin. « La partie la plus « intéressante de ce monu- « ment, » dit M. l'abbé Michon (p. 55), « est la tour de « David, forte masse compo- « sée de quatorze assises de « pierres énormes superposées « sans ciment, retenues par « des crampons de fer..... Au « dessus de la tour est la cha- « pelle des rois francs, dédiée « à saint David. »

CHASTEL-PELLERIN, 42. — Sur cette forteresse, aujourd'hui Athlit, sur la côte de Syrie, entre Acre et Césarée, voir G.-Rey, *Etude sur les monuments de l'architecture militaire des croisés*, p. 93 à 100, et planche XI.

CHASTEL ou CHASTIAU ROUGE (le port de), 34, 309-314.— Le Chastel-Rouge (port et château), situé, au dire de notre pèlerin, dans une petite île éloignée d'une demi-lieue à peine du rivage de la Turquie [d'Asie], est également mentionné dans l'Atlas catalan de 1375 comme voisin de Macri, sous le nom de *Castelros* que Buchon et Tastu ont lu mal à propos *Castel Rog* (p. 105). Un autre document géographique de la même date, ou à peu près, l'Itinéraire brugeois, mentionne aussi *Castiel-Rouges* (Lelewel, *Géographie du moyen âge*, épilogue, p. 301). Les cartes modernes indiquent également près du rivage turc, la petite île « Meis ou Kastelloryzo » à une trentaine de lieues à l'est de Rhodes.

CHASTILLON, CHASTEILLON-SUR-SEINE, 3, 361. — Châtillon-sur-Seine (Côte-d'Or, chef-lieu d'arrond.).

CHAT (le mont du), 3. — Le mont du Chat, montagne située entre la vallée d'Yenne et le lac du Bourget (Savoie).

CHATILLON-SUR-SEINE. Voy. *Chastillon.*

CHAULLONS. Voy. *Challon.*

CHIERI. Voy. *Lyer.*

CHIFORNIA (isle de), 25. — Céphalonie, la plus grande des îles Ioniennes.

CHIOGGIA. Voy. *Cluge.*

CHIPRE, CHIPPRE (l'isle de), 34, 289, 290, 293, 307.— L'île de Chypre.

— (le roi de), 290-3, 296 et ss. Jacques Ier de Lusignan régna en Chypre de 1382 à 1398.

CHIPPRIENS (les), 285. — Les Chypriotes, ou habitants de l'île de Chypre.

CHORON, COURON, ville fermée, en Morée, 328 et App. — Koron, en Morée, sur la côte occidentale du golfe de Kalamata, dit aussi golfe de Koron.

CHRISTOFLE (saint), 9.

CHYPRE. Voy. *Chippre.*

CLÉES (Les), en Suisse. Voy. *Esclées (l').*

CLUGE, 4. — Chioggia, ville de Vénétie (chef-lieu d'arr.), construite dans une île voisine des lagunes. Son nom primitif était *Fossa Clodia*, changé de bonne heure en *Clugia*.

COCHECA, truchement, 249.

CONDROITES (fondique des), 285. Voy. CANDIENS.

CONSTANTIN (saint), empereur, 53, 133, 293. — C'est le grand Constantin, fils de Constance Chlore et de sainte Hélène.

CONSTANTINOBLE, 54, 131, 133, 341. — Constantinople (Turquie).

CORBEDESSON, en Vénétie, 4.

CORBEDESSURE, en Vénétie, 4.

CORFO (isle de), 23, 24, 25. — L'île de Corfou.

— cité, 23. — La ville de Corfou est située vers le milieu de la côte orientale de l'île de même nom dont elle est la capitale. Le quartier connu sous le nom de Paleopoli, c'est-à-dire « la vieille ville », est situé sur les ruines de l'ancienne ville de Corcyre.

CORION, 279. — El-Kérîoun, (Egypte), village situé sur la rive gauche du canal d'Alexandrie, à sept lieues est-sud-est de la ville de ce nom.

COSMÉ (saint), 6.

COUCY (monseigneur de), 339. — Enguerrand VII, seigneur de Coucy, de Marle et de la Fère, de 1344 à 1397, et comte de Soissons à partir de 167, épousa successivement Isabeau d'Angleterre, fille du roi Édouard III, et Isabeau de Lorraine. Il prit part en 1395 à l'expédition dirigée par le comte de Nevers contre les Turcs, fut fait prisonnier à Nicopolis le 28 octobre 1396 et mourut à Brousse dans l'AsieMineure après avoir ajouté un codicille à son testament le 16 février 1397. (Duchesne, *Hist. gén. de la maison de Coucy*, p. 264-271; preuves, p. 419). — « Messire Henry de Bar » que nos pèlerins virent avec lui à Venise, était son gendre.

COURRANS (l'isle de la), port de la Turquie d'Asie, 310.

COURON. Voy. CHORON.

CREMONA, 4, en Lombardie, chef-lieu de province et d'arrondissement.

CROIX (la vraie), 15, 133, 152, 333.

D

DAMAS (Syrie), 35, 40, 341.

DAMIEN (saint), 6.

DANIEL (saint), 14.

DAVID, roi des Juifs, 17. — Son tombeau, 98. Voy. *Jherusalem*.

DEPOST (le) de Morée. Voy. *Morée*.

DIJON, DIYONS, 359, 360; 3-5 App. — Dijon (Côte-d'Or, chef-lieu du département).

DIVOIRE, « qui est au pié du mont de Brigue », 351. — Diveria, hameau du versant italien du Simplon, au pied de cette montagne, sur la route qui conduit de Brieg (Suisse) à Domodossola (Italie). Le nom de *Diveria* lui est commun avec un ruisseau qui se jette dans le Toce un peu au-dessus de Domodossola.

DIYONS. Voy. *Dijon*.

DOULX (la rivière du), 359. — Le Doubs, rivière, affluent de la Saône, qu'elle joint à Verdun (Saône-et-Loire).

DURANT (messire), 296.

Dyacre, 42. — Acre ou Saint-Jean-d'Acre en Syrie.

E

Ebrieux (les), « c'est assavoir les Juifz », 225.

Egipte, Esgipte, 1 et App., 200, 211, 216, 224, 225, 288.

Elie le Prophète. Voy. *Hélie*.

Elizabeth (sainte), mère de saint Jean-Baptiste, 148, 149, 151.

El-Kérioun. Voy. *Corion*.

Emaus, chastel, 47. — Emmaüs. — Le nom d'Emmaüs s'applique, en Palestine, à plusieurs localités également pourvues, les unes et les autres, d'eaux thermales ; mais notre auteur ne parle que de l'Emmaüs le plus rapproché de Jérusalem, lequel est célèbre dans la légende chrétienne par la rencontre de Jésus-Christ avec deux de ses disciples, le jour même de la Résurrection. La forme actuelle du nom de cette localité, également désignée par le vocable grec de Nicopolis, serait Emmoîs d'après le frère Liévin (p. 40); Ammas suivant la carte de la Palestine de Van de Velde; Amoas, enfin, selon M. Guérin *(Judée,* t. I*er*, p. 293.)

Emmaus. Voy. *Emaus*.

Enconne, 337. — Ancone (Italie), chef-lieu de la Marche d'Ancone).

Enconnitains, 285. — Les hatants d'Ancone (Italie).

Englure. Voy. *Angleure*.

Ermenie, 110, 242. — Voy. *Arménie*. — L'Arménie.

Escalon (Le mont d') ou du Calvaire, 114 et ss.

Esclavonie, Esclavoine, 330 et App. — Ce n'est pas la Slavonie actuelle, mais la Dalmatie (puisqu'il est question de Raguse). La Slavonie, d'aujourd'hui, comprise entre la Drave, le Danube et la Save, est séparée de la Dalmatie par la Croatie ; et notre pèlerin n'y a jamais posé le pied.

Esclées (L'), 357. — Les Clées, village de Suisse (Vaud, district d'Orbe, à 25 kil. de Lausanne).

Esgipte. Voy. *Egipte*.

Estienne (saint) le lapidé, 13, 333 ; le lieu de son martyre, 65 ; sa sépulture, 94.

F

Famagost, 290. — Famagouste, ville épiscopale, sur la côte orientale de l'île de Chypre.

Felisson, 3. — Felizzano, dans l'arrond. et la province d'Alexandrie (Italie).

Felizzano. Voy. *Felisson*.

Ferrare, 4. — Chef-lieu de province dans l'Emilie (Italie).

— (le marquis de Mon), 4. — Le dernier éditeur du texte que nous publions a traduit ici « Mon Ferrare » par *Montferrat :* c'est une erreur que la lecture attentive de la phrase où se trouve ce nom lui eût permis d'éviter. En effet, notre pèlerin dit que Sermide *(Cermeu)*, ville située sur le Pô, au-dessous du confluent du Mincio, est l'entrée de la terre du marquis de « Mon Ferrare »; or, le marquisat de Montferrat était situé à une quarantaine de lieues à l'ouest de ce point qui, présisément, se trouvait sur la limite des marquisats de Mantoue et de Ferrare. C'est donc « Ferrare » et non « Mon Ferrare » qu'il faut lire, et c'est sans doute aussi ce nom qu'avait écrit l'auteur de notre relation. — Le marquisat de Ferrare appartenait alors à Nicolas III, de la maison d'Este, qui y régna de 1393 à 1441.

Ferrière (la), 3. — La Ferrière, village situé au pied du Mont-Cenis, versant italien.

Flandres, 341. — Le comté de Flandre.

Fleurey-sur-Ouche. Voy. *Floré-sur-Ource*.

Floré-sur-Ource, 3. — Fleurey-sur-Ouche (Côte-d'Or, arr. et canton de Dijon).

Fonteine de Moïse (la), 224, 225. — On donne encore aujourd'hui le nom de « sources de Moïse » — en arabe *'Ayûn Mûsa* — à des puits artésiens naturels situés sur le bord de la mer, à environ 16 kilom. sud-sud-est de Suez (Linant-Bey, *Mém. sur les princ. travaux d'util. publique exéc. en Égypte*, p. 153).

Fonteine de Monseigneur Saint-George, en l'église de ce nom à Beyrouth, 39.

Fonteine du Soudan (la), sur le chemin de Gaza à Sainte-Catherine du Mont-Sinaï, à six journées de celle-ci et à dix de celui-là, 185.

Fonteine du Soudan (la), à deux journées du Caire, 223.

Fonteine [Saincte Marie], 147, 149, 151. — L'auteur de la relation d'Oger d'Anglure, parle ici de la fontaine que les Arabes désignent, ainsi que le village où elle se trouve (à 6 kilom. à l'ouest de Jérusalem), sous le nom d'Ain-Karîm, tandis que les chrétiens la nomment « la fontaine de la Sainte-Vierge ». Cette dénomination provient d'une mauvaise interprétation de la légende évangélique relative à la visite que la mère du Sauveur vint faire à sainte Elisabeth, interprétation acceptée par notre pèlerin, mais qui est en contradiction avec le texte de saint Luc (1, 40), selon lequel la salutation de la Vierge aurait eu lieu dans la maison de Zacharie. Le frère Liévin pense que la légende aura été transportée à cette fontaine après qu'un éboulement eut fait disparaître la source primitivement désignée par la tradition et qui, voisine du lieu de la naissance de saint Jean-Baptiste, avait été enclose dans l'église consacrée par les Chrétiens à saint Zacharie (Liévin, p. 278). L'erreur fut d'ailleurs reconnue après qu'on eut retrouvé la source longtemps perdue : dès lors, la légende de la fontaine d'Ain-Karîm s'est modifiée, et l'on n'y voit plus maintenant qu'une source à laquelle la mère de Dieu venait puiser de l'eau durant son séjour dans la maison d'Elisabeth (Guérin, *Judée*, t. Ier, p. 97; Liévin, p. 277).

Fonteine Saincte Marie (la), près de Jérusalem, 87. — C'est le nom que, suivant notre pèlerin, les Sarrazins donnent à la fontaine où la Vierge lavait les langes de Jésus, et qui est, en effet, encore appelée aujourd'hui « la fontaine de la Vierge ». Elle est située dans la vallée de Josaphat, au bas du hameau de Selwan. Si l'on s'en rapporte au récit du. pèlerinage accompli en 1467 par Léon de Rozmital, ce serait seulement dans une circonstance déterminée que la Vierge aurait lavé à cette fontaine les langes de Jésus : « In valle « Siloë fons est, ubi virgo « Maria lintea purgavit, cum « Christum in templo conse-« craret ». (édit. de Stuttgart, 1844, p. 130).

Fonteine Saincte Marie, « lez le Caire, » 229, 230-231. Voy. *Moiteria*.

Fontenay, 358. — Le 15 juin de l'année 1395, nos pèlerins auraient dîné à Salins et couché « à Fontenay »; le lendemain ils auraient traversé le Doubs à bac et seraient venus dîner à Saint-Jean-de-Losne. Ces renseignements, si précis qu'ils soient, ne nous permettent pas de retrouver Fontenay : aucun vocable dérivé du latin *fons* ne se rencontre aujourd'hui, parmi les lieux habités entre Salins et le passage du Doubs dans la direction de Saint-Jean-de-Losne. On peut cependant indiquer l'emplacement probable d'un village de « Fontenay », si toutefois la présence de ce nom dans les relations du pèlerinage d'Oger d'Anglure ne résulte pas d'une erreur de copiste : l'itinéraire brugeois, rédigé vers 1375, décrit, en effet, au moyen de stations différentes de celles de notre auteur et plus nombreuses, la route que les pèlerins pour la Terre-Sainte, passant par Dijon, devaient suivre pour aller de cette ville à Martigny en Valais. Or, les stations indiquées entre Dijon et Salins sont Saint-Jean-de-Losne, Gevry et la Loye (Lelewel, *Géographie du moyen âge*, épilogue, p. 299). Et comme cette dernière station est située à peu près à égale distance de Salins et de Saint-Jean-de-Losne et dans les conditions requises pour « Fontenay » à l'égard du Doubs, il est probable que c'est vers ce lieu qu'on doit rechercher le village, sans doute détruit, où s'arrêtèrent nos voyageurs.

Foua, 279. — Fouah ou Foueh, ville de la Basse-Egypte, sur le bras occidental du Nil, à 6 lieues sud-est de Rosette.

Fourniaux, 3. — Fourneaux (Savoie, arr. de Saint-Jean-de-Maurienne, cant. de Modane).

France, 285, 342, 351, 352.

Fransois (les), 285. — De France.

Froit-Mantel (la maison de), 3. —Fromenteau est aujourd'hui un hameau s'étendant à la fois sur la commune de Saint-Martin-du-Mont et sur celle de Trouhaut (Côte-d'Or, arr. de Dijon, cant. de Saint-Seine).

Fromenteau. Voy. *Froit-Mantel*.

G

Gaibelle (lai). — Voy. Aigue-Belle.

Galiache de Mentowa (messire), 18. — Dans l'*Hystoire du petit Jehan de Saintré*, qu'il écrivit vers 1459, Antoine de la Salle met en scène un écuyer lombard nommé « Galias de Mantua » qui serait venu à la cour de France joûter contre Boucicaut, le père du maréchal, et il dit à ce propos : « De Galias « de Mantua; je crois qu'il fut « puis celluy moult renommé « chevalier, qui combatit à oul-« trance messire Jehan le Main-« gre, mareschal de France,

« devant le seigneur de Pa-
« dua dernier, peu de temps
« avant que les Venissiens,
« par durée de treslong siege,
« l'eussent conquis, que puis
« en prison le firent mourir
« et étrangler; dont fut tres-
« grant dommaige, et fut
« moult plaint par toutes les
« Ytalies, comme le pere et
« l'ospital de tous les aultres
« desvoiés » (édition Guichard,
p. 170). Le dernier éditeur du
roman d'Antoine de la Salle a
cru devoir inférer de ce passage que Galias de Mantoue périt dans les prisons vénitiennes. C'est une erreur : la Salle parle ici de la fin tragique, bien connue, du reste, de François de Carrare, seigneur de Padoue. Quant à Galéas de Mantoue, Andrea Gataro, qui écrivait précisément à l'époque de la chute de François de Carrare, nous le montre général au service de Venise, prenant la ville de Padoue elle-même en 1405, et tué finalement d'un coup de flèche dans un combat qui suivit cet événement *(Istoria Padovana*, apud Muratori, t. XVII, col. 943). Il est probable que le combat à outrance qui, suivant Antoine de la Salle, aurait eu lieu entre Boucicaut Galéas, suivit de fort près la réconciliation dont nos pèlerins furent témoins au mois d'août 1395; ajoutons, du reste, que notre pèlerin et la Salle paraissent être jusqu'ici les seuls auteurs qui aient parlé de la rivalité du maréchal de France et du général vénitien.

GALILÉE, province de Palestine, 72, 75.

— ou le « Mont de Galilée », 72, 76-80, 86. — Ce lieu, appelé aujourd'hui par les chrétiens *Viri Galilei*, n'est qu'une portion de la montagne des Oliviers. Si l'on en croit la tradition, les Galiléens y avaient une auberge où ils demeuraient durant la célébration des fêtes dans la ville sainte et, en suite de l'Ascension du Christ, ce serait là que deux anges les auraient interpellés par les paroles : « Viri Galilei, quid statis as-
« picientes in cœlum ? etc. ».
Mais cette tradition est en désaccord avec le récit de saint Luc (*Acta Apostolorum*, c. 1), duquel on doit conclure que ces paroles étaient adressées non à des Galiléens quelconques, mais bien aux Apôtres (Liévin, p. 158).

GALLICANTUS, 108. — Gallicante, c'est-à-dire le chant du coq *(galli cantus)*, nom qu'on donnait jadis à la grotte de saint Pierre, située sur le versant du mont Sion, à 10 mètres du chemin qui conduit à Siloé. Le chant du coq qu'entendit le prince des Apôtres après avoir renié le Christ, lui ayant rappelé la prédiction de son divin Maître, il s'en vint pleurer sa faute dans ce lieu où l'on voyait encore, au commencement du XIIIe siècle, une église dite « Saint-Pierre-en-Gallicante » (Liévin, p. 132; *Chronique d'Ernoul*, édit. Mas Latrie, p. 202).

GAZA ou GAZERA, 158, 173, 176, 185. — Gaza. — Notre auteur, qui raconte assez longuement la triste fin de Samson, ne signale pas l'existence à Gaza de monuments que la légende rattache à l'époque de ce vaillant champion du peuple juif. Cependant Bertrandon de la Brocquière, qui visita cette ville trente-sept ans plus tard, c'est-à-dire en 1432, s'exprime ainsi : « Et veulton
« dire que ceste ville [de Ga-
« zere] fu jadis a Sanson le fort.
« La veismes son palaix et cel-

« lui qu'il abbaty, dont on y
« voit encor les pilliers : je
« ne sçay se ce sont ceulx la. »
(Biblioth. nat., mss. 5593 du
fonds français, f° 159 r°). —
Rappelons que, deux siècles
auparavant, Ernoul faisait
aussi de Samson le *seigneur*
de Gaza qu'il nomme Gadres:
« Chis castiaux, fu Sanson le
« fort, dont il abati le palais sous
« lui quant se femme prist aut-
« tre baron » (édition Mas Latrie, p. 14). Cette croyance étant
généralement adoptée dans les
derniers siècles du moyen âge,
il n'est pas inutile de constater
que notre pèlerin ne l'a pas
adoptée et est resté d'accord
avec la tradition biblique au
sujet de Samson.

GENEVOIS (les), 21, 285, 290,
326. — Les Génois ou les habitants de Gênes (Italie).

GÉNOIS (les). Voy. *Genevois*.

GEORGE (saint), 36, 37. — Ses
reliques à Venise, 6.

— Église sous son vocable : à
Venise, 6; à Beyrouth, 36,
38, 39; à Rames, 45, 46.

— La fontaine Saint-George à
Beyrouth, 39.

GEROSME (saint), 143. — Saint Jérôme.

GESSÉ. — Jessé, père de David, 17.

GESSEMANI, 70. — Gethsemani.
Voy. *Jessemany*.

GIÉ-SUR-SEINE, 361. — Gyé-sur-
Seine (Aube, arr. de Bar-sur-
Seine, cant. de Mussy).

GODEFFROY de Buillon, 122.

GOLIAST, 17. — Le géant Goliath.

GOMORRE, l'une des cinq villes
maudites, 158.

GOURNAIX (Poince le), page 109.

GOUVERNO, 4. — Governolo
(Italie), village situé au confluent du Pô et du Mincio.

GOVERNOLO. Voy. *Gouverno*.

GRECCE, maintenant « appellée
Rommenie », 326.

GRECS (les), GREGEOIS ou GRE-
GOIS, 262, 313, 320, 324 et App.
— Moines de la confession
grecque. Voy. au *Glossaire*.

GREGOIRE (saint), evêque, 13. —
Saint Grégoire de Samos.

GUASTALLA. Voy. *Wastala*.

GYÉ-SUR-SEINE. Voy. *Gié-sur-
Seine*.

H

HACELDAMA. Voy. *Archeldemach*.

HAUBERGE DES PELERINS (l'), entre Jérusalem et Jéricho, 155.
— Notre auteur parle d'une
auberge que le sultan d'alors
venait de faire construire « tout
neuf » à l'usage des pèlerins et
des voyageurs, entre Jérusalem
et le Jourdain et à deux lieues,
dit-il, de la ville sainte. Cette
auberge, qui n'existe plus aujourd'hui, était située à Khan-
el-Atrour (ou Khan-Hadhur)
sur la route de Jérusalem à
Jéricho, à une distance à peu
près égale (12 kil. environ) de
chacune de ces cités, en un
lieu qu'on désignait, au temps
de la domination franque, sous
le nom de la Rouge-Citerne
et que le chroniqueur Ernoul
indique comme l'emplacement
d' « une hierbegerie, ou cil
« herbegoient qui de Jheru-
« salem aloient en Jhericop et
« au fleuve » (édit. Mas Latrie,

p. 79). On y plaçait dès lors, comme aujourd'hui, la scène de la parabole du bon Samaritain (Liévin, p. 383).

Hebreux. Voy. *Ebrieux* et *Hebrieux*.

Hebrieux, 17. — Les Hébreux.

Helene (sainte), 15, 33, 36, 53, 131, 133, 293. — C'est sainte Hélène, mère de l'empereur Constantin.

Hélie, le prophète, 203.

Hermins, 110, 134. — Les Arméniens.

Herode Ier, roi de Judée, 143, 145.

Herode (le roi), 63. — Sa maison à Jérusalem, 63. — Il s'agit ici de Hérode Antipas, tétrarque de Galilée, l'un des fils d'Hérode le Grand.

Hongrie (la) ou Hungrie, 339.

— (Le roi de), 334 et App. — C'était alors Sigismond de Luxembourg, qui fut élu empereur d'Occident en 1410 et mourut en 1437 âgé de 69 ans.

I

Inde (l'), 185, 238.

Innocens (les), 143, 150.

Isaie. Voy. *Ysaye*.

J

Jacob, le patriarche, 225, 250.

Jacopin, Jaicobin. Voy. *Yaccoppites*.

Jaffa. Voy. *Jasfe*.

Jaques le Grant (saint); lieu de son martyre, 110.

Jaques le Petit (saint), 9; évêque de Jérusalem, 9, 84, 85 ; sa sépulture, 84.

Jasfe, Jasphe, 41, 42-45, 338. — Jaffa, port de Palestine.

Jehan-Baptiste (saint), 13, 32, 149, 150, 151, 157, 159.

— (église de), 151. — La « belle « petite église » qui occupait l'emplacement de la maison où naquit saint Jean-Baptiste avait été vue en 1320 par Pépin qui la qualifie « ec-« clesia antiqua et pulchra in « honore beati Joannis Bap-« tiste » ; elle subsiste encore aujourd'hui comme église du couvent de Saint-Jean, au village d'Aïn-Karîm, que les chrétiens désignent sous le nom de Saint-Jean-de-la-Montagne ou Saint-Jean-du-Désert, à 6 kilom. à l'ouest de Jérusalem (Guérin, *Judée*, t. Ier, 89-96).

Jehan l'Euvangeliste (saint), 102, 135 ; lieu de sa naissance, 112.

Jehan le Martir (saint), 14. — Ce saint dont on conservait le corps à Venise était saint Jean d'Alexandrie.

Jerôme (saint). Voy. *Gerosme*.

Jerusalem. Voy. *Jherusalem*.

Jessé, père de David. Voy. *Gessé*.

Jessemany, Gessemany, 70. — Getsemani, le jardin des Oliviers où fut pris Jésus, est situé à l'est du torrent de Cédron. On y montre encore un jardin clos de murs pour la custode de la Terre-Sainte et renfermant huit très vieux arbres qui, selon la tradition, auraient ombragé plusieurs fois le Sauveur du Monde. On a opposé à cette tradition, et non sans raison, le témoignage de Flavius Josèphe d'après lequel les Romains auraient coupé, durant le siège de Jérusalem, tous les arbres à une distance de 100 stades de la ville pour élever des plates-formes (Liévin, p. 152). Un autre texte peut encore être invoqué contre l'opinion qui suppose l'existence continue du jardin de Gethsemani; c'est celui d'Ernoul (p. 208) : « Devant cel moustier (l'église du tom-« beau de la Vierge), al pié du « Mont Oliveta. 1. moustier en « une roce c'on apiele Gesse-« mahi. » Le lieu où Jésus reçut le baiser de trahison serait indiqué aujourd'hui par un fragment de colonne (Liévin, p. 156).

Jhérusalem, 1, 51 et ss. ; 1-2 App. [1].

— la maison en laquelle Marie apprint a l'escole, 59. — « Cette précieuse tradition de « la maison où la Vierge ap-« prit à l'école, — dit l'abbé « Michon, — est aujourd'hui « perdue à Jérusalem. Je ne « pense même pas qu'elle ait été « mentionnée par Quaresmius « qui a donné tant de détails « sur les lieux saints. » (*Le saint voyage de Jhérusalem*, p. 60-61). On en trouve cependant encore la trace dans la fort courte relation du pèlerinage que le Bohème Léon de Rozmital accomplit en 1467 et où on lit ces mots : « Item ludus literarius, ubi « Virgo Maria literas didice-« rat » (édition de Stuttgart, 1844, p. 137).

— la maison de Pilate, « ou « Nostre Seigneur J. C. fut « faulcement accusés et a mort « jugés, 61. — C'était la Tour Antonin fortifiée par Hérode le Grand et qui servait de résidence au gouverneur romain de la Judée. Son emplacement est occupé aujourd'hui par la caserne turque (Liévin, p. 65).

— la maison de sainte Anne, 62. — Une église dédiée à sainte Anne fut élevée par Justinien Ier sur l'emplacement de cette maison où naquit la Vierge; c'était au xiie siècle une abbaye de femmes mentionnée par Ernoul (édit. Mas Latrie, p. 207) et que Saladin transforma, en 1187, en école pour les docteurs de l'islamisme. Enfin, après des vicissitudes diverses, elle a été récemment rendue au culte par suite du don que le sultan Abd-ül-Medjid en fit à la France, son alliée contre la Russie (Liévin, p. 139-140).

— la maison d'Hérode, 63. — On montre encore aujourd'hui, dans la Ville Sainte, l'emplacement du palais d'Hérode le Tétrarque (Liévin, p. 64 et 112).

— la Piscine Probatique, 64. — Cette piscine, qui, croit-on, servait dans l'antiquité à laver les animaux que l'on devait immoler au Temple de Salomon, se voit encore aujourd'hui au sud et en face de l'église de Sainte-Anne. Elle mesure environ 100 mètres de long sur 40 de large, mais elle est desséchée et à moitié comblée, bien qu'entourée d'un mur destiné à la protéger contre les décombres qu'on

---

[1]. La difficulté de classer, à la fois, alphabétiquement et d'une manière commode pour le lecteur, les lieux saints de la ville de Jérusalem, nous a décidé à les ranger simplement selon l'ordre respectif qu'ils occupent dans notre texte.

y pourrait jeter (Liévin, p. 140). Au temps de la domination franque, la fontaine qui alimentait cette piscine était comprise dans une église mentionnée par Ernoul (édition Mas Latrie, p. 207).

— lieu du martyre de saint Etienne, 65. — Hors de la porte que les chrétiens nomment la « porte Saint-Etienne » et les musulmans « porte de madame Marie » (*Bab Sitti Mariam*), et à 60 mètres avant d'arriver au pont qui s'élève sur le torrent de Cédron, est encore un rocher blanc indiqué, aujourd'hui, comme le lieu de la lapidation de saint Etienne (Liévin, p. 114). La tradition n'a donc pas varié à ce sujet depuis l'époque où notre pèlerin visita Jérusalem; quoiqu'il en soit, elle ne paraît guère être antérieure au XIVe siècle. On montrait auparavant le lieu où fut lapidé le premier martyr, non à l'est de la ville, mais au nord, à 250 mètres environ de la porte de Damas, où une église fut bâtie en 455 en l'honneur du saint diacre. Cette croyance fut constante durant un grand nombre de siècles et, au temps de l'occupation latine, on la voit rapportée par Sæwulf, le moine Robert, Albert d'Aix et Guillaume de Tyr (*Ibid.*). Ernoul s'en fait encore l'écho au XIIIe siècle et rapporte que les Chrétiens eux-mêmes détruisirent l'église parce qu'elle gênait la défense de la ville, et il constate que la porte de Damas, c'est-à-dire la porte « deviers aquilon », était désignée par le nom de Saint-Etienne, ainsi que la rue qui, de cet endroit, conduisait à la porte de Sion (édition Mas Latrie, p. 199-201).

— le lieu où fut pris une partie du bois de la croix, 66. — Il s'agit ici de la haste de la croix du Sauveur qui, suivant notre auteur, servait, avant la Passion, de planche de passage sur le torrent de Cédron, près du tombeau de la Vierge, c'est-à-dire au lieu où se voit maintenant un pont de pierre. Il ne paraît pas que la tradition mentionnée par notre auteur s'y soit conservée; mais au XVIe siècle, il y avait encore en cet endroit une abbaye de moines géorgiens et l'on y racontait la légende du saint bois : l'arbre dont il était tiré, provenait, disait-on, d'un rameau de l'Arbre du bien et du mal qui, apporté à notre premier père gisant sur son lit de mort, prit racine dans sa bouche. Lors du Déluge, cet arbre, déraciné par les eaux, fut porté sur le Liban d'où il fut mené à Jérusalem avec le bois qui servit sous Salomon à la construction du Temple. La tête d'Adam était enclavée dans la haste de la sainte croix et en sortit, ajoute la légende, pour recueillir le sang qui sortait des plaies du Sauveur (*Chronique d'Ernoul*, édition Mas Latrie, p. 203-205). — Cf., au sujet de la même légende, le *Mistère du Viel Testament*, I, p. lxxiij.

— Josaphat (le val de), 66, 83, 85, 88. Voy. *Josaphat*.

— le tombeau de la Vierge, 67. — A en juger par les descriptions modernes, la sépulture de Marie et la petite église qui la renferme rappellent encore assez ce qu'en dit notre auteur : « C'est le seul lieu de la « chrétienté, » écrit l'abbé Michon (p. 67), « où les chré-« tiens et les musulmans se trou-« vent réunis pour prier. » La dévotion des Musulmans pour le tombeau de la Vierge explique pourquoi, en 1187, ils épargnèrent son église, tandis qu'ils détruisaient l'abbaye de moines noirs dont elle faisait partie (Ernoul, éd. Mas Latrie, p. 208).

— la grotte de l'Agonie, 68. — Une église du titre de Saint-Sauveur s'élevait déjà au-dessus de cette grotte, au temps de saint Jérôme. Le frère Liévin ne paraît pas croire à une cessation du service divin dans ce lieu et dit formellement, entre autres choses, que depuis 1392, les Pères de la Terre-Sainte y célèbrent journellement la messe, (p, 151-152). Nous ferons cependant remarquer qu'au dire d'Ernoul (p. 208) le « moustier « c'on appeloit S. Salveur » n'existait plus au commencement du xiie siècle et que notre pèlerin ne parle aucunement d'édifice religieux.

— le lieu où N.-S. laissa ses apôtres pour aller prier dans une grotte voisine, 69. — Il est ici question de Pierre, Jean et Jacques que Jésus laissa en leur recommandant de veiller, tandis qu'il irait à « un jet de pierre » supplier Dieu d'éloigner de lui le calice de la Passion. Le lieu où les apôtres attendirent le Seigneur est signalé aujourd'hui dans un rocher situé à l'est et en dehors de la porte du Jardin des Oliviers, à 70 mètres seulement de la « grotte de l'Agonie », où se rendait Jésus (Liévin, p. 153). — A la fin du xiie siècle, un oratoire (oraculum) existait en ce lieu (Sæwulf, éd. d'Avezac, p. 33).

— Galilée, ou le mont de Galilée, 72, 75, 76, 80, 86. Voy. GALILÉE.

— le lieu de l'Assomption, 73, 75. — Bien que notre pèlerin ne parle pas du sanctuaire qui existe encore en ce lieu sous le nom d'église de l'Assomption, on sait que sa fondation remonte à une époque fort ancienne, car la Vie de S. Euthyme, écrite par le moine Cyrille, rapporte au ve siècle la fondation par S. Gabriel du monastère de l'Assomption (Bolland., t. II januarii, p. 318).

— le mont d'Olivet, ou montagne des Oliviers, 80, 81, 83.

— le lieu où les apôtres firent le Credo, 81. — On ne trouve plus en ce lieu, « moult désolés » au temps de notre pèlerin, aucun vestige de l'église de Saint-Marc que Quaresmius rapporte y avoir été ; les dernières traces en ont disparu depuis une vingtaine d'années (Liévin, p. 166-167).

— le tombeau d'Absalon, 83. Voy. Absallont.

— le tombeau de saint Jacques le Mineur, 85. — C'est un monument taillé dans le roc, à 45 mètres au sud du tombeau d'Absalon. A en juger par son inscription hébraïque, ce caveau aurait été construit pour un certain Hézir, de la famille d'Aaron, et les archéologues pensent qu'il est antérieur de peu de temps à Jésus-Christ. Saint Jacques ne demeurait pas en ce lieu, ainsi que le veut notre pèlerin, mais il y avait cherché un refuge lors de la Passion du Sauveur ; c'est là, toutefois, que le Christ lui apparut après la Résurrection. Il y reçut plus tard la sépulture, ainsi que plusieurs autres parents de Jésus (Liévin, p. 180-181).

— la porte Dorée, 86. — Les « portes oires », lat. portæ aureæ, sur quoi voy. G. Paris : La Vie de saint Alexis, p. 194.

— la retraite des Apôtres, 90. — Ce lieu que notre pèlerin dit être « en une roche assés estrange », serait, suivant la description qu'en donne le frère Liévin (p. 199), « un mo- « nument taillé dans le roc, « ayant une frise ornée de « huit métopes, deux grappes « de raisin, deux diadèmes et « quatre rosaces séparées par « des triglyphes à deux ba- « guettes ; l'antichambre est « en grande partie démolie. » Ce monument a, paraît-il, été habité par saint Onuphre que les Grecs viennent y honorer une fois l'an.

— le Mont de Sion, 92 et ss. Voy. *Mont-de-Syon*.

— église Saint-Sauveur, au mont de Sion, 95. — Cette église occupait, disait-on, l'emplacement de la maison du grand-prêtre Anna, le beau-père de Caïphe. Elle aurait donc été remplacée par le couvent des religieuses arméniennes du Mont-de-Sion (Liévin, p. 114). L'auteur commet une confusion en rapportant que la couverture du maître-autel de Saint-Sauveur n'était autre que le couvercle même du sépulcre de Jésus ; cette circonstance, comme l'a déjà remarqué l'abbé Michon (p. 83 de son édition de notre texte), se rapporte à la maison de Caïphe, située non loin de là et remplacée aujourd'hui par un couvent arménien (Cf. Liévin, p. 118-119).

— le couvercle du Saint-Sépulcre, 96. Voy. l'alinéa précédent.

— Les tombeaux de David et de Salomon, 98. — Les sépulcres des deux premiers rois de la race de Juda, que l'on prétendait exister au xive siècle, dans l'église de Notre-Dame du Mont-de-Sion, ont fait donner à cette église convertie en mosquée le nom de Nabi-Daoud (le prophète David) ; mais celui que l'on désigne aujourd'hui comme le tombeau du roi-prophète n'est, paraît-il, qu'une construction gothique du xive siècle (Michon, p. 85 ; Liévin, p. 130-131).

— le lieu où saint Matthias fut choisi pour apôtre, en remplacement du traître Judas, 101. — Cet emplacement ne paraît plus être maintenant l'objet d'une recherche précise (Liévin, p. 126).

— l'église de Notre-Dame de Mont-de-Sion, 103. Voy. *Mont-de-Syon*.

— chapelle de Saint-Thomas, au Mont-de-Sion, 106. — Cette chapelle, qu'on dit maintenant occuper l'emplacement de la maison de l'apôtre incrédule, a été convertie en mosquée par les Musulmans, qui, sous l'influence d'une terreur pieuse, n'osent la fréquenter (Liévin, p. 113).

— le lieu de la descente du Saint-Esprit, 107.

— *Gallicantus*, 108. Voy. *Gallicantus*.

— Malconseil, 109. Voy. *Malconseil*.

— chapelle de Notre-Dame, au parvis de l'église du Saint-Sépulcre, 126, 127. — Elle ne paraît plus connue ou, du moins, aura changé de nom.

— chapelle de Sainte-Marie-Magdelaine, 128. — Cette chapelle existe encore à 12 mètres au nord du Saint-Sépulcre, mais la rosace, (c'est-à-dire le « pertuis reont » qui, suivant le § 127, indique le lieu où Jésus apparut à Madeleine), paraît faire partie maintenant du pavé de cette chapelle (Liévin, p. 78), tandis qu'elle était hors de cet édicule au xiv* siècle.

— la prison du Christ, 129. — Une chapelle sombre, appartenant aux Grecs unis, s'élève aujourd'hui sur l'emplacement de la grotte voisine du Saint-Sépulcre, que l'on désigne comme ayant servi de prison au Rédempteur (Liévin, p. 102).

— le pilier où Jésus fut couronné d'épines, 132. — Ce que notre pèlerin appelle « ung gros court pillier de marbre » est aujourd'hui, paraît-il, un morceau de colonne de granit gris qu'on appelle la *colonne d'Impropère*. Il est enfermé dans une cage de fer qui occupe le milieu d'une chapelle grecque de l'église du Saint-Sépulcre (Liévin, p. 106).

— chapelle de Sainte-Hélène, 133. — Cette chapelle, dont l'existence remonte au viie siècle, appartient aujourd'hui aux Abyssins qui en laissent la jouissance aux Arméniens moyennant une redevance journalière de pain et de vin. On y descend par 29 marches, suivant le frère Liévin (p. 104) ; notre auteur, lui, parle de 3o. — De la chapelle de Sainte-Hélène, on descend dans la chapelle de l'invention de la Croix, qui appartient aux Franciscains, par 13 marches (Liévin p. 105). Notre auteur parle de ce lieu saint, mais sans mentionner la chapelle qui, peut-être, n'existait pas alors, et il rapporte qu'on y parvenait par douze marches seulement. Ce dernier endroit, comme le dit Ernoul (édit. Mas Latrie, p. 95), était, au temps de Jésus-Christ, une fosse où l'on jetait les croix des suppliciés et les membres qu'on leur avait coupés.

— chapelle de Saint-Michel, au parvis de l'église du Saint-Sépulcre, appartenant aux « chrestiens de la terre Prestre-Jehan », 134. — C'est encore aujourd'hui, comme au xiv* siècle, la chapelle des Coptes (Liévin, p. 109).

— chapelle de Sainte-Marie-Magdelaine, au parvis de l'église du Saint-Sépulcre, appartenant aux « chrestiens de la saincture », 134. — Cette chapelle est certainement identique à la chapelle de la Trinité où se faisaient, du temps des rois francs, les mariages et les baptêmes des chrétiens de Jérusalem (Ernoul, édition Mas Latrie, p. 194) et qui, suivant le frère Liévin (p. 108), forme aujourd'hui deux chapelles, l'une dédiée à Saint-Jean et à *Sainte-Madelaine*, l'autre aux 40 Martyrs.

— chapelle de Saint-Jean-l'Evangéliste, au parvis de l'église du Saint-Sépulcre, 134. — Cet édicule, que notre pèlerin attribue aux Arméniens, existe encore aujourd'hui à l'état de chapelle arménienne (Liévin, p. 109).

JHESUS-CHRIST (N.-S.), 7, 15, 33, 47, 49, 55-58, 60, 61, 63, 64, etc.

JORDAIN (le), fleuve, 154, 155, 158, 248. — Le Jourdain, fleuve qui prend sa source au mont Liban et se jette dans la mer Morte.

JOSAPHAT (le val de), 66, 83, 85, 88. — La vallée de Josaphat, à l'est de Jérusalem.

JOSEPH, fils de Jacob, 225, 250.

JOSEPH DE BARIMATHIE, 49, 124. Voy. *Barimathie*.

JOURDAIN (le). Voy. *Jordain*.

JUDA, fils de Jacob, 225.

JUDAS, 70, 101.

K

KARONNE, « une bonne cité, » non loin de Milan, 349. — Caronno Milanese, village situé sur le torrent de Lura, à 4 kil. N.-N.-O. de Milan. (Italie, prov. de Milan, arr. de Gallarate.)

KASTELLORYZO. Voy. *Chasteau-Rouge*.

KATHERINE (sainte), 2, 7, 192, 211, 212, 281, 283, 284.

KORON. Voy. *Choron*.

KURUNTÛL (Djebel). Voy *Quarantaine (la)*.

L

LADRE (saint), 163, 164. — Saint Lazare, le frère de Marthe et de Marie. Sur le tombeau de ce personnage, voy. l'article BÉTHANIE.

LANDEBOURCH, LANS-LE-BOURG. Voy. *Lunebourc*.

LAURENT (saint), 7, 9, 12, 19.

LAUSANNE. Voy. *Losanne*.

LAVAIN, sur le lac [Major], 350. — Laveno, bourgade située sur la rive gauche du lac Majeur (Italie, prov. de Come, arr. de Varese).

LAVENO. Voy. *Lavain*.

LAZARE (saint). Voy. LADRE (saint).

LICARDIA, 27. — Arcadia, sur la côte occidentale de la Morée.

LIMESSO, LIMESO ou LYMISSO, en Chippre, 289, 290, 300, 309, 307, 308. — Limassol, Limisol ou Limisso, chef-lieu de l'un des 16 districts de Chypre, sur la côte méridionale de l'île.

LOIDE, 3,5 App. — Lodi (Italie, prov. de Milan, chef-lieu d'arr.).

LOMBARDIE(la), 346.

LOTH, neveu d'Abraham, 158.

LOUVE (Nicolle), p. 109.

LOZANNE, 352, 353. — Lausanne, chef lieu du canton de Vaud (Suisse).

— (le lac de), 355, 356. — Le Léman.

LUCIE (sainte), reliques et église à Venise, 6, 10 et App. — C'est par erreur que notre pèlerin mentionne la présence du « corps » de sainte Lucie en l'église de ce nom (10), puisque cette précieuse relique, déposée à Corfou, fut transportée en 970 par Théodoric I, évêque de Metz, dans l'abbaye Saint-Vincent de Metz. Voy. le poëme *De Laude Urbis Metarum* dans le Recueil des Hist. de France, t. XI, p. 436, note *a*.

LUNEBOURC, LANDEBOURCH, 3 et App. — Lans-le-Bourg (Savoie, arr. de Saint-Jean-de-Maurienne, chef-lieu de canton).

LYDDA. Voy. *Saint-Georges*.

LYER, en Pymont, 3. — Chieri (Italie, arr. et prov. de Turin).

M

MACHABÉES (les), 91. — Selon notre pèlerin, ces personnages

seraient ensevelis à Haceldama. On devrait dans ce cas, comme l'a remarqué M. l'abbé Michon (édition de 1858, p. 81), reconnaître leur tombeau dans ce tombeau hébraïque que recouvre le charnier construit, au temps des croisades, pour recevoir le corps des pèlerins morts à Jérusalem.

MACHOUMET, MAHOMAT, Mahomet le prophète, 185.

MACRY (le gouffre de), en Turquie, 315. — En Asie-Mineure, entre Kastelloryzo (Château-Rouge) et l'île de Rhodes.

MAHOMET. Voy. *Machoumet.*

MAJOUR (le lac), 350, 351.

MALCONSEIL, 109. — Montagne située au pied du mont de Sion dont il est séparé par la vallée d'Hinnom. Caïphe y avait, dit-on, une maison de campagne où l'on tint conseil contre Jésus ; c'est ainsi qu'on explique cette dénomination de mont du Mauvais Conseil par laquelle les Chrétiens désignent cette montagne que les Arabes nomment Djebel-el-Koubour (la montagne des tombeaux), ou plus communément, Deïr-Abou-Tor, c'est-à-dire le couvent du père du Taureau (Liévin, p. 202).

MALCUS, auquel saint Pierre coupa une oreille, 71.

MALIA (cap). Voy. *Tau Saint-Ange.*

MANTOUE. Voy. *Mentowa.*

MARA, à Venise. — L'église des Innocens, 8.

MARBOA, MARUWA (vin de), en Chypre, 301.

MARC (saint) l'Évangéliste, 16,

282. — Eglise à Venise, 16. — Chapelle à Jérusalem, 84. — Rue à Alexandrie, 282.

MARCELLE, 285. — Marseille (Bouches-du-Rhône).

MARCILIAINS, MARCILIZIENS (les), 285. — Les Marseillais.

MARGUERITE (sainte), 203.

MARIE (la Vierge). Voy. *Nostre Dame.*

MARIE, sœur de Lazare, 166.

MARIE CLEOPHE (sainte), 48.

MARIE ÉGIPTIENNE (sainte), 7.

MARIE MAGDELAINE (sainte), 15, 127, 128.

MARIES (les Trois), 96, 111.

MARSEILLAIS (les). Voy. *Marciliains.*

MARSEILLE. Voy. *Marcelle.*

MARTHE, sœur de Lazare, 165.

MARTIGNY. Voy. *Merteny.*

MARTIN (saint), honoré près du Caire, 242.

MARTIN (saint), de Tours, 354.

MARUWA, en Chypre; le même que *Marboa.*

MATARIEH. Voy. *Moiteria.*

MATHIEU (saint), apôtre, élu pour remplacer Judas, 101. — Il aurait fallu Mathias (*Acta Apostolorum*, 1, 23-26).

MAURICE (saint). Voy. *Moris.*

MECQUE (la). Voy. *Mecha.*

MECHA, 185, 238. — La Mecque (Arabie).

MEIRY-SUR-SEINE, 363. — Méry-sur-Seine (Aube, arr. d'Arcis, chef-lieu de cant.).

MEIS, île. Voy. *Chastel Rouge.*

MELONTA. Voy. *Monte* (isle de la).

MENTOWA (messire Galiache de), 18. Voy. *Galiache.*

MERGOUSSE, sur le lac [Majeur], devers France, 351. — Mergozzo, bourg sur la rive occidentale du lac Majeur.

MER MORTE (la), 158.

MER ROUGE (la), 210, 221, 264, 265.

MERTENY. 354. — Martigny, en allemand Martinach, chef-lieu d'un des districts du Valais (Suisse), située à peu de distance du Rhône et à une vingtaine de lieues au sud-ouest de Sion.

MÉRY-SUR-SEINE. Voy. *Meiry.*

METS, 1-2 App. — Metz (Alsace-Lorraine).

MIELLANS, MILAN, 348, 349. — Milan (Italie).

— (Le duc de), 343, 344; « que, « premier, fut conte de Ver-« tus, » 3-5 App. — Jean-Galéas Visconti, né en 1347, mort en 1402, avait épousé en premières noces (1364) Isabelle de Valois, fille du roi Jean, laquelle lui apporta en dot le comté de Vertus, en Champagne. Il succéda, en 1378, à son père, Galéas Visconti, dans une part de la seigneurie de Milan, dont il devint seul maître en 1385. C'est le 1er mai 1395, deux mois par conséquent avant le départ de nos pèlerins, que Jean-Galéas obtint de l'empereur Wenceslas, auquel il offrit 100,000 florins d'or, le titre de duc de Milan que ses prédécesseurs avaient vainement sollicité (*Art de vérifier les dates*, t. III, p. 647-648).

MITRY (Remion de), p. 109.

MODIN ou MODON, en Morée, 28, 29, 329, 341. — Modon, en Morée, dans la presqu'île placée à l'ouest du golfe de Kalamata ou de Koron.

MOÏSE, 193, 200, 204, 209, 210, 224, 225.

MOITERIA, 229, 233. — La tradition rapportée par le pèlerin au sujet de « la Fontaine-Saincte Marie », située près du Caire, au lieu appelé par les anciens Moiteria et aujourd'hui Matarieh, est consignée dès les premiers siècles du christianisme dans l'Evangile de l'Enfance que le pape Gélase (492-496) déclara apocryphe. Voici le texte même de cette mention: « Hinc ad syco-« morum illam digressi sunt, « quæ hodie Matarea vocatur, « et produxit Dominus Jesus « fontem in Matarea, in quo di-« va Maria tunicam ejus lavit. « Ex sudore autem, qui a Do-« mino Jesu ibi defluxit, balsa-« mum in illa regione prove-« nit. » (*Evangelium infantiæ*, ex arabico translatum Henrico Sikio interprete, c. XXIV.) Cette tradition n'est pas entièrement oubliée aujourd'hui : le « figuier de Pharaon », c'est-à-dire le sycomore qui, suivant elle, déroba Notre-Dame et son fils aux émissaires d'Hérode en les cachant dans sa tige, est encore l'objet de la vénération des pèlerins. Cependant, si l'on en croit les auteurs de *l'Égypte sous la domination de Méhémet-Ali* (p. 182), qui fait partie de la collection de l'*Univers pitto-*

resque, la légende de la fontaine se serait un peu modifiée : la source existait avant le passage de l'Enfant divin, mais l'eau en était amère ; elle devint douce aussitôt que Jésus l'eût touchée de ses lèvres.

Monlt Melian, 3. — Montmélian (Savoie, arr. de Chambéry, chef-lieu de cant.).

Mont-de-Syon (le), 92. — C'est sur le Mont Sion que David construisit la ville sainte des rois de Juda.

— *L'église Nostre-Dame*, 92, 97, 98, 103. — C'était, au temps des croisades, l'église d'une abbaye, le seul édifice qui existât alors sur la montagne sainte. Elle était construite, nous dit Ernoul, sur l'emplacement de la maison où Jésus fit la Cène avec ses disciples. On y montrait aussi le lieu où saint Thomas toucha les plaies du Sauveur. C'est là encore que le Christ apparut le jour de l'Ascension à ses disciples qui, dix jours après, y reçurent la grâce du Saint-Esprit. Enfin, et de là le vocable de l'église, la mère de Dieu était morte en cet endroit (édition Mas Latrie, p. 190-191).—*L'église*, de Notre-Dame, convertie en mosquée, porte aujourd'hui le nom de Nabi-Daoud (prophète David), parce qu'on prétend, depuis le XIVᵉ siècle, qu'elle renferme le tombeau du roi prophète (Liévin, p. 121 et 130).

Mont-du-Chat (le). Voy. *Chat (Mont du)*.

Monte ou de la Mote (isle de la), 330 et App., 338. — Cette île, située « a VI mille près de la cité de Raguse » et où nos pèlerins s'embarquèrent pour cette ville, doit être assimilée à Molonta, îlot situé à 7 lieues marines environ au sud de Raguse, un peu en deçà des bouches de Cattaro. Cet îlot est désert, mais une petite presqu'île qui lui fait face forme deux ports naturels : *Porto di Molonta grande* et *Porto di Molonta piccolo* (p. 126).

Morée (la), 27, 326, 327, 328 et App.

— (le Depost de), frère de l'empereur de Constantinople, 327. — Théodore Paléologue, fils cadet de l'empereur Jean Paléologue et de Hélène Cantacuzène, première femme de ce prince, succéda, dans la principauté de Morée, à Mathieu Cantacuzène, son oncle maternel. Il épousa Bartolomea Acciauioli, qui lui apporta en dot la ville de Corinthe, et mourut en 1407. Prisonnier du sultan Bajazet, il s'était évadé en 1395, peu de temps avant cette sorte de croisade que termina le désastre de Nicopolis (Lebeau, *Histoire du Bas-Empire*, l. CXVI).

Moris (saint). — Saint Maurice ; ses reliques, 354.

Morquelines (Pierre de), chevalier de Picardie, 276. — Nous avons préféré la leçon *Morquelines* du ms. de Metz à la variante *Nebrelines* du ms. de Paris; cependant l'initiale de cette dernière forme est préférable à *m*, car il s'agit très certainement ici d'un membre de la famille de Nortquelmes, vassale de l'avoué de Thérouenne, qui alors n'était autre que le seigneur d'Anglure lui-même. L'indication de la Picardie, comme patrie de Pierre, ne contredit pas cette explication, puisqu'au XIVᵉ siècle et plus tard le nom Picardie s'étendait à tous les pays parlant un langage roman, compris entre l'Oise, l'Océan et la Meuse inférieure. Il aurait donc fallu écrire *Norquelmes* au lieu de Morquelines. Un Jacques de Nortquelmes (et non *Nortquelines*, comme l'écrit Dom Villevieille, *Trésor généalogique*, t. II, p. 42) acheta, en 1399, d'Ogier d'Anglure, avoué de Thérouenne, un fief de la châtellenie de Saint-Omer, située à Tilques. — Nortquelmes est aujourd'hui Nord-Kelmes ou Noircarmes, hameau de la commune de Zudausques (Pas-de-Calais, arr. de Saint-Omer, cant. de Lumbres); voir, à ce sujet, Courtois, *Dict. top. de l'arrondiss. de Saint-Omer*, p. 163.

Mote (ille de la). Voy. *Monte (la)*.

N

Napolitains (les), 285.

Narbonne, Nerbonne, 285. — Narbonne (Aude).

Nicolas (saint), ses reliques en l'église du même nom à Venise, 7.

Nicossie (la cité de), 291, 292, 296, 299, 301, 306, 307. — Nicosie ou Lefkosia, capitale de l'île de Chypre. — L'église de Saint-François aux Cordeliers, 300, 306.

Neufchateau. Voy. *Nuefchaistelz (le)*.

Nissa, en Chypre, 298. — Nisso (en turc, Dizdar), au district de Chirga, à 14 kilomètres au sud de Nicosie. L'identité du Nisso moderne avec Nissa nous paraît démontrée par le texte, encore que M. de Mas Latrie (*Notice sur la construction d'une carte de l'île de Chypre*, p. 43) ne signale pas d'ancienne forme française autre que *Nison*.

Nortquelmes. Voy. *Morquelines*.

Nostre Dame : la maison dont elle monta les degrés pour voir son Fils marchant au supplice, 58; la maison où elle allait à l'école, 59; la place où elle tomba pâmée à la vue de son Fils crucifié, 60; la maison où elle naquit, 62; son tombeau, 67; sa pierre de repos, 72; sa ceinture, 73; son Assumption, 75; le lieu où elle commença à faire pénitence, 76 (Voyez Pelagie); lieu habituel de ses prières, 82; celui où elle tenait conseil avec saint Jacques, évêque de Jérusalem, 85; la fontaine où elle lava les langes de l'enfant Jésus, 87; celui où elle assistait aux prédications de son Fils, 97; sa demeure après la mort du Christ, 99, 100; le lieu de son trépassement, 99; le lieu où Jésus lui apparut après la Résurrection, 126; le lieu d'où elle assista au Crucifiement, 135; celui où elle allaita l'Enfant Jésus à Bethléem lors de la Fuite en Egypte, 145; la fontaine où elle fit le *Magnificat*, 147, 148; reste sept années avec son Fils à Babylone d'Egypte, 244.

Nuefchaistelz (le), 3-5 App. — Neufchâteau (Vosges, chef-lieu d'arrond.)

O

Ource (l'), 3. L'Ouche, rivière, affluent de la Seine qu'elle joint à 2 kilomètres au sud de Bar-sur-Seine.

INDEX 163

P

PADOUE. Voy. *Padowa* et *Prada*.

PADOWA, PADUA ou PAUDOUWA. Padoue (Italie), 18, 19, 342, 3-5 App.

— Eglise de Saint-Anthoine, 19.

— (monseigneur de), 18. — François de Carrare, dit le Jeune, recouvra en 1386 la seigneurie de Padoue que Jean-Galéas Visconti avait enlevée à son père; il y ajouta celle de Vérone en 1404, à la mort de Guillaume de la Scala. Ces succès l'enivrèrent: il voulut s'agrandir encore et cette fois aux dépens de la puissante république de Venise, qui jura sa perte et celle de sa maison. Vérone et Padoue tombèrent bientôt au pouvoir des armées de Saint-Marc, et François fut étranglé à Venise, ainsi que ses deux fils, par ordre du Sénat en 1406 (*Généalogies historiques des maisons souveraines*, t. II, Italie, p. 574).

PALISSEULLE, 347. — Palazzuolo sull' Oglio. (Italie, prov. de Brescia, arr. de Chiari., bourg situé entre Brescia et Bergame, sur la rive gauche de l'Oglio.

PAUL (Saint). Voy. *Pol*.

PAULA, 20, 21, 22, 23, 24. Pola, en Istrie. — Notre pèlerin parle d'un « tournoyement » situé hors de la cité de Pola et que l'on désignait alors sous le nom de « palais Rolant », parce que l'on en attribuait la construction au héros de Roncevaux. Ce « tournoyement » n'est autre chose qu'un amphithéâtre romain que Spon visita en 1675. Le savant antiquaire rapporte qu'on l'appelait l'*Orlandine* ou *maison Roland* et en donne la description suivante : « Il est « à peu près de la grandeur de « celui de Rome, et tout bâti « de belles pierres d'Istrie, à « trois rangs de fenêtres l'une « sur l'autre, et il y en a « soixante et douze de chaque « rang. L'enceinte en est fort « entière; mais il n'y paroit « aucuns degrés, et l'on pré- « tend qu'ils étoient de bois. « Palladius, dans son Archi- « tecture, en a donné le plan « et les dimensions que je « n'entreprendrai pas de corri- « ger ». (Spon, *Voyage*, édit. de 178, t. Ier, p. 81.)

PAUST (la rivière du), 3. — Le Pô, fleuve de l'Italie septentrionale.

PAVYE, 3, 4. — Pavie (Italie).

PELAGIE (sainte). — C'est par une erreur évidente que notre auteur, au § 76, place sur le versant du mont de Galilée (ou de la montagne des Oliviers) « le lieu ouquel Nostre « Dame commança a faire pe- « nitence », car dès la première moitié du ve siècle aussi bien qu'aujourd'hui ce lieu était consacré à sainte Pélagie qui, d'abord comédienne à Antioche, sous le nom de Marguerite, s'y serait établie en pénitence. Vers l'an 530, — c'est Théodose qui nous l'apprend, — une église s'élevait sur le sépulcre de la bienheureuse (*Itinera latina*, édit. Tobler, t. Ier, p. 67). On n'y voit plus aujourd'hui qu'une grotte dite de Sainte-Pélagie que les Juifs désignent comme le sépulcre de la prophétesse Choulda (Liévin, p. 163-164).

PENTECOTE (la), 107.

PERA, « une forte cité tout devant Constantinoble, » 326. —

Si Péra a été fondée par les Génois, il n'en est pas moins utile de remarquer que son nom est grec et qu'il indique la situation de cette « cité » *au-delà* (πέρα) du port de Constantinople.

Peschiera. Voy. *Piquiere.*

Peticolle, 4. — Nous n'avons pu retrouver cette localité qui, au dire de notre pèlerin, serait située sur le Pô entre Crémone et Guastalla. Peticolle est peut-être une faute de copiste pour Torricella.

Pharaon, roi d'Egipte, 225, 249.

— le figuier Pharaon, 232.

— (Les greniers), 249. — C'est le nom que notre pèlerin donne aux Pyramides, suivant en cela une tradition qui remonte au moins au vi^e siècle, puisqu'on la voit déjà énoncée par Grégoire de Tours. « Joseph, » dit cet historien, « fit cons-« truire à Babylone des gre-« niers d'un travail étonnant, « et bâtis en pierres carrées « et en moellons. Ils sont spa-« cieux dans le bas et resserrés « dans le haut, de telle sorte « qu'on y jette les grains par « un petit trou *(Historia Fran-« corum*, l. I, c. x). » Ce n'est donc pas aux musulmans, — comme semble le croire M. Clermont-Ganneau *(Revue critique*, nouv. série, t. II, p. 325), — que les pèlerins du moyen-âge ont emprunté cette légende.

Philermes . (Nostre-Dame de), dans l'île de Rhodes, à deux lieues de la cité, 318, 319.

Philistiens (les), 17, 173.

Picardie (la), 276.

Piémont. Voy. *Pymont.*

Pierre (saint), 44, 71, 108.

Pierre-Chastel, 3. — Pierre-Châtel (Ain, arr. et canton de Belley, commune de Virignin).

Pilate, 61, 63; la maison où il jugea le Christ, 61.

Piquière, 345. — Peschiera sul lago di Garda (Italie, prov. de Vérone, arr. de Bardolino).

Piscine probatique (la), 64; voy. sous *Jerusalem.*

Plaisance 4. — Plaisance ou Piacenza (Italie).

Pô (le). Voy. *Paust.*

Pol (saint), l'appostre, 7, 19, 65.

Pol (saint), duc de Bourgogne, martyr, 6. — Les anciens historiens de la Bourgogne ne paraissent avoir aucune connaissance de ce prétendu duc de leur pays; et il y a tout lieu de croire que notre pèlerin se sera trompé sur la qualité de saint Paul, martyr honoré à Venise, dont les reliques furent apportées dans cette ville en suite de la prise de Constantinople en 1204 (voyez au mot *Venise).*

Pol (saint), ermite, 262, 263-270.

Pola. Voy. *Paula.*

Pont-d'Eing, 3. — Pont-d'Ain (Ain, arr. de Bourg, chef-lieu de canton).

Pont de Mente (le), 4.

Pont d'Escure (le), 4. — Ponte Lagoscuro, petite ville située sur la rive droite du Pô, au nord de Ferrare; elle fait aujourd'hui partie de la commune de Ferrare.

Pont d'Ueil (le), 4. — Ponte d'Oglio. Ce lieu ne doit pas être différent de Torre d'Oglio, village situé au confluent du Pô et de l'Oglio.

Ponte de Nove. Voy. *Pont-Neuf*.

Ponte d'Oglio. Voy. *Pont d'Ueil* (Le).

Ponte Lagoscuro. Voy. *Pont d'Escure (le)*.

Pont-Neuf, 343. — Ponte de Nove, village situé entre Peschiera et Brescia, sur la Chiese (Italie).

Pouille. Voy, *Puille*.

Prada ou Pradra, 18. — C'est une mauvaise leçon du nom de Padoue *(Padowa)*, ce que prouve surabondamment la réunion sous un même titre (Prada) des § 18 et 19.

Prestre Jehan (le), 262.

Prophire, l'evesque qui baptisa saincte Katherine; ses reliques à Venise, 7. — Saint Porphyre, évêque de Gaza en Palestine.

Pucelle (isle de la), entre le Château-Rouge et Rhodes; il y avait une chapelle en l'honneur de la sainte Vierge, 314.

Puille (royaume de), 337. — C'est le royaume de Naples que notre pèlerin désigne ici sous le nom de Pouille *(Apulia)*.

Pymont (le), 3. — Le Piémont, province du royaume d'Italie.

Pyramides (les). — Voir *Pharaon (les greniers)*.

Q

Quandie (l'isle de), 325. — *Candie*, l'ancienne Crète.

Quarantaine (la), 159, 160, 161, 163. — Le Djebel Kuruntûl ou montagne de la Quarantaine, située à peu de distance et au nord-ouest de Jéricho, est ainsi nommé à cause des quarante jours de jeûne qu'y fit le Christ.

Queir, 3-5 App. — Voy. *Lycr*.

R

Raguise ou Raguse (la cité de), 330-336, 330 et ss. App.; libre depuis la révolte contre le roi de Hongrie, 332. — Raguse, en Dalmatie.

— Eglise de Saint-Blaise, 332.

— Eglise des Jacobins, 333.

Raigecourt (Jehan de), p. 109.

Rames, 45-50; église de Saint-Georges, 45; sépulcre de Sainte Marie-Cléophas, 48. — Ramleh, en Palestine, sur la route de Jaffa à Jérusalem.

Remotine (les bouches de), détroit voisin du cap Saint-Ange (auj. cap Malia), 326.

Rhône (le). Voy. *Rosne*.

Rodes ou Roide (isle de), 29, 30, 31, 34, 289, 308, 309, 310, 313, 314, 316, 324, 337; 324 App.; — l'empereur de Constantinople la donna à l'Ordre de l'Hôpital, 318. — L'ile de Rhodes.

— ville capitale de l'île, 32, 33;

la cité et le château, 32, 320; l'hôpital de Saint-Jean, 32; les frères [hospitaliers] de Rhodes, 32; l'église de Saint-Jehan-Baptiste, 32, 33, 321; le port, 323.

ROLANT, neveu de Charlemagne et fondateur de Paula, 21. — Sur le « palais Rolant » à Pola, voy. *Paula*.

ROMMENIE, que l'en souloit appeller Grecce, 325.

ROSNE (le), 3, 354, 355. — Le Rhône, fleuve de France.

ROSSILLON, ROUSSILLONS, 3 et App. — Rossillon (Ain, arr. de Belley, canton de Virieu-le-Grand).

S

SABINE (Sainte), ses reliques à Venise, 9.

SAETO, truchement, 249 en note.

SAINT-ANGE (cap) voy. *Taut-Saint-Ange*.

SAINT-ANTHOINE, S. ANTHONNE es desers d'Egipte, 1, 2, 253-257, 260-262, 265, 270, 271, 272, 278. — Ce monastère, le plus fameux des monastères de l'Egypte, existe encore à environ 26 lieues de la rive orientale du Nil. Le chemin qui y conduit part de Barounbûl, village situé sur le fleuve à 10 kilom. au sud de la ville d'Atrîh.

SAINT-ANTHOINE sur le Nil, 255-257, 270, 274. — C'est le couvent de Saint-Antoine qu'on trouve encore figuré sous ce nom dans *la Carte topographique de l'Egypte* levée pendant l'expédition de l'armée française (feuille 18). Il est situé sur la rive droite du Nil, à 8 kilomètres au sud du chemin qui conduit aux monastères de Saint-Antoine et de Saint-Paul du désert, et à 17 de la ville d'Atrîh.

SAINT-ANTHOINE de Padoue, église à Padoue, 19.

SAINT-ANTHONY, 3. — San-Antonino, village situé entre Suse et Rivoli (Italie).

SAINTE-CATHERINE du Mont de Synay, 1, 2, 158, 170, 185, 189, 190-216, 217, 261, 265, 275. — Ce monastère, fondé par l'empereur Justinien, est situé sur le plus élevé des deux sommets du Mont Sinaï.

SAINTE-CROIX, en Chippre, 292-297. — Le Mont Sainte-Croix ou Stavro-Vouni, à 20 kilom. à l'ouest de Larnaka.

SAINTE-CROIX (église de), près de Jérusalem, 152. — Cette église, bâtie au VIIe siècle par l'empereur Héraclius, sur le lieu où la tradition rapporte qu'on prit l'arbre dont fut faite la croix du Sauveur, est encore aujourd'hui, comme au temps de notre pèlerin, l'église d'un couvent grec (Liévin, p. 268). Elle est située à 10 minutes de marche à l'ouest de Jérusalem.

SAINTE-MARIE-CRESEQUIER, église à Venise, 9.

SAINTE-SUFFIE, 133, note. — L'église Sainte-Sophie de Constantinople.

SAINT-ELEAZAR, 3. — San-Nazaro de Borgondi (Italie, prov. et arr. de Pavie, chef-lieu de mandement).

SAINT ESPRIT (le), 107.

SAINT-FRANÇOIS, couvent des

Cordeliers à Nicossie en Chypre, 300, 306.

SAINT-GELIN OU SAINT-JULLIEN, 3 et App. — Saint-Julien (Savoie, arr. et canton de Saint-Jean-de-Maurienne).

SAINT-GEORGE (église de), située dans une « grosse ville champestre », à une lieue et demie environ au-dessous de Ramleh, 46. — La « grosse ville champestre » (c'est-à-dire la bourgade construite en plaine) où s'élevait cette église, représente l'ancienne cité de Diospolis ou de Lydda, à 4,000 mètres environ au N.-N.-E. de Ramleh. L'église de Saint-Georges y avait été construite, soit par Constantin, soit par Justinien (Acta Sanctorum, t. III aprilis, p. 109), et au XII° siècle, sous la domination franque, elle donnait son nom à la ville de Lydda avec laquelle elle fut dévastée en 1177 par le sultan Saladin. Le chroniqueur Ernoul à qui nous empruntons ce fait, rapporte que la « cité » de Saint-Georges était située « es plains de Rames », à 7 lieues d'Ascalon et qu'on y voyait « le lieu où saint Georges avoit esté martiriés. » De même qu'au XIV° siècle, Lydda — cette ville a repris son ancien nom, Ludd en arabe — n'est plus qu'une bourgade, mais de sa célèbre basilique, elle n'a conservé que l'abside (Liévin, p. 32). C'est donc par erreur, que le dernier éditeur de la relation du pèlerinage d'Oger d'Anglure (page 13) a voulu retrouver l'église de Saint-Georges dans le village de Bougosch ou plutôt Abu-Ghosch, à 25 kilomètres au sud-est de Ramleh, c'est-à-dire dans la direction de Jérusalem. L'édifice religieux qu'il a vu dans ce lieu, — le Kariath-Yarim des Hébreux, — et qui sert aujourd'hui d'étable, n'est autre que l'église de Saint-Jérémie qui faisait partie d'un monastère détruit en 1489 (Liévin, p. 43). Au reste, la situation d'Abu-Ghosch dans une région quelque peu montagneuse ne permet pas d'y voir la « ville champestre » de notre voyageur. — Les ruines de l'église de Saint-Georges ont été soigneusement décrites par M. de Vogüé (les Eglises de la Terre-Sainte, p. 363 et ss.).

SAINT-GEORGE (église de), à Venise, 6.

SAINT-JEHAN DE LOSNE. Voy. Saint-Jehan sur la Sosne.

SAINT-JEAN-DE-MORIENNE, 3. — Saint-Jean-de-Maurienne (Savoie, chef-lieu d'arrond.).

SAINT-JEHAN SUR LA SOSNE, 359. — Saint-Jean-de-Losne, petite ville située sur la rive droite de la Saône (Côte-d'Or, arr. de Beaune, chef-lieu de canton).

SAINT-JULIEN (Savoie). Voy. Saint-Gelin.

SAINT-MAURICE (Valais). Voy. Saint-Moris en Chambely.

SAINT-MICHEL, 3. — Saint-Michel, petite ville (Savoie, arr. de Saint-Jean-de-Maurienne, chef-lieu de canton).

SAINT-MORIS EN CHAMBELY sur le Rosne, 354; le port de Saint-Moris, 355. — Saint-Maurice, chef-lieu d'un des districts du Valais (Suisse), petite ville située sur la rive gauche du Rhône entre Martigny et la pointe orientale du Léman, dans l'ancien pays de Chablais, ici désigné à tort sous le nom de « Chambely ». Les reliques dont notre pèlerin parle avec une certaine admiration ont fourni à M. Edouard Aubert le sujet d'une splendide publication : *Trésor de l'abbaye de Saint-Maurice d'Agaune, décrit et dessiné par Édouard Aubert* (Paris, 1872, Morel, in-folio de 262 pages et 32 planches), où il a su, une fois de plus, se montrer aussi habile artiste que savant archéologue. Le texte si précieux du voyageur de 1396 a toutefois échappé aux recherches de l'auteur, et lui a été signalé par M. Louis Courajod. *(Bulletin monumental*, t. XLII, p. 99).

SAINT-NICOLAS (église de), à Venise, 7 ; à Bethléem, 145.

SAINT-PION en la montaigne, 352. — Sous cette orthographe fantaisiste, l'auteur de notre relation veut parler du village de Simplon, situé sur la montagne du même nom. Ce village fait partie de la Suisse (Valais, district de Brigue).

SAINT-POL es desers d'Egipte, 1,2, 263-267, 278. — Le monastère de Saint-Paul *(Mar-Bolos)* est situé à environ six lieues au sud-est du monastère de Saint-Antoine et à quatorze kilomètres environ de la mer Rouge.

SAINT-SACREMENT (la fête du), 344.

SAINT-SAINE, 360. — Saint-Seine-l'Abbaye (Côte-d'Or, arr. de Dijon, chef-lieu de canton).

SAINT-THIVIER, 3. — Saint-Trivier-de-Courtes (Ain, arr. de Bourg, chef-lieu de canton).

SALINS, 358. — Salins (Jura, arr. de Poligny, chef-lieu de canton).

SALEBRUCHE OU SAREBRUCHE (Simon de), 306, 307. — Beau-père d'Ogier VIII d'Anglure par son mariage avec Isabeau de Châtillon, dame douairière d'Anglure et veuve d'Ogier VII (voy. plus haut la *Notice sur Ogier VIII*), Simon de Sarrebruck était l'aîné des trois fils d'Amé de Sarrebruck, seigneur de Commercy et Fère-Champenoise, et d'Isabeau de Joinville, dame d'Etrelles. Sa mère s'étant mariée en secondes noces avec Charles de Châtillon, seigneur de Souain et de Jonchery et frère de la dame d'Anglure (Du Chesne, *Hist. de la maison de Châtillon*, p. 574 ; Anselme, *Hist. de la maison de France*, t. VIII, p. 534), Simon devint ainsi le beau-fils et le beau-frère de Charles. Le mariage de Simon de Sarrebruck est antérieur au 4 février 1385 (v. st.), date à laquelle il fit hommage, de la terre d'Anglure, — comme époux d'Isabeau, — à l'évêque de Troyes (Du Chesne, *Hist. de Châtillon*, preuves, p. 250). Il mourut sans postérité, en 1396, dans l'île de Chypre, laissant pour héritiers Amé et Jean de Sarrebruck, ses frères puînés, tandis que sa veuve recevait en douaire la terre d'Etrelles, voisine d'Anglure *(ibid.*, p. 426 ; preuves, p. 251). Du Chesne, qui n'a pas connu le texte de notre pèlerinage place la mort de Simon vers l'an 1402.

SALOMON, roi des Juifs, 78 ; son tombeau, 98.

SAMARITAINS (les), 174, 174 *bis*.

SAMPSON le fort, 173.

SAN-ANTONINO. Voy. *Saint-Anthony*.

SAN-NAZARO DE BORGONDI. Voy. *Saint-Eleazar*.

SAÔNE (la). Voy. *Sone* (la).

Sarrazins (les), 35, 41, 174 *bis* et *passim*.

Sarrebruck (Simon de). Voy. *Salebruche*.

Sathalie (le gouffre de), 34, 309. — Le golfe qui existe sur la côte méridionale de l'Asie-Mineure, au nord-ouest de l'île de Chypre. Sathalie représente ici la ville actuelle d'Adalia — en latin *Attalia* — la plus importante cité de cette partie du littoral.

Savoie (la), pays, 3.

Saül, roi des Hébreux, 17.

Selvestre (saint), 53. — Saint Silvestre, pape (314-335).

Seny (Mont), 3. — Le Mont Cenis, montagne sur la frontière de France (Savoie) et d'Italie entre Lans-le-Bourg et Suse.

Sermide. Voy. *Cermeu*.

Sigoli (Simone), pèlerin italien, auteur du *Viaggio*, p. x et note.

Siloë (la fontaine de), 88, 89. — Cette célèbre fontaine est située dans la vallée de Josaphat entre la fontaine de la Vierge et Haceldama, à une distance à peu près égale (300 mètres environ) de ces deux points. Le nom actuel de Siloë est Silwan.

Silvestre (saint). Voy. *Selvestre*.

Siméon le Juste (saint), 142, 153, 332. — Les Chrétiens prétendent encore aujourd'hui retrouver la maison de saint Siméon dans les ruines que les Arabes nomment Khirbet-el-Kathamoun, lesquelles ne remontent pas certainement à l'époque romaine (Guérin, *Judée*, t. Ier, p. 248-249). Ce lieu est situé à 2 kilom. environ au sud-ouest de Jérusalem, et la première mention de la tradition qui s'y rapporte semble être celle qu'en fait notre pèlerin.

Simon le Cyrénéen, 54.

Simplon. Voy. *Saint-Pion*.

Sinaï. Voy. *Synay*.

Sion (Suisse). Voy. *Syon*.

Sion (mont de). Voy. *Mont-de-Sion*.

Sodome, l'une des cinq villes maudites, 158.

Sone ou Sosne (la), rivière, 3, 359. — La Saône, affluent du Rhône.

Soudan (le), 155, 239, 249, 275, 285 ; son lieutenant à Jérusalem, 51. — Le sultan d'Egypte était alors Barkok, le premier sultan de la dynastie des mamelouks bordjites. Il parvint au trône en renversant (1390) les mamelouks baharites, et mourut en 1399.

Soukkarieh. Voy. *Sucarelle*.

Soute, 353. — Susten, hameau situé sur la rive gauche du Rhône (Suisse, canton du Valais, district et commune de Louèche).

Sucarelle, 172. — Ce que notre auteur rapporte de la situation de Sucarelle paraît convenir à Soukkarieh, village qu'on trouve sur la route de Jérusalem à Gaza, à 46 kilom. sud-ouest de la première, et à 32 kilom. est-nord-est de la seconde de ces villes. Soukkarieh, abandonné depuis une trentaine d'années, remplace une localité antique « comme le

« prouvent, » dit M. Guérin, « de « nombreux blocs » provenant d'anciennes constructions et employés dans les bâtisses modernes (*Judée*, t. II, p. 304).

SUR EN SURYE, 41. — L'ancienne Tyr, dont le nom se prononce actuellement Sour : la dénomination de Syrie est dérivée de celle de *Sur* ou *Sour*.

SURYE (la), 35, 41, 238, 336. — La Syrie.

SUSE. Voy. *Suyze*.

SUSTEN (Suisse). Voy. *Soute*.

SUYZE ou SUZE, 3 et App. — Suse, en Piémont.

SYNAY (mont de), 1, 190-216, 281 ; le buisson ardent ; 193. — Le mont Sinaï, aujourd'hui Djebel Mousa (montagne de Moïse) ou Djebel Tor, dans la presqu'île arabique de la mer Rouge.

SYON, 350. — Sion, ville située sur la rive droite du Rhône, capitale du canton du Valais (Suisse).

SYRIE. Voy. *Surye*.

T

TABITA, la damoiselle des appostres, 44. — Nous ne savons pas au juste ce que l'auteur entend ici par « damoiselle », car dans les Actes des Apôtres on lit seulement que *Tabitha*, dont le nom se traduit en grec par Δορκάς (biche), était une des disciples de la nouvelle religion, au temps où saint Pierre, après la mort de Jésus, demeurait à Jaffa chez Simon le Corroyeur, et qu'elle fut ressuscitée par le vicaire du Christ (*Act. Ap.*, IX, 36 et ss.). — On montrait au XVIIe siècle (Quaresmius) et on montre encore aujourd'hui à peu de distance de Jaffa, dans la direction de Jérusalem, la maison de Tabitha où le miracle aurait eu lieu (Liévin, p. 26 ; Guérin, *Judée*, t. I, p. 17). Cette tradition, comme le remarque M. Guérin, ne paraît pas en accord complet avec le texte des *Actes*, suivant lequel Tabitha habitait *in Joppe*; notre pèlerin, en disant qu'à Jaffa « est le lieu où saint Pierre « ressuscita Tabita », semble plus en accord avec l'Écriture-Sainte. Mais on a tort peut-être de prendre les expressions *in Joppe* (à Jaffa) dans leur acception la plus rigoureuse.

[T]ARANTE (monseigneur de), 4. — Le ms. de la Bibliothèque nationale désigne le pont de *Mente*, sur le Pô, près de Borgoforte, comme la « première entrée de la terre de monseigneur de Arante », et un annotateur anonyme de ce volume a cru devoir indiquer qu'il s'agissait ici d'une terre que les « princes d'Orange » possédaient en Italie. Bien qu'il soit assez difficile de persuader le lecteur, quelque peu versé dans la géographie médiévale, de la synonymie d'*Arante* et d'*Orange*, cette indication a été reproduite dans la dernière édition de la relation du pèlerinage accompli par Oger d'Anglure. Cependant, Arante est un nom corrompu par un copiste, et cette opinion pourrait même, à la rigueur, être déduite de la présence de la préposition *de*, sans élision du *e*, devant le mot *Arante* : l'auteur du ms. de la Bibliothèque nationale a donc probablement omis une consonne initiale. C'est ainsi que l'on est conduit à écrire

«Tarantë» au lieu d'«Arante».
— « Monseigneur de Tarante » est bien certainement Otton, duc de Brunswick-Grubenhagen, qui passa une partie de sa vie dans les pays italiens qu'arrosent le Pô. Parent de Jean Paléologue, marquis de Montferrat, il reçut de ce prince plusieurs châteaux et fut désigné par lui, conjointement avec Amé VI, comte de Savoie, pour servir de tuteur à ses enfants; aussi administra-t-il successivement le marquisat de Montferrat, sous Secondotto, en 1372 et sous Jean III (1378-1381). Il épousa, le 25 mars 1376, la reine Jeanne de Naples, déjà veuve de trois maris; c'est alors qu'il prit le titre de prince de Tarente, également prétendu par d'autres alliés de la maison royale de Naples. Défait en 1381 par Charles de Duras qui enleva le trône et la vie à la reine Jeanne, il fut, dit-on, son prisonnier durant trois années après lesquelles il s'échappa. En 1389, il soumit Naples à l'obéissance de Louis II d'Anjou, dont il abandonna ensuite le parti pour suivre la fortune de Ladislas, fils et héritier de Charles de Duras. Certains auteurs placent sa mort à l'année 1393, mais Muratori dit qu'il mourut tranquillement dans sa principauté de Tarente en 1399 (le Père Anselme, *Hist. généal. de la maison de France*, t. I, p. 411. — *Art de vérifier les dates*, t. III, p. 838.— Muratori, *Annali de Italia*, t. XVI, p. 330).

Tarse (Turquie d'Asie). Voyez *Terso*.

Tau ou Taut Saint-Ange (le), en Morée, 326, 327, 328. — Au lieu de *Tau* ou de *Taut*-Saint-Ange, il eût sans doute fallu imprimer *Cau*, c'est-à-dire *cap*; en effet, il s'agit, dans le récit de notre pèlerinage, du cap Saint-Ange, nom que Bellin donne encore en 1771 *(Descript. géogr. du golfe de Venise et de la Morée,* pl. 35) au cap Malia, c'est-à-dire au promontoire sud-est de la Morée situé entre le golfe de Marathonisi et celui de Nauplie, en face de l'île de Cérigo.

Temple de Jérusalem (le), 78, 86.

Terso (l'arcevesque de), 307. — Jean III, archevêque de Tarse en Cilicie, qui, dès le 17 mai 1396, était remplacé sur le siège archiépiscopal par Julien *Hectoris*, religieux de l'ordre de Saint-François (Le Quien, *Oriens christianus*, t. III, c. 184).

Thomas (saint), l'apôtre, 73, 106.

Tornus, 3. — Le ms. porte *Tonnarre* et l'on croirait qu'il s'agit de Tonnerre (Yonne), si la route suivie par nos pèlerins ne montrait qu'il faut lire *Tornus*, auj. Tournus, sur la Saône (Saône-et-Loire, arr. de Mâcon, chef-lieu de canton).

Tour-Rouge (la), château détruit, 155, 163, 167 (note) — Ce château, déjà détruit au temps de notre auteur, était, dit-il, situé sur une montagne, voisine de l'auberge des pèlerins qui se rendaient de Jérusalem au Jourdain. L'emplacement de ladite auberge étant fixé avec certitude à Khan-el-Atrour, c'est-à-dire à 12 kil. au N.-E. de Jérusalem (voir dans cette table, le mot Hauberge), celui de la Tour-Rouge peut être aisément reconnu par le voyageur. C'est évidemment les restes de ce château que le frère Liévin décrit en les termes suivants : « Sur la colline, au « nord-est de Khan-el-Atrour,

« se trouve une forteresse as-
« sez considérable ; elle est
« environnée de fossés et on
« y voit des arcs en plein-cintre
« et d'autres de forme ogivale.
« Il est probable que cette
« forteresse est très ancienne,
« or, dans un lieu aussi af-
« freusement désert, une for-
« resse a été utile en tout
« temps pour protéger les
« voyageurs contre les voleurs
« (p. 313) ».

Trois Rois mages (les), 140, 141.

Troyes en Champaigne, 3, 362.
Troyes (Aube).

Turcs (les), 339.

Turquie (la), 309, 310, 311, 315, 316, 326.

Tyr. Voy. *Sur*.

V

Varaise, 350. — Varese (Italie, prov. de Come, chef-lieu d'arrond.).

Vaubery, 347. — Vaubery est, dans la relation que nous publions, le nom d'une station placée entre Palazzuolo et Milan. Le bourg de Vaprio d'Adda (Italie, prov. et arr. de Milan, mandem. de Cassano d'Adda), sur la rive droite de l'Adda, est précisément situé à mi-chemin de ces deux villes; nous ne le proposerons cependant que sous toutes réserves comme représentant le Vaubery de notre pèlerin.

Veniciens (les), 21, 282, 285, 325, 328, 329, 341.

Venise, Venixe, 4-18, 20, 23, 338-342; 3-5 et 6 App. — Venise (Italie).

— Eglise de Saint-Daniel, 14.—
« Le corps de saint Jehan le martir » [d'Alexandrie] fut apporté en 1215 de Constantinople dans cette église, par Roaldo qui en était prieur (Riant, *Des dépouilles religieuses enlevées à Constantinople au* xiii° *siècle* , p 198).

— Eglise de Saint-Georges, 6.
— Le bras de saint Georges, celui de sainte Lucie et le corps de saint Paul de Bourgogne (voy. ce nom), martyr, conservés en 1395 dans l'église de Saint-Georges, à Venise, y avaient été apportés de Constantinople en 1204, 1205 et 1222 par les croisés vénitiens (Riant, *Des dépouilles religieuses enlevées à Constantinople au* xiii° *siècle*, p. 178 et 198).

— Eglise de Saint-Marc de Venise, 16.

— Eglise de Saint-Nicolas, 7.

— Eglise de Saint-Pierre-le-Châtel, 11.

— Eglise de Saint-Zacharie, 13.
— Le corps de saint Grégoire de Samos avait été apporté de Samos à Venise, ainsi que le corps de saint Théodore, dont notre pèlerin ne parle pas (Riant, *Des dépouilles religieuses enlevées à Constantinople au* xiii° *siècle*, p. 204).

— Eglise des Saints-Innocents, à Mara, 8.

— Eglise de Sainte-Hélène, 15.
— Notre pèlerin identifie la sainte Hélène, dont le corps était conservé dans cette église, avec la mère de l'empereur Constantin, l'inventrice de la Sainte-Croix; c'est là une erreur. Il n'a pas vu le corps de cette

princesse, mais bien celui d'une martyre de même nom qui fut apporté de Constantinople en 1215 par le chanoine Aycardo (Riant, *Des dépouilles enlevées à Constantinople au XIIIe siècle*, p. 198).

— Eglise de Sainte-Lucie, 10. Voy. *Lucie (sainte)*.

— Eglise de Sainte-Marie-Céleste, 12.

— [Église de] Sainte-Marie-Cresequier, 9.

— Maison-Dieu, 17.

Véronne, 344; 3-5 App. — Vérone (Italie).

Vertus (le comte de), 3-5 App. — Vertus (Marne, arr. de Châlons, chef-lieu de canton. — Jean-Galéas Visconti, premier duc de Milan, était d'abord comte de Vertus, par son mariage avec Isabelle de France, fille du roi Jean. — Voyez *Milan (duc de)*.

Vevey. Voy. *Viviers*.

Vicence. Voy. *Vincence*.

Vierge (la sainte). Voy. *Nostre-Dame*.

Villaines, 3. — Avigliana, bourg du Piémont, situé dans le val de Suze à 12 kil. à l'ouest de Rivoli.

Villa Nova. Voy. *Villenove*.

Villenove, entre Vicence et Vérone, 344. — Villa Nova, village situé sur la rive gauche de l'Alpon, à 32 kil. à l'est de Vérone (Italie).

Vincence ou Vinsense, 343 et 3-5 App. — Vicence ou Vicenza (Italie).

Vitulo, port et château en Morée, 328. — Vitylos, en Morée, sur la côte orientale du golfe de Kalamata ou de Koron.

Viviers, sur le lac de Lozanne, 355. — Vevey, petite ville située sur la rive droite du Léman, chef-lieu du district de même nom au canton de Vaud (Suisse). Les Allemands l'appellent *Vivis*, dénomination qui se rapproche plus à la fois de la dénomination *Viviers* employée par notre auteur, de l'ancienne forme française *Viveis*, exclusivement employée au XIIIe siècle (*Cartulaire du chapitre de Notre-Dame de Lausanne*), et enfin du nom primitif *Vibiscum* qui figure dans l'Itinéraire d'Antonin.

Voa, 357. — Oye, sur le Doubs (Doubs, arr. et canton de Pontarlier, commune d'Oye-et-Palet).

W

Wastala, 4. — Guastalla (Italie, prov. de Reggio dell'Emilia, chef-lieu d'arr.).

Y

Yaccoppites, Jacopin ou Jaicobin (chrétiens), 247, 262. — Coptes.

Yenain, 3. — L'édition de 1621 donne *Yenam*, leçon que l'éditeur de 1858 a cru devoir remplacer à l'aide du ms. par *Yevain*. Ni l'une ni l'autre forme ne saurait être admise, car la mention de ce lieu comme station intermédiaire entre Pierre-Châtel et le Mont du Chat prouve qu'il ne peut être question, ici, que de Yenne (Savoie, arr. de Chambéry, chef-lieu de canton). — Faut-il conclure de là que, en ce qui concerne la France, l'itinéraire suivi par nos pèlerins a été rédigée sur des notes prises en latin, auquel cas il faudrait lire *à Yenam*, locution représentant le *apud Yenam* des notes primitives du rédacteur? Nous penchons aujourd'hui vers cette opinion.

YENNE. Voy. *Yenain*.

YSAYE, 89. — C'est encore près de la piscine de Siloë qu'on montre aujourd'hui le lieu où le prophète Isaïe fut scié en deux par ordre du roi Manassès; mais ce lieu, indiqué au XVe siècle par une grosse pierre placée au coin du chemin, l'est aujourd'hui par un tertre factice surmonté d'un mûrier blanc (Liévin, p. 194). Le prophète, dit-on aujourd'hui, fut enseveli à peu de distance du lieu de son martyre : ce n'était pas là la légende du IVe siècle, car le pèlerin de Bordeaux désigne comme tombeau d'Isaïe le fameux monument attribué aujourd'hui à Absalon et qui, on le sait, est situé dans la vallée de Josaphat, à 900 mètres environ au nord de la piscine de Siloé.

Z

ZACARIE (saint), père de monseigneur saint Jean-Baptiste, 13, 149. — La demeure de Zacharie, dans laquelle le précurseur du Christ aurait été circoncis, est distinguée par notre pèlerin du lieu d'habitation de sainte Elisabeth où naquit saint Jean. Déjà, en 1320, Pipino, parlant de deux maisons de Zacharie [situées au village actuel d'Aïn-Karim], rapporte que l'emplacement de l'une était occupé par l'église de saint Jean, tandis qu'une église dédiée à saint Zacharie s'élevait sur le terrain de l'autre (Guérin, *la Judée*, t. Ier, p. 94). Cette dernière église doit donc être certainement reconnue dans la « petite chappellette » dont parle le compagnon d'Oger d'Anglure; c'est aujourd'hui, pour les chrétiens, le sanctuaire de sainte Elisabeth ou de la Visitation, mais les Arabes lui ont conservé le nom de *Mâr-Zacaria*, c'est-à-dire Saint-Zacharie (Guérin, p. 97-101).

FIN DE L'INDEX

ERRATUM

Pages.
xi, ligne 23 : *quaudo — costum*, corr. *quando — costumi*.
xxxiii, l. 1 des notes : *archiepiscopum — prescnt — dedi*, corr. *archiepiscopus — preseñs — dedit*.
xxxiv, l. 5 : *frère*, corr. *père*.
4 : Le § 11 devrait, logiquement, venir après notre § 13. C'est par inadvertance que le copiste du ms. *P* aura interverti l'ordre de ces deux paragraphes qui font mention chacun de la lapidation de saint Étienne ; l'ordre numéral doit donc être rétabli ainsi : 10, 12, 13, 11, 14.
9, ligne dernière : § *311*, corr. § *321*.
15, l. 13 : *mustat*, corr. *muscat*.
26, l. 3 des notes : *qui les disposés*, corr. *q. l. a d.*
32, § 138 : enlever l'appel de note et le reporter au § 140.
40, l. 3 des notes en remontant : *Sairaiẓir*, corr. *Sairaiẓin*.
94, l. 7 des notes en remontant : § *222*, corr. *322*.
95, l. 14 et p. 96, l. 3 et 12 : *Taut, Tau*, corr. *Cau* et voy. à l'Index.

TABLE

Préface...	III
Notice historique et généalogique........................	XXVII
Avertissement de la première édition	LXXVII

Le Saint voyage de Jherusalem :

D'Angleures jusques a Pavye...........................	1
De Pavye jusques a Venise............................	2
Padowa...	5
Paula...	6
Chifornia...	7
Rodes...	8
Baruth, le lieu ou saint George conquist le serpent....	10
Rames..	12
Jherusalem. — Cy après sont les Sains Lieux que nous avons visitez, la grace Nostre Seigneur.............	13
Jessemany..	17
Le mont d'Olivet......................................	18
Bethfagé...	19
Cy après s'ensuit la declaration des Sains Lieux du mont de Syon..	21
Le mont d'Escalon.....................................	25
La Saincte Serche de Bethleem. — Bethleem.......	31
Ci-après s'ensuivent les Sains Lieux qui sont enclos en ladite eglise...	32
Le fleuve Jourdain....................................	35
Bethanie...	39
Jherusalem...	40
Commencement des desers d'Arrabe	44
Saincte Katherine.....................................	46
Le partement de Saincte Katherine en errant es desers en alant au Caire.......................................	53
La fonteinne que Dieu fist a ses talons...............	56
Le Caire...	58

TABLE

Cy apprès s'ensuit la Serche et les Sains Lieux que nous visitasmes en celledicte cité du Caire et en la cité de Babiloine qui est tout près du Caire a ung quart de lieue.. 63
Les greniers Pharaon... 65
Saint Apthoine sur le Nil.. 68
Limeso... 81
Nicossie... 81
Nissa... 84
Nicossie ou est la demorance du roy de Chippre............ 84
Le chemy pour venir a Rodes.................................. 88
Le port du Chastel rouge....................................... 89
Rodes.. 91
Le chemy de Rodes jusques a Venise........................ 95
[De Venise à Anglure].. 99

APPENDICES :

    I. Itinéraire de Metz à Venise................................. 105
    II. Retour des pèlerins par Rhodes, Raguse, etc........ 107
    III. Ballade de Nicolle Louve................................. 110
    IV. *Ci sunt li Saint Leu de Jherusalem*.................. 115

GLOSSAIRE.. 125
INDEX DES NOMS PROPRES.................................... 137
ERRATUM.. 175

FIN DE LA TABLE

Le Puy, imprimerie de Marchessou fils, Boulevard Saint-Laurent, 23.

d'Anglure, Sire
Le saint voyage de

www.ingramcontent.com/pod-product-compliance
Lightning Source LLC
Chambersburg PA
CBHW070616170426
43200CB00010B/1801